Kratz/Krüger Rezeption und Auslegung im Alten Testament und in seinem Umfeld

ORBIS BIBLICUS ET ORIENTALIS

Im Auftrag des Biblischen Instituts
der Universität Freiburg Schweiz,
des Ägyptologischen Seminars der Universität Basel,
des Instituts für Vorderasiatische Archäologie
und Altorientalische Sprachen der Universität Bern
und der Schweizerischen Gesellschaft
für Orientalische Altertumswissenschaft

herausgegeben von
Othmar Keel und Christoph Uehlinger

Die Herausgeber:

Reinhard G. Kratz (1957) ist Professor für alttestamentliche Exegese und biblische Archäologie an der Universität Göttingen. Thomas Krüger (1959) ist Professor für alttestamentliche Wissenschaft und altorientalische Religionsgeschichte an der Universität Zürich.

Orbis Biblicus et Orientalis 153

Reinhard Gregor Kratz und
Thomas Krüger (Hrsg.)

Rezeption und Auslegung im Alten Testament und in seinem Umfeld

Ein Symposion aus Anlass des 60. Geburtstags von Odil Hannes Steck

Universitätsverlag Freiburg Schweiz
Vandenhoeck & Ruprecht Göttingen

Die Deutsche Bibliothek – CIP-Einheitsaufnahme

Rezeption und Auslegung im Alten Testament und in seinem Umfeld /
ein Symposium aus Anlass des 60. Geburtstags von Odil Hannes Steck.
Reinhard Gregor Kratz und Thomas Krüger (Hrsg.). –
Freiburg, Schweiz: Univ.-Verl.; Göttingen: Vandenhoeck und Ruprecht, 1997
(Orbis biblicus et orientalis; 153)
ISBN 3-7278-1116-1 (Univ.-Verl.) Gb.
ISBN 3-525-53789-1 (Vandenho eck und Ruprecht) Gb.

Die Druckvorlagen wurden von den Herausgebern
als reprofertige Dokumente zur Verfügung gestellt

Paulusdruckerei Freiburg Schweiz

ISBN 3-7278-1116-1 (Universitätsverlag)
ISBN 3-525-53789-1 (Vandenhoeck & Ruprecht)

Inhalt

Vorwort

Aus Anlaß des 60. Geburtstags von Odil Hannes Steck veranstaltete die Theologische Fakultät der Universität Zürich gemeinsam mit der Schweizerischen Gesellschaft für Orientalische Altertumswissenschaft (SGOA) ein Symposion zum Thema «Rezeption und Auslegung im Alten Testament und in seinem Umfeld», das am 13. Januar 1996 in Zürich stattfand.

«Rezeption und Auslegung im Alten Testament und in seinem Umfeld» ist *ein* Thema, das Odil Hannes Steck in seinem umfangreichen wissenschaftlichen Oeuvre immer wieder aufgenommen und aus verschiedenen Perspektiven bearbeitet hat, beginnend mit seiner Dissertation über «Israel und das gewaltsame Geschick der Propheten – Untersuchungen zur Überlieferung des deuteronomistischen Geschichtsbildes im Alten Testament, Spätjudentum und Urchristentum» (Neukirchen-Vluyn 1967), die vor bald dreißig Jahren im Druck erschienen ist, bis hin zu seiner neuesten Monographie über «Die Prophetenbücher und ihr theologisches Zeugnis» (Tübingen 1996).[1] So bot sein 60. Geburtstag einen willkommenen Anlaß, diese Thematik aufzugreifen und aus unterschiedlichen Blickwinkeln zu beleuchten.

Dafür konnten mit Jan Assmann, Walter Groß, Jörg Jeremias und Klaus Koch vier Forscher gewonnen werden, mit denen Odil Hannes Steck seit langem auf vielfältige Weise fachlich und persönlich verbunden ist. Sie standen und stehen hier stellvertretend für einen weit größeren Kreis von Vertretern der Wissenschaft und des kirchlichen Lebens, mit denen der Jubilar engen Austausch pflegt, und die zum Teil auch als Diskutanten an dem Symposion zu seinen Ehren teilnehmen konnten.

Der vorliegende Band enthält in überarbeiteter Form die Beiträge der vier genannten Referenten, die am 13. Januar 1996 in Zürich vorgetragen und diskutiert wurden. Sie verstehen sich – ebenso wie die beiden ergänzenden Studien der Herausgeber – weniger als Dokumentation des gegenwärtigen Forschungsstandes denn als exemplarische Anregungen für die weitere Arbeit am Thema «Rezeption und Auslegung im Alten Testament und in seinem Umfeld».

Die Herausgeber danken der SGOA, der Theologischen Fakultät und dem Rektorat der Universität Zürich für die Durchführung und Unterstützung der Tagung sowie der Schweizerischen Akademie der Geistes- und Sozialwissen-

---

1 Ein Verzeichnis der Veröffentlichungen von O.H. Steck zwischen 1967 und 1992 findet sich in seinen gesammelten Aufsätzen zu Deuterojesaja: «Gottesknecht und Zion» (FAT 4, Tübingen 1992, S.209–216). Von seinen seither erschienenen Studien sei hier nur noch die Monographie über «Das apokryphe Baruchbuch» (FRLANT 160, Göttingen 1993) genannt.

schaften (SAGW) und dem Schweizerischen Nationalfonds zur Förderung der wissenschaftlichen Forschung für ihre Beiträge zur Deckung des finanziellen Aufwands. Unser Dank gilt weiter den vier Referenten für die frühzeitige Bereitstellung der Druckfassungen ihrer Beiträge sowie Othmar Keel und Christoph Uehlinger für Ihre Bereitschaft, diesen Band in der Reihe «Orbis Biblicus et Orientalis» zu veröffentlichen. Für Zuschüsse zu den Druckkosten danken wir der Emil Brunner Stiftung und dem Zürcher Hochschul-Verein. Zu danken haben wir schließlich Peter Schwagmeier für die redaktionelle Überarbeitung der Beiträge und Susanne Weiss für die Herstellung der Druckvorlagen.

Göttingen und Zürich im Dezember 1996

Reinhard G. Kratz
Thomas Krüger

Die Redaktion der Prophetenbücher

Von Reinhard G. Kratz

Als ich vor bald fünfzehn Jahren als Assistent nach Zürich kam, wurde ich als erstes mit der Konkordanzdurchsicht von Jes 35 betraut. Die Aufgabe stellte mir Odil Hannes Steck, dem dieser Beitrag und der vorliegende Band gewidmet sind. Natürlich ahnte ich damals noch nicht, was aus der Stellensammlung, die ich ablieferte, werden sollte. Der Konkordanzbefund bildet ja seit jeher die Grundlage aller exegetischen Arbeit von der Lexikographie bis zur Form- und Traditionsgeschichte. Doch es wurde etwas anderes daraus. Nach Vorarbeiten zu einem Seminar im Sommersemester 1984 schrieb Steck im darauffolgenden Winter, einem Forschungssemester, seine Studie über Jes 35,[1] die ihm zu einem Musterbeispiel für die redaktionsgeschichtliche Erklärung alttestamentlicher Texte geriet und seine Arbeiten der nächsten zehn Jahre vorzeichnete. Es folgten weitere Einzelstudien zu Trito-[2] und Deuterojesaja[3] sowie Überblicke, die den Ertrag der Jesajaforschungen zusammenfassen, den Blick auf das corpus propheticum und den alttestamentlichen Kanon im ganzen lenken und das literarische Werden der Prophetenbücher als solches methodisch, inhaltlich und hermeneutisch reflektieren.[4] Mit alledem, soviel ist schon abzusehen, hat Steck seinen nicht unmaßgeblichen Beitrag zu der Wende geleistet, in der sich die Prophetenforschung heute befindet.

Die Wende kommt nicht ganz überraschend, sondern kündigte sich seit längerem an. Wie im 19. Jh. die Umkehrung des Verhältnisses von Gesetz und Propheten ein neues, von der Tora des Mose losgelöstes Prophetenverständnis einleitete, so geht beides auch heute wieder zusammen. Der Trend zur Auflösung der «klassischen» Hypothesen in beiden Bereichen ist unübersehbar und – nicht nur zum Schaden der Sache – unaufhaltsam. Von einem neuerlichen Konsens ist man hier wie dort weit entfernt. Doch bahnen sich gemeinsame Wege zur Lösung der alten, nach dem Zerbrechen der herkömmlichen Hypothesen wieder offenen Probleme an. Nach der Phase der Form- und Überlieferungsgeschichte, die in den Geschichtsbüchern die ältesten mündlichen Stoffe und in den Prophetenbüchern die Logien der Propheten oder wenigstens die Worte einer Prophetenschule suchte und fand, setzt seit etwa den siebziger Jahren allmählich eine Rückbesinnung auf die Schriftlichkeit der alttestament-

---

1 O.H. Steck (1985).

2 Steck (1991a); ferner ders. (1993); ders. (1992); ders. (1997).

3 Steck (1992a); ferner ders. (1993b).

4 Steck (1991); ders. (1993a). Der letzte Beitrag in leicht überarbeiteter Fassung ist zusammen mit der Studie «Die Überlieferung in den Prophetenbüchern. Schritte der Annäherung» jüngst als Buch erschienen: Steck (1996).

lichen Überlieferung ein. Zuerst im Pentateuch und im deuteronomistischen Geschichtswerk, zeitlich etwas versetzt auch in den Prophetenbüchern, werden die Indizien für die literarische Gestaltung und das literarische Wachstum der Textkorpora wiederentdeckt. Im kleinen wie im größeren achtet man auf kompositionelle Merkmale wie Aufbau, sprachliche Struktur und Position der Texte im Zusammenhang. Vor allem die Formulierungen ziehen ein neues Interesse auf sich. Der Text wird wieder beim Wort genommen. Sprachliche, syntaktische und sachliche Divergenzen und wörtliche Übereinstimmungen werden nicht mehr ohne weiteres form-, überlieferungs- und traditionsgeschichtlich wegerklärt, d.h. aus dem geistigen und mündlichen Rückraum der Texte hergeleitet, sondern als literarische Phänomene und Indizien für Kohärenz und Inkoheränz eines Texts ernstgenommen.

Das alles läuft keineswegs auf eine Rückkehr zur Literarkritik alten Stils hinaus. Deren Aporien, die der form- und überlieferungsgeschichtlichen Methode und ihren Exzessen in den vergangenen Jahren den Boden bereitet haben, sind hinreichend bekannt. Gefordert ist vielmehr eine Analyse, die die Komplexität der vorliegenden Texte sowohl tendenz- und literarkritisch differenziert als auch in ihrem sachlichen und literarischen Zusammenhang untersucht und erklärt. Mit einem Wort: Der literarische Befund bedarf in jedem Fall der redaktionsgeschichtlichen Interpretation, ohne die die literarkritische Analyse beliebig und also nichtssagend bleibt. Das geeignete Instrument für diese Art von Analyse, die sämtliche Stadien eines Texts von seiner ersten Niederschrift bis zur fertigen Gestalt erfaßt, ist die Redaktionskritik. Gegenüber der älteren Literarkritik zeichnet sie sich durch die literatur- und theologiegeschichtliche Synthese, gegenüber neueren Zugängen über den kanonischen Endtext durch die literatur- und theologiegeschichtliche Differenzierung aus. Beides kommt am richtigen Ort zu seinem Recht. Form-, Überlieferungs- und Traditionsgeschichte dienen dabei nicht der Rekonstruktion der – einseitig in die Mündlichkeit verlegten – Vorgeschichte, sondern steuern auf jeder literarischen Ebene das Ihre bei. Um es mit O.H. Steck[5] zu sagen: «Wir exponieren hier also Indizien für eine dem Prophetenbücherbefund angemessene *Literarkritik* eigener Art, die diesem gegebenen Befund als Ausgangspunkt allen Fragens möglichst nahe zu bleiben versucht und statt auf scheinsicheren Voraussetzungen auf Buchbeobachtungen aufbaut.» Was hier für die Prophetenbücher gesagt ist, gilt so oder ähnlich fürs ganze Alte Testament. Die alttestamentlichen Bücher sind weder nur die Kodifizierung von mündlicher Überlieferung noch eine Ansammlung von literarischen Einzelzusätzen und Glossen, sondern Überlieferungs- und Auslegungsliteratur, in der Stein auf Stein geschichtet ist und jede Schicht, ja jeder alte oder neu hinzugekommene Stein das ganze Gebäude trägt. Darum ist jeder einzelne Text nie ohne seinen Kon-

---

5 Steck (1996) 81f.

text und der Kontext nie ohne die Schichtung der einzelnen Texte zu verstehen. Und eben dies leistet die redaktionsgeschichtliche Methode.

Am einfachsten erkennt man die Redaktion der Prophetenbücher am vorliegenden, fertigen Buch. In ihnen stehen die Worte der Propheten und die Erzählungen über sie unter einer Überschrift beisammen, die Name und Zeit nennt. Anfang und Ende des Buchs sind meist klar als solche kenntlich gemacht und aufeinander bezogen. Teilüberschriften, thematische Blöcke und programmatische Leittexte oder -begriffe gliedern das Buch im Innern. Alles das ist nicht zufällig geworden, sondern gemacht. Desgleichen ist die Reihe der Bücher im corpus propheticum und im Kanonteil Nebiim gemacht. Die Überschriften der großen und kleinen Propheten, Jes 1,1 (von Usia bis Hiskia) mit Anschluß in Jer 1,1–3 (Josia bis Zedekia) und Ez (babylonisches Exil bis zum neuen Tempel) und Hos 1,1 = Am 1,1 und Mi 1,1 (von Usia bis Hiskia) mit Anschluß in Zef 1,1 (Josia) und Hag/Sach (zweiter Tempel), denken an eine chronologische Abfolge nach judäischen Königen, Exilszeit und Wiederaufbau des Heiligtums als erstem Zeichen der Heilswende. Im Kanonteil Nebiim bilden sie die Brücke zwischen vorderen und hinteren Propheten und setzen den in 2 Kön 25 mit der Zerstörung Jerusalems abgebrochenen chronologischen Faden fort. Die Überschneidung im chronologischen Gerüst von Usia/Asaria bis Zedekia beginnt nicht von ungefähr kurz vor dem Untergang des Nordreiches Israel. Das chronistische Werk geht noch einen Schritt weiter und leitet die «nachexilische» Geschichte in Esra-Nehemia aus dem judäischen Königtum seit David und das judäische Königtum seinerseits von Adam ab. Es schließt damit die beiden Kanonteile Tora und Nebiim zusammen.

O.H. Steck hat in seiner jüngsten Veröffentlichung[6] die Konsequenz aus diesem Befund gezogen und das vorliegende Prophetenbuch ebenso wie die Reihe der Bücher als historisches Problem exponiert. Allen vorgefaßten Hypothesen, mit denen zu arbeiten die Forschung sich gewöhnt hat, wird eine radikale Absage erteilt. Gegen die literarkritische und formgeschichtliche Atomisierung der Texte auf der Suche nach dem vermeintlich Ursprünglichen werden nicht etwa die diffusen Ergebnisse der Forschung geltend gemacht, mit denen jede historische Wissenschaft leben muß, sondern die Quellenlage, die Grundlage jeder historischen Wissenschaft sein sollte. Vehement tritt Steck für den Ausgang beim Gegebenen, dem überlieferten Buchganzen, ein, nicht weil es gerade Mode ist, sondern weil die ältesten Quellen, die wir haben, die Textzeugen vom Toten Meer (Qumran, W. Murabba'at, Nahal Hever, Masada) und der Septuaginta, es so fordern, und zwar auch da, wo verschiedene Fassungen desselben Buches überliefert sind. Im Unterschied zur nachkritischen, kanonischen Endtextlesung, die noch subjektiver ist als die vorkritische, dogmatisch gesteuerte Interpretation, ist Stecks Ansatz historisch

6 «Die Überlieferung in den Prophetenbüchern» (wie Anm. 4).

orientiert. Außer der Quellenlage, die schon in eine bestimmte Zeit und ihr geistiges Milieu führt, sind es die oben kurz gestreiften, eindeutigen Textsignale im Buch und vor allem vergleichbare Texte der israelitischen Spätzeit (3. bis 1. Jh. v. Chr.) neben und nach den biblischen Büchern, die zeigen, daß und wie die fertigen Prophetenbücher in ihrer Zeit als Einheit gelesen und verstanden wurden. In gewisser Weise ist der Ansatz biblizistisch zu nennen, insoweit er, wie etwa Franz Delitzsch in seinem Jesajakommentar, dem Wortlaut der Prophetenbücher folgt. Nur daß Delitzsch und die – leider nicht mehr so gelehrte – biblizistische Auslegung bis heute nachgerade kongenial den Wortlaut historisch für bare Münze nehmen, Steck hingegen darin ein Konstrukt aus der Spätzeit erkennt, das die eigene Sicht in die Zeit des Propheten projiziert. Darauf führen die Quellen und die zeitgenössischen, außerbiblischen Vergleichstexte, mit denen man dem Selbstverständnis der fertigen Bücher am nächsten kommt.

Allerdings entgeht auch Steck einem Problem nicht ganz, das er selbst am besten kennt. Sämtliche Versuche, das fertige Prophetenbuch zu verstehen, «haben ... alle mit der Schwierigkeit zu kämpfen, daß wir die Kriterien nicht im voraus kennen, unter denen damals erkannt wurde, wie solch ein Ganzes in seiner Zeit gelesen und aufgegriffen werden wollte»[7]. In der Frage, ob das fertige Buch primär «kompilatorischen oder aber sachlich durchgestalteten Charakter»[8] hat, liegt Steck mit seiner zwischen den beiden Extremen vermittelnden, die sinngebende Gestaltung aber höher veranschlagenden Option zweifellos richtig. Die Bücher sind weder planlos aus disparatem Material zusammengesetzt noch in einem Zug komponiert. Beide Erklärungen machen die Not des mit der Komplexität überforderten Exegeten zur Tugend, die eine legt sich das Werden des Texts, die andere den vorliegenden Text nach eigenem Gutdünken zurecht. Die Bücher aber zeichnen sich durch beides aus: Einheitlichkeit und Disparatheit. Eben darin liegt aber auch das Problem, dem durch den Ansatz beim Gegebenen allein, und sei es auch eine historisch kontrollierte Synchronlesung, nicht beizukommen ist. Quellenlage, interne Textsignale und außerbiblische Vergleichstexte nötigen zur Frage nach dem Sinn der fertigen Bücher und stecken den hermeneutischen Rahmen ab, geben aber keine eindeutigen Antworten. Die Textzeugen vom Toten Meer und der Septuaginta sind zwar älter, repräsentieren aber die «Originale», sofern man von solchen angesichts verschiedener Textfassungen überhaupt sprechen kann, ebensoviel und ebensowenig wie die mittelalterlichen Kodizes. Die internen Textsignale besagen nicht alle dasselbe und fügen sich nicht ohne weiteres in dasselbe «metahistorische»[9] Konzept, so daß im einzelnen fraglich ist, was für die

7 Steck (1996) 28.
8 Steck (1996) 29(ff).
9 So Steck (1996) 50 u.ö. nach K. Koch.

Schlußfassung gilt und was nicht (mehr). Und das «metahistorische» Konzept der Vergleichstexte, die sich auf die Prophetenbücher beziehen, repräsentiert wieder ein anderes Rezeptions- und Auslegungsverständnis, das mit dem Selbstverständnis der biblischen Bücher nicht in eins gesetzt werden kann. Darum ist Steck nur zuzustimmen, wenn er resümiert: Die «heuristischen, gewiß noch Zufälliges, Ungeklärtes, aber auch deutlich erkennbar Sinntragendes in der Finaltextgestalt vermengenden Beobachtungen und Bestimmungen zum Sachprofil eines Prophetenbuches in der Schlußgestalt können und müssen später in weiteren Arbeitsgängen gründlich und offen für Revisionen überprüft, näher geklärt und präzisiert werden, wenn auf literarkritisch-redaktionsgeschichtlichem Wege im Vergleich zu vorangehenden Vorstufen des Buches Maßnahmen noch deutlicher hervortreten, die der Buchgestaltung letzter Hand im ganzen dienen wollen»[10]. Mit anderen Worten: Der Ansatz beim Gegebenen, die historische Synchronlesung, wird der Quellenlage und dem Wortlaut der Prophetenbücher am besten gerecht. Doch auch er führt wie die herkömmliche Literarkritik zu einem mehrdeutigen Befund, der der redaktionsgeschichtlichen Interpretation bedarf. Die Diachronie ist nicht ohne Synchronie, die Synchronie aber auch nicht ohne Diachronie zu haben. Noch einmal Steck: «Das Jesajabuch und die anderen Prophetenbücher, für die sich je eigens Entsprechendes aufweisen ließe, führen, wenn man auf historisch gesehen(!) für ein und denselben Präsentationsakt unauflösliche Inkohärenzen stößt, somit *aus sich selbst* auf die historische Frage nach literarischen Vorstufen. Gerade wenn man vom Gegebenen ausgeht, zeigen die Prophetenbücher historischer Nachfrage eine derart hochgradige Gestaltungs- und Aussagekomplexität, daß mit Werde- und Rezeptionsstufen innerhalb der Bücher(reihe) gerechnet werden muß, mit einem Erklärungsmodell literarischen Traditionswachstums also, in dem ältere Textbestände ihr Sinnpotential in produktiver Fortschreibung oder Relecture unter späteren Herausforderungen entfalten und so zusätzliche Sinnaspekte gewinnen, deren Formulierung das Prophetenbuch zunehmend erweitert, verlängert und sachlich komplexer werden läßt.»[11]

Bei der diachronen Interpretation des synchronen und literarkritischen Befunds kann man zwei Sorten von Redaktion unterscheiden: die Erstverschriftung und die Fortschreibung. Idealtypisch folgt eines auf das andere, in der Realität geht beides durcheinander. Ist erst einmal eine literarische Vorlage vorhanden, wird sie fortlaufend mit Material aus der mündlichen Überlieferung und spontanen Neuformulierungen ergänzt. Beide Vorgänge sind als redaktionsgeschichtliche Phänomene zu begreifen.

Das Phänomen der Fortschreibung, um mit dem bekannteren zu beginnen, ist der literarkritischen Forschung seit langem als Zusatz zu den ursprüngli-

---

10 Steck (1996) 66.
11 Steck (1996) 73.

chen – mündlichen oder schriftlichen – Prophetenlogien vertraut. Es ergab sich aus der Unterscheidung von Echtheit und Unechtheit und fand in der Ergänzungshypothese seine Erklärung.[12] Die Formgeschichte hat den Unterschied nivellieren wollen und daraus einen diffusen mündlichen Traditionsprozeß gemacht, in dem Prophetenworte und Zusätze, Ursprüngliches und – davon kaum mehr zu trennen – Sekundäres in einzelnen Sammlungen[13] oder im breiten, anonymen Strom der Überlieferung[14] allmählich zusammenfließen, bevor dieser Prozeß irgendwann durch die schriftliche Fixierung des bis dahin angeschwemmten Konglomerats zum Stillstand kommt. Man kann beides auch miteinander verbinden und statt des mündlichen im Sinne der Ergänzungshypothese einen schriftlichen Traditionsprozeß postulieren, in dem Prophetenwort für Prophetenwort, Ergänzung für Ergänzung literarisch zugesetzt wird, bis das Prophetenbuch mehr zufällig den kanonischen Bestand erreicht.[15] Sämtliche Varianten leben von der Vorstellung der kleinen Einheit. Sowohl die ursprünglichen Prophetenlogien als auch die Zusätze oder – mündlich oder schriftlich – zugesetzten Prophetenworte werden zunächst literarkritisch und formgeschichtlich als solche aus dem Text präpariert und sodann für sich erklärt. Das Ganze des Prophetenbuchs erscheint so als eine große Ansammlung kleiner Einheiten, für die der Prophet, der Sammler, der Ergänzer oder die mündliche bzw. schriftliche Traditionsbildung – die Etiketten sind bei dieser Sicht der Dinge austauschbar – verantwortlich ist. Auch ob die kleinen Einheiten von ein und demselben oder mehreren Verfassern stammen, macht dabei keinen Unterschied. Sie können von einer Hand stammen und nur Verschiedenes sagen, oder sie stammen von verschiedenen, unzähligen Händen, von denen jede etwas anderes beiträgt.

In der neueren Prophetenforschung hat sich das Bild der Fortschreibung gewandelt. Zum einen ist die Unterscheidung von echt und unecht und die mit ihr verbundene Wertung irrelevant geworden. Gesucht wird in erster Linie nicht das von Zusätzen befreite, ursprüngliche Prophetenwort, sondern die relative Chronologie der Texte, und zwar sämtlicher Texte, ganz gleich, ob sie ursprünglich sind oder nicht. Das Interesse richtet sich im Gegenteil heute eher auf die sekundären Zusätze und späteren Textschichten. Denn sie und nicht das vermeintlich genuine Prophetenwort prägen die literarische Gestalt

12 Repräsentativ sind die Kommentare von Bernhard Duhm zu Jesaja (1968; 1. Aufl. 1892) und Jeremia (1901). Ebenso Gustav Hölscher (1924) zu Ezechiel.

13 Repräsentativ sind die frühen Arbeiten von Sigmund Mowinckel (1914) (hier noch «Quelle» statt Sammlung); ders. (1931); ders. (1933).

14 Repräsentativ ist der spätere, von H. Birkeland (1938) beeinflußte Mowinckel (1946).

15 Von Mowinckel inspiriert der Kommentar von Walther Zimmerli zu Ezechiel (1969; erste Lieferung 1955), der Ergänzungshypothese verpflichtet der Jesajakommentar von O. Kaiser (1981; 1983 [1.Aufl. 1973]), ebenso die Kommentare zu Jeremia von W. McKane (1986; 1996) und R.P. Carroll (1986).

der überlieferten Bücher. Zum anderen erweist sich die isolierte Behandlung der Textzuwächse als Fehlerquelle ersten Ranges. Wie in der älteren Forschung längst gesehen, ist die Formulierung von Zusätzen zumeist aus vorgegebenen Texten im näheren und weiteren Kontext sowie in anderen Büchern gespeist. Das ist aber nicht Zeichen mangelnden Sprachvermögens und fehlender Originalität, sondern Absicht. Die Bezugnahmen signalisieren literarische Zusammenhänge, die der Textergänzung selbst wie dem vorgegebenen, ergänzten Text, mit dem zusammen die Ergänzung ein neues Ganzes bildet, ihren Sinn geben. Diese Zusammenhänge können sich auf den unmittelbaren Nahkontext der Textergänzung beschränken, sie können in der Beziehung von Ergänzung und Textvorlage oder von Ergänzungen untereinander aber auch weitere Texthorizonte bis zum ganzen Buch, ja über die Büchergrenzen hinaus, umfassen. Je nachdem handelt es sich um Einzelzusätze oder um literarische Schichten, die Teile des Buches oder das ganze Buch neu formen. Das Schichtenmodell ist die Anwendung der Ergänzungshypothese aufs ganze Buch. Schließen Einzelzusätze und Glossen partiell Lücken im Leseablauf des Buchs, so greifen ganze Textschichten in das Konzept und in die Anlage der ganzen Schrift ein. Beides sind redaktionelle Vorgänge.

Mit einem Wort: Die Fortschreibung ist der Schlüssel zur Redaktion der Prophetenbücher. Textzuwächse von der kleinsten Glosse bis zu längeren Texteinheiten, die einen vorgegebenen Text ergänzen und von ihm abhängig sind, sind im und für den Kontext entstanden und konstituieren den literarischen und sachlichen Zusammenhang des Buches auf allen literarischen Ebenen bis hin zur Schlußfassung. Ihre Bedeutung ergibt sich aus den literarischen Anleihen, von denen ihre Formulierungen leben, und aus dem Zusammenhang, den sie über die Textanleihen herstellen. Daß sie auch ihre je eigenen traditions- und formgeschichtlichen Hintergründe haben, versteht sich von selbst. Nach allem gehören sie nicht als störende, belanglose Zusätze zur Sammlung von ursprünglichen Prophetenworten ausgeschieden oder als punktuelle Überlieferungsbildung mündlicher oder schriftlicher Art isoliert, sondern in den redaktionellen Zusammenhängen des Buches, für die sie mitverantwortlich sind, erklärt. Beispielhaft hat dies O.H. Steck in seiner eingangs erwähnten Studie zu Jes 35 und den Folgearbeiten zum Jesaja- und Zwölfprophetenbuch vorgeführt. In seiner letzten Veröffentlichung[16] hat er noch einmal die methodischen Schritte, Indizien, Fragen, mögliche Antworten, Argumente und Gegenargumente zusammengefaßt, die auf die redaktionsgeschichtliche Erklärung der Prophetenbücher führen und bei ihrer Anwendung zu bedenken sind. Ausführlich werden die Kriterien für literarkritische und redaktionsgeschichtliche Sachverhalte diskutiert, die anderwärts meistens stillschweigend vorausgesetzt oder gar nicht reflektiert werden. Die Kriterien zur Feststellung

---

16 Steck (1996) bes. 67–120. Vgl. auch ders. (1989) 75ff (§6).

der konzeptionellen und literarischen Kohärenz oder Inkohärenz gehören ebenso grundlegend dazu wie die Signifikanz von Wort- und Sachbeziehungen zwischen Texten, die Position der Texte im Lesezusammenhang des Buches, die Unterscheidung von Ergänzungen mit klein- und großräumigem Texthorizont im Kontext des Buches oder in einer Bücherreihe, die Relation der Textschichten und die Überführung der relativen in eine absolute Chronologie für den zeit- und geistesgeschichtlichen Hintergrund und im Blick auf die Trägerkreise der Prophetenüberlieferung. Den sorgfältigen Abwägungen aller denkbaren Fälle und historischen Möglichkeiten ist nichts hinzuzufügen.

Den Anstoß zur literarischen Überlieferungsbildung in den Prophetenbüchern haben das mündliche Prophetenwort und dessen Niederschrift gegeben. Auch die Erstverschriftung von ehedem mündlicher Überlieferung ist ein redaktioneller Vorgang, der ganz am Anfang eines Prophetenbuchs gestanden haben muß, sich aber auch danach noch fortsetzte. Neben der Fortschreibung wurden weitere mündlich umlaufende Einzelworte des namengebenden oder anderer (anonymer) Propheten in das entstehende Buch integriert und im Zuge dessen zum ersten Mal schriftlich fixiert. Auch anderwärts schon verschriftete Einzelworte, die Wolffschen «Auftrittsskizzen» o.ä., wofür es altorientalische Analogien gibt,[17] gelangten so in den neuen, größeren Zusammenhang des entstehenden Prophetenbuchs.

Die ältere Forschung hat das Problem der Verschriftung ignoriert. Man rechnete und rechnet bis heute mit einer losen, eher zufälligen oder allenfalls nach Themenbereichen und Stichwortassoziationen geordneten Sammlung von Einzelworten, die den Grundstock des aus mehreren solcher Einzelsammlungen und Zusätzen zusammengesetzten Prophetenbuchs bilden. Solche Sammlungen hat es zweifellos gegeben, wobei die historischen Analogien, namentlich die Sammeltafeln der neuassyrischen Prophetien,[18] zeigen, daß schon die bloße Zusammenstellung von einzelnen Orakeln keineswegs zufällig ist und einen fortlaufenden Zusammenhang anstreben kann. Die Sammlung zum Zwecke der Überlieferung bedeutet immer auch Selektion und Komposition. Hinzu kommt der Übergang vom Wort zur Schrift. Schon die Briefe prophetischen Inhalts von Mari, die aktuelle Tagesereignisse mitteilen und nicht zur

17 Vgl. Ausgaben, Literatur und ausgewählte Texte in TUAT II, 56ff (neuassyrische Prophetien) und 83ff (Mari); dazu neuerdings D. Charpin (1992); M. Nissinen (1993) und die dort (219 Anm. 8) angekündigte Gesamtausgabe von S. Parpola in der Reihe SAA. Für den westsemitischen Raum wären noch die Zakkur-Inschrift (KAI 202; TUAT I, 626–628) sowie die Bileam-Texte von Deir ᶜAlla (vgl. TUAT II, 138ff) zu nennen; einen umfassenden Überblick bietet M. Weippert (1988).

18 Vgl. z.B. TUAT II, 56–60. Die Spruchreihe handelt insgesamt von der Einsetzung Asarhaddons zum König, zunächst mehr institutionell von der Durchsetzung seines Königtums (Kol. I–II Feinde, Stadt, Götterpantheon), sodann mehr «persönlich» vom Bestand des Königtums (Kol. III langes Leben, Abkunft von Göttern und Königinmutter, Nachkommenschaft).

weiteren Überlieferung bestimmt waren, und die neuassyrischen Prophetien, die Ansätze von Überlieferungsbildung zeigen, geben die Orakel nicht ohne vermittelnde Zwischeninstanzen weiter. Veränderungen des Wortlauts im Laufe der schriftlichen Übermittlung sind nicht mehr nachzuweisen, aber auch nicht auszuschließen. Um so mehr muß man bei der Aufzeichnung im Kontext einer Sammlung zum Zwecke der Überlieferung damit rechnen. Die Verschriftung markiert somit einen tiefen Einschnitt in der Überlieferung der Prophetenworte. Genau genommen hat sich in den alttestamentlichen Prophetenbüchern kein einziges originales, mündliches Prophetenwort erhalten. Die Sprüche wurden in und für die Sammlung, d.h. in und für einen literarischen Kontext formuliert und wohl auch schon ergänzt. Mit der kontextgerechten Auswahl, Zusammenstellung und nachträglichen Formulierung im Zuge der schriftlichen Fixierung ehedem mündlicher Prophetie beginnt der sekundäre Vorgang der Redaktion.

O.H. Steck ist schon früh, in drei Aufsätzen aus den Jahren 1972–73 zur sog. Denkschrift des Jesaja in Jes 6–8,[19] auf den Vorgang der Erstverschriftung gestoßen. Für die neuere Diskussion verweist er stets, und das mit Recht, auf die Arbeiten von Jörg Jeremias zu Hosea und Amos.[20] Letzterer hat den fundamentalen Unterschied des aufgezeichneten zum gesprochenen Wort nachgewiesen. Er zeigt, wie die für eine bestimmte Zeit geltenden Prophetenworte so arrangiert und formuliert wurden, daß sie ein die Zeit überdauerndes Ganzes ergeben. Zugleich macht er auf sich überlagernde Ordnungssysteme in den Büchern und auf frühe Anzeichen der Verkettung von Büchern aufmerksam, die auf verschiedene Redaktionsstufen schließen lassen. Im Vergleich mit den Zufallsfunden der situationsverhafteten, nicht für die Überlieferung bestimmten altorientalischen Prophetie stellt Jeremias mit allem Nachdruck die literarische Überlieferungsbildung in Verschriftung oder Fortschreibung als «Proprium der alttestamentlichen Prophetie» heraus.[21]

Wie es zur Schriftlichkeit der Prophetie in Israel gekommen ist, darüber läßt sich nur bedingt etwas den wenigen Mitteilungen entnehmen, die wir im Alten Testament haben.[22] Sie zeigen verschiedene Interessen. Zunächst ein situatives Interesse. Auch in den Prophetenbüchern des Alten Testaments gibt es durchaus so etwas wie Gelegenheitsprophetie. Bestes Beispiel ist Jer 29. Der «Brief» mag echt oder fingiert sein, jedenfalls will er als solcher nicht überlieferungsbildend sein und ist es faktisch erst auf der Ebene des Jeremiabuchs geworden. Ebenso die berühmte Stelle Jer 36, die als klassischer Beleg für die Buchwerdung gilt. Doch auch hier geht es nicht eigentlich um Über-

---

19 Wiederabgedruckt in: Steck (1982) 149–170.171–186.187–203.
20 J. Jeremias (1996); dazu der Beitrag in diesem Band.
21 Jeremias (1996) 20–33.
22 Vgl. dazu schon Zimmerli (1979).

lieferung. Zweck der Buchrolle ist die öffentliche Verlesung, das geschriebene Wort übernimmt lediglich die Rolle des gesprochenen Worts. Im Hintergrund der Szene steht freilich noch ein anderes Motiv. Die Verbrennung der Buchrolle durch den König soll die Wirkung des prophetischen Wortes auslöschen, die zweite, erweiterte Auflage setzt es wieder in Kraft, und das natürlich über den Tag hinaus. Die Szene zeugt von einem magischen Verständnis des geschriebenen Wortes. Aber auch das zieht nicht notwendig die Überlieferung nach sich, wie die Inschrift gegen Israel und Aram Jes 8,1–2 und das Buch gegen Babel Jer 51,59ff zeigen. Die beiden Zeichenhandlungen nehmen im geschriebenen Wort Geschehen voraus und erinnern von ferne an die ägyptischen Ächtungstexte und das dazugehörige Zertrümmerungsritual.

Ein anderes Interesse ist das archivarische. Von ihm zeugen die beiden Notizen in Jes 34,16 und Hab 2,2f. Seine Wurzeln hat es in der königlichen Verwaltung. Die technischen Möglichkeiten dafür waren spätestens seit dem 8. Jh. vorhanden, auch wenn nicht sehr viele Zeugnisse erhalten geblieben sind. Ob man mit professionellen Ständen oder gar Schulen zu rechnen hat, wissen wir nicht. Einblicke in die Textproduktion und bibliothekarische Textpflege gewähren erst die Funde in Qumran. Die Verhältnisse dort sind sicher keine neue Erfindung gewesen, so daß man von hier aus vorsichtig auf frühere Zeiten und frühere Zirkel mit einer ausgeprägten Lese- und Schreibkultur zurückschließen darf.[23] Bei den beiden prophetischen Belegen richtet sich das archivarische Interesse auf die Erfüllung oder Nichterfüllung prophetischer Weissagungen. Dies mag ein Grund für die Überlieferungsbildung bald nach 722 und 587 v. Chr. gewesen sein. Die Verschriftung erfolgte, um den Eintritt eines Orakels kontrollieren oder auch für die Zukunft noch erwarten zu können, beides mitunter sogar bei ein und demselben Wort (Jes 9,8ff). Das alles erinnert an die Omensammlungen in Mesopotamien und ihren wiederholten Gebrauch in verschiedenen geschichtlichen Situationen. Die Belege zeigen aber auch, daß die Verschriftung von der Frage der Erfüllung oder Nichterfüllung keineswegs abhängig ist. Das führt auf das dritte, das theologische Interesse.

Theologisch wird die Überlieferungsbildung in den Prophetenbüchern ausdrücklich in Jes 8,16–18 und 30,9 begründet. An beiden Stellen werden die hermeneutischen Implikationen der Schriftwerdung am klarsten formuliert. Das aufgeschriebene Prophetenwort gilt als Gotteswort für diese und alle künftigen Zeiten. Im geschriebenen Wort ist und bleibt der Gott Jhwh präsent. Als Grund für die Niederschrift geben die Texte die Ablehnung des Propheten und seiner Botschaft an (vgl. auch Am 7,10ff; Hos 9,7–9). Es ist allerdings mehr als fraglich, ob diese Auskunft auf Erfahrung beruht, wie manche gut-

---

23 Vgl. zur Frage K. Schmid (1996) 35–43, hier auch die einschlägige Literatur.

gläubig meinen.[24] Das Motiv konvergiert vielmehr mit dem Phänomen der unbedingten Gerichtsprophetie, die es im nachhinein erklären möchte. Doch die Gerichtsprophetie ist nicht aus der Frustration einiger beleidigter Propheten entstanden, sondern hat einen zeitgeschichtlichen Anlaß. Daher ist nicht eigentlich die Ablehnung der Propheten, sondern die Gerichtsprophetie selbst der Grund für ihre auf Überlieferung angelegte Verschriftung.

Die Unterscheidung von mündlicher und schriftlicher Prophetie betrifft somit nicht nur die Überlieferungsgestalt, sondern auch den Gehalt. Es liegt nahe, das Proprium der Überlieferungsbildung mit dem inhaltlichen Proprium der alttestamentlichen Prophetie, der unbedingten Gerichtsansage, zu verbinden. Wie wir spätestens seit Julius Wellhausen[25] wissen, ist die unbedingte Gerichtsprophetie unter dem Eindruck der assyrischen Expansion nach Westen und des dadurch verursachten Untergangs des Staates Israel in der zweiten Hälfte des 8. Jh. v. Chr. entstanden. Das gilt bei näherer Betrachtung auch für das «Nein» des Amos, am dichtesten zusammengefaßt in der Formulierung «das Ende ist gekommen für mein Volk Israel» (Am 8,2), für das es davor keine Veranlassung gab.[26] In derselben Zeit liegen aus denselben Gründen die Anfänge der literarischen Überlieferungsbildung in den Büchern Amos, Hosea und Jesaja (vielleicht auch Micha). Die Entstehung der Gerichtsprophetie und die Anfänge der literarischen Überlieferungsbildung fallen zusammen; dasselbe wiederholt sich noch einmal nach dem Ende des Staates Juda unter Benutzung der bereits vorhandenen Überlieferung in den Büchern Jeremia und Ezechiel. Noch weiter nach unten datiert K.-F. Pohlmann[27] die unbedingte Gerichtsprophetie, weil sie, womit er zweifellos recht hat, vor 587 v. Chr. nicht in die religionsgeschichtliche Landschaft paßt. Aber die Gerichtsprophetie liegt vor wie nach 587 quer zu den damals üblichen Denkmöglichkeiten und Mitteln der Krisenbewältigung. Das Gericht von 587 war für Juda nicht leichter und nicht schwerer als die Zerschlagung der staatlichen Ordnung für die ostjordanischen Nachbarn im selben Zeitraum, die, soweit wir wissen, nichts Vergleichbares hervorgebracht haben,[28] oder für Israel und einige der aramäischen Nachbarn im ausgehenden 8. Jh. Zudem erklärt Pohlmann nicht, warum die Gerichtsprophetie nicht ausschließlich von Juda und Babylon, sondern auch von Israel und Assur spricht. Nach 587 hätte dazu kein Anlaß bestanden, wäre nicht etwas vorausgegangen. Die entscheidende historische Zäsur liegt darum im Jahr 722 v. Chr. Nur hier war eine Situation gegeben, in der das Staatsvolk Israel und das Staatsvolk Juda zum Volk Israel,

---

24 Z.B. Chr. Hardmeier (1983); ders. (1986) 23f.

25 J. Wellhausen (1914) 104–115.

26 Vgl. R.G. Kratz (1997a) 20 Anm. 51.

27 K.-F. Pohlmann (1989) 193–213; ders. (1994).

28 Die einzige Parallele, die schwer deutbaren Orakel, darunter Flüche, des Bileam von Deir ʿAlla (TUAT II, 138ff), ist älter (spätes 8. oder 7. Jh.).

dem einen Volk Jhwhs, werden konnten. Denn der Gott des Staates Israel war auch der Gott des Staates Juda. Auch wenn man Stellen wie Hos 1,9 oder Am 8,2 (entsprechend Jes 8,1–4) allein auf das Nordreich bezieht,[29] zeigen doch gerade sie, daß die Katastrophe Israels nicht nur, wie von judäischen Propheten zu erwarten, als Bestätigung, sondern auch als Bedrohung für Juda aufgefaßt werden konnte. Andernfalls hieße es in Am 8,2 – aus judäischer Perspektive – nicht «mein Volk». Historisch war Juda involviert, weil die Expansion Assurs nach Süden ausgriff, theologisch, weil derselbe Gott, der in Israel nicht überlebt hatte, den Staat Juda am Leben erhalten sollte. Zwar war auch dies in der alten Welt nichts Ungewöhnliches, ob der gemeinsame Nationalgott Jhwh, Baal oder Hadad hieß. Sie alle existierten in lokalen Manifestationen, die unabhängig voneinander Verträge schlossen oder Kriege führten. Insofern bestand für die Entstehung der Gerichtsprophetie keine Notwendigkeit. Doch die Idee des Nationalgottes, die sich mit der Bildung von Flächenstaaten in Israel, Juda und den ostjordanischen Kleinstaaten durchgesetzt hatte, führte in der prophetischen Überlieferung, und hier vielleicht zum ersten Mal, dazu, daß die beiden Manifestationen Jhwhs in Israel und Juda von einigen als Einheit gedacht wurden. Gerade damit aber geriet Jhwh als Garant der staatlichen Ordnung ins Zwielicht. Juda lebte weiter in der üblichen Symbiose von Staat und Gott, die mit demselben Gott in Israel zerbrochen war. Genau diesen Sachverhalt spiegelt die prophetische Gerichtsansage wider, die Jhwh selbst für den geschehenen oder drohenden Untergang der beiden Staaten verantwortlich macht, einen anderen, fremden Jhwh jenseits staatlicher Ordnung, der nach dem Ende des Staates Israel, einmal entdeckt und mehr zufällig aufgeschrieben, in der prophetischen Überlieferung als Gott Israels zunächst im Staat Juda und nach 587 auch ohne den Staat überleben konnte. Mit ihm überlebt auch «Israel» als Größe jenseits der Staatlichkeit, nicht zuletzt in der Prophetenüberlieferung des 6. Jh., die ohne die theologische Vorarbeit in der literarischen Überlieferung des späten 8. und des 7. Jh. nicht denkbar ist. Hätte es sie nicht gegeben, wüßten wir von Israel und vermutlich auch von Juda nichts.

Fallen demnach die Anfänge der Gerichtsprophetie und der Überlieferungsbildung zusammen, bedeutet das, daß der Unterschied zwischen mündlicher, der Ursprungssituation verhafteter, und schriftlicher, für die Nachwelt bestimmter, Prophetie nicht nur zwischen altem Orient und Israel, sondern in Israel selbst besteht. Israelitische und alttestamentliche Prophetie sind nicht ohne weiteres identisch. Die unbedingte Gerichtsprophetie ist nicht die Voraussetzung, sondern ein Produkt der Überlieferungsbildung in den alttestamentlichen Prophetenbüchern. Ihren «Sitz im Leben» hat sie nicht in der öffentlichen Verkündigung, die dem Volk gar nichts mehr zu sagen hätte, sondern in

[29] Pohlmann (1989) 205–207.

der theologischen Reflexion schriftgelehrter Kreise, die Jhwhs Handeln zu verstehen und in Worte zu fassen versucht. Davor und daneben existierte eine andere Art der Prophetie, die den altorientalischen Analogien nahe verwandt war und die politischen Krisen des späten 8. und des frühen 6. Jh. auf damals übliche Weise zu überwinden suchte. Ihr hat man auch die mündliche Verkündigung der namengebenden Propheten der alttestamentlichen Bücher oder anonyme Orakel, die unter ihrem Namen aufgenommen wurden, zuzurechnen. Im Hoseabuch sind das Klagen über die chaotische Außen- und Innenpolitik in der letzten Phase des Staates Israel, vielleicht auch über Einzelheiten des praktizierten Kults, der allerdings erst in der Folge der Katastrophe und ihrer Interpretation als Gericht Jhwhs in Mißkredit geriet und in einem weiteren Schritt als «Baalskult» diffamiert wurde. Die ursprünglichen Orakel sind in die Komposition Hos 4–9* eingegangen, die von der Mitte her allmählich angewachsen ist und in Hos 1–2 und 9–14 sukzessive erweitert wurde.[30] Die die beiden Völker Efraim und Juda umfassende Gerichtsansage (Hos 5,12–14) und die grundsätzliche Infragestellung des Gottesverhältnisses für – das Nordreich – Israel (vgl. Hos 1,9) gehen auf das Konto der Überlieferung, die für Selektion, Arrangement, Formulierung und Fortschreibung der Wortüberlieferung verantwortlich ist. Jesaja war ein Heilsprophet, der dem Staat Juda gegen die Feinde im Norden, Israel und Aram, den Sieg verheißen hat.[31] Erst in der Retrospektive wird aus ihm in der Denkschrift Jes 6–8 ein Gerichtsprophet für Israel und Juda, was die Überlieferer mit dem Topos der Ablehnung des Propheten begründen. Auch hier haben sich verschiedene Ergänzungs- und Fortschreibungsschichten (weiteres Material aus der prophetischen, nicht notwendigerweise jesajanischen Wortüberlieferung und Eigenformulierungen der Überlieferer) um den Kern in Jes 6–8 herum gelegt (Jes 1–11*) und an ihn angeschlossen (Jes 28ff; 13ff). Im Amosbuch zählen dazu die wenigen Fragmente, die sich gegen den Lebensstil und die Rechtsbeugung der samaritanischen Oberschicht auf Kosten anderer richten.[32] Sie sind in der Komposition Am 3–6* zusammengestellt, in der Formulierung aneinander angeglichen und im Zuge dessen als Begründungen für das Gericht gegen die «Söhne Israels» und das «Haus Israel», d.h. gegen das ganze Volk Israel, gebraucht und schon innerhalb von Am 3–6 vielfach ergänzt worden. Die beiden Zyklen in Am 1–2 und Am 7–9 sind literarische Bildungen und setzten die gerichtsprophetische Interpretation der Amosworte bereits voraus. Auch hier wird die Aufkündigung des Verhältnisses von Jhwh und Israel als solche zum Thema (vgl. Am

---

30 Vgl. dazu Kratz (1997a).

31 Vgl. Jes 7,3–9; 8,1–4; 17,1–3; 28,1–4.

32 Vgl. Am 3,9–11; 3,12.15; 4,1–4; 6,4–6; 6,11 sowie 5,10–12 (5,7; 6,12?), ferner vielleicht die Bildworte in 5,2; 5,3 und 5,19, falls nicht auch sie schon von der ersten Redaktion in Am 3–6 stammen.

8,2 wie Hos 1,9); aus dem Staatsvolk Israel wird das Gottesvolk Jakob-Israel. Manchmal habe ich den Eindruck, Amos sei erst unter dem Einfluß von Hosea und Jesaja zum Gerichtspropheten geworden, was umgekehrte Bezugnahmen nicht ausschließt. Ursprünglich waren sie es alle drei nicht. Es ist schon eine seltsame, ganz ungeschichtliche Vorstellung, daß das unbedingte «Nein» verschiedenen Individuen unabhängig voneinander und gleich mehrfach in ähnlicher, möglichst kurzer Form und jeweils im passenden Augenblick kurz vor der Katastrophe eingegeben worden sein soll, woraus sich dann im Laufe der Zeit, vor und nach Eintritt der Katastrophe und noch von den Propheten selbst oder von ihren Schülern initiiert, die Überlieferung in Büchern entwickelt habe. Das Ganze dürfte weniger spektakulär vor sich gegangen sein. Die Alternative von «Kultprophetie und Gerichtsverkündigung»[33], wir können – um Engführungen zu vermeiden – auch sagen: von sog. vorklassischer und klassischer Prophetie, findet in dem Übergang vom Wort zur Schrift ihre einfachste Erklärung. Auch die gewöhnliche, «vorklassische» Heils- und Mahnprophetie, die es immer gegeben hat, ist – in den Prophetenbüchern selbst wie auch in den Geschichtsbüchern – in die alttestamentliche Überlieferung eingegangen, teilweise retrospektiv unter dem Vorzeichen der Gerichtsprophetie (z.B. Jes 6–8), teilweise in reiner Form (z.B. die Jesaja-Legenden), teilweise unter dem Vorwurf der Falschprophetie (z.B. Jer 27–28). Prophetie dieser Art war die Regel, das, was in den alttestamentlichen Prophetenbüchern daraus geworden ist, die Ausnahme. Das eine ist vergangen, das andere geblieben.

Verschriftung und Fortschreibung in den Prophetenbüchern legten es ja auch ausdrücklich auf bleibende, ja ewige Gültigkeit an (vgl. Jes 8,1–6–18; 30,8). Der Übergang vom Wort zur Schrift nimmt das Wort aus der Ursprungssituation heraus und gibt ihm einen zeitübergreifenden Sinn. Die Fortschreibung des verschrifteten Prophetenwortes deutet den zeitübergreifenden Sinn für eine neue Zeit aus. Die Fortschreibungs- und Redaktionsgeschichte der Prophetenbücher ist zugleich Rezeptions- oder Auslegungsgeschichte. Das verschriftete rezipiert das gesprochene Wort, die Ergänzung den vorgegebenen Text. Vorgabe und Rezeption bilden dabei stets eine Einheit. Darum erscheint das aufgezeichnete Wort auch im Buch als gesprochenes Wort, und darum schließt sich die Textergänzung im selben Buch unter demselben Namen nahtlos an den überkommenen Text an. Die Auslegung findet im vorgegebenen Wortlaut (des gesprochenen Wortes oder des schon fixierten Texts) den Sinn für die eigene Zeit und fügt darum diesen in den überlieferten Wortbestand ein. Überlieferter Wortbestand und Ergänzung bilden eine literarische Einheit, weil beide im Selbstverständnis der Überlieferung auch sachlich eins sind. Das Prophetenwort galt den Überlieferern als Gotteswort, das einem Ge-

33 Vgl. die gleichnamige Monographie von Jeremias (1970).

samtwillen Gottes für Israel und die Welt entspringt. Für sie setzt und hält es geschichtliches Geschehen in Gang, indem es zu einer bestimmten geschichtlichen Stunde an einen bestimmten, namentlich genannten Propheten erging und zugleich auf ferne Zeit weist. So verbindet es sich mit anderen, neu hinzukommenden Worten aus anderen Zeiten – im selben Buch oder über Buchgrenzen hinweg – zu einem übergreifenden Geschichtsbild einer gottgewirkten Geschichte im damaligen Zeitgeschehen. Aus dem überkommenen, älteren Gotteswort vergangener Zeit wird in dem innerprophetischen, literarisch produktiven Rezeptions- und Auslegungsvorgang Gotteswort für die gegenwärtige und zukünftige Zeit, weil schon im älteren Gotteswort Gegenwart und Zukunft bereitliegen und im neuen Gotteswort die Vergangenheit und das vergangene Wort (sachlich und literarisch) aufgenommen werden. Die angestrebte literarische und sachliche Einheit hat wiederum theologische Gründe. Sie zielt auf die Einheit, die Identität Gottes im Wandel der Zeit. Um ihretwillen wurden gesprochene Wortüberlieferung und der vorgegebene Text rezipiert und für eine neue Zeit mit dem Anspruch auf überzeitliche Geltung ausgelegt. Rezeption und Auslegung in der Redaktion der Prophetenbücher stiften Sinn und Identität, und zwar Identität Gottes und mit ihr die Identität der Überlieferer, die für das Volk Israel sprechen.

Auch zu diesen hermeneutischen Voraussetzungen und Implikationen der Redaktion der Prophetenbücher hat O.H. Steck wegweisende Impulse gegeben, angefangen bei der kurzen Skizze in der Studie zu Jes 35[34] bis zur umfassenden Darstellung in dem Aufsatz «Prophetische Prophetenauslegung»[35], in dem der Rezeptions- und Auslegungsvorgang im einzelnen beschrieben und mit einschlägigen Textbeispielen belegt wird. Wie kaum ein anderer hat Steck ein Gespür dafür, welche literatur- und theologiegeschichtlichen Konsequenzen sich aus der redaktionsgeschichtlichen Analyse von Einzeltexten ergeben. Die Redaktion der Prophetenbücher spiegelt Werden und Wandlungen einer Theologie der Propheten wider, die sich im innerprophetischen Rezeptions- und Auslegungsprozeß allmählich entwickelt und zu einer prominenten Stimme in der Literatur- und Theologiegeschichte des Alten Testaments im ganzen wird.[36] Wohlgemerkt, der Literatur- und Theologiegeschichte, nicht der Religionsgeschichte Israels im Alten Testament, was nicht dasselbe ist.[37] Denn wie die Überlieferungsbildung in den Prophetenbüchern und die damit einhergehende Entstehung der unbedingten Gerichtsprophetie von dem religionsgeschichtlichen Phänomen der altorientalischen und israelitisch-judäischen Prophetie unterschieden werden müssen, so besteht auch ein fundamentaler Un-

34 Steck (1985) 81ff.
35 S.o. Anm. 4.
36 Vgl. die Skizze in Steck (1992a) 190ff.
37 Den Unterschied verkennt R. Albertz (1992), der beides durcheinanderbringt.

terschied zwischen der Religion Israels und Judas, wohl auch der weitgehend verlorengegangenen religiösen Überlieferung, und der Theologie Israels im Alten Testament. Die religiöse Praxis ebenso wie religionshistorische Sachverhalte – Gruppen, Tendenzen und Entwicklungen lassen sich im Alten Testament, wenn überhaupt, nur in der theologischen Überzeichnung der Überlieferung greifen und müssen aus archäologischen (epigraphischen, ikonographischen) Quellen sowie aus der Analogie zu den altorientalischen Nachbarn rekonstruiert werden. Das Alte Testament setzt das alles voraus, bildet es aber nicht ab. In ihm sind Gruppen, Tendenzen und Entwicklungen von theologisch geschulten Überlieferungskreisen zu greifen, die gegenüber der religiösen Praxis und der Religionsgeschichte Israels und Judas eigene Wege, nämlich den Weg in die theologische (oder literarische, vgl. Proverbien oder Ester) Reflexion, gingen. Auch das ist ein (religions-)geschichtlicher Sachverhalt, aber einer unter anderen und vermutlich zunächst nicht der in der (Religions-) Geschichte Israels und Judas dominierende. Seine führende, das Judentum am Leben erhaltende Rolle gewann dieser besondere Zweig der Religionsgeschichte, den das Alte Testament repräsentiert, erst nach dem Ende Israels und Judas in «nachexilischer», besser: nachstaatlicher Zeit. Erst von dem Moment an, da die alttestamentlichen Schriften, einzelne Büchersammlungen und schließlich der ganze Kanon zur Grundlage des Lebens und die verschiedenen Trägerkreise der Überlieferung und deren Konzepte zu Religionsparteien wurden, ging die Literatur- und Theologiegeschichte des Alten Testaments in die Religionsgeschichte des Judentums über. Rezeption und Auslegung verlagerten sich mehr und mehr in separate Schriften außerhalb des zum Kanon werdenden Alten Testaments. Diese Auslegungsschriften, namentlich die des Neuen Testaments, schufen die Vorausetzung dafür, daß der hebräische Kanon Grundlage einer Theologie des Alten Testaments wurde, die die Rezeptions- und Auslegungsgeschichte des Alten Testaments weiterschreibt. Darum erscheint es unsinnig, wenn von Zeit zu Zeit[38] die beiden Fragerichtungen der alttestamentlichen Wissenschaft, Religionsgeschichte und Theologie, gegeneinander ausgespielt werden. Beide haben mit dem Alten Testament selbst nur indirekt zu tun. Weder die Religionsgeschichte Israels noch die Theologie des Alten Testaments steht im Alten Testament. Das eine ist – ebenso wie die Geschichte Israels – die historische Voraussetzung, das andere die theologische Weiterführung des Alten Testaments. Für beides bietet das Alte Testament Anhalt, aber keine hinreichende Quellengrundlage. Die Rekonstruktion der Religions- und Zeitgeschichte Israels und Judas basiert auf der historischen Analogie, die Theologie des Alten Testaments hat – für uns – ihr Fundament in Jesus Christus und im Neuen Testament. Das Alte Testament selbst aber ist

[38] Vgl. jüngst die Diskussion in: Religionsgeschichte Israels oder Theologie des Alten Testaments? (JBTh 10), Neukirchen-Vluyn 1995.

Quelle für die Literatur- und Theologiegeschichte Israels und Judas, in der ihrerseits die allgemeinen Rahmenbedingungen der israelitisch-judäischen Religions- und Zeitgeschichte von dem Standpunkt des in Schriften überlieferten Glaubens und von eigenen Zeit- und Lebenserfahrungen her theologisch reflektiert, d.h. in Theologie übersetzt werden.[39] Auf sie, ihr Werden und ihre Wandlungen in dem durch Rezeption und Auslegung gekennzeichneten Werden der alttestamentlichen Schriften, stößt die Exegese des Alten Testaments, insbesondere die Redaktionsgeschichte, die sämtliche exegetischen Befunde zusammenführt.[40]

Rezeption und Auslegung – das sind auch die Leitbegriffe des vorliegenden Bandes. Sämtliche hier veröffentlichten Vorträge und der von Thomas Krüger beigesteuerte Aufsatz kreisen um dasselbe Oberthema. Sie decken exemplarisch die drei Teile des hebräischen Kanons ab und führen auch weiter in benachbarte Gebiete. Die Auswahl macht deutlich, daß Rezeption und Auslegung keineswegs ein spezifisch israelitisches, sondern ein gemeinorientalisches, wenn nicht ein allgemein kulturhistorisches Phänomen darstellen. Es sind zumeist Wendepunkte, vor allem, aber nicht nur Krisen einer Kultur, die den Prozeß von Rezeption und Auslegung schubweise vorantreiben. In solchen Zeiten steht die – im weitesten Sinn des Wortes – kulturelle Identität einer Gemeinschaft auf dem Spiel. Kodifizierung, Aneignung und Auslegung, kurz: die Rezeption überkommener Tradition und Überlieferung verhindert in solchen Situationen den Verlust der Vergangenheit und erschließt Gegenwart und Zukunft. In der aus der Überlieferung rekonstruierten Erinnerung des Früheren gewinnen Gegenwart und Zukunft Richtung und Sinn. Das Medium der Schriftlichkeit verleiht dem allen, in den biblischen Schriften dem einen Gott in der Vielfalt seiner Bezeugungen, seine bleibende Gestalt.

---

39 Vgl. dazu auch Kratz (1997a) Teil VI; ders. (1995) 297ff.
40 Vgl. zu den entsprechenden Tendenzen der gegenwärtigen Forschung Kratz (1997).

Literaturverzeichnis

Albertz, R. (1992), Religionsgeschichte Israels in alttestamentlicher Zeit (GAT 8/1–2), Göttingen.

Birkeland, H. (1938), Zum hebräischen Traditionswesen. Die Komposition der prophetischen Bücher des Alten Testaments (ANVAO II 1938/1), Oslo.

Carroll, R.P. (1986), Jeremiah. A Commentary (OTL), London.

Charpin, D. (1992), «Le contexte historique et géographique des prophéties dans les textes retrouvés à Mari», BCSMS 23, S.21–32.

Duhm, B. (1968), Das Buch Jesaja (HKAT III/1), Göttingen (5.Aufl.).

– (1901), Das Buch Jeremia (KHC XI), Tübingen/Leipzig.

Hardmeier, Chr. (1983), «Verkündigung und Schrift bei Jesaja», ThGl 73, S.119–134.

– (1986), «Jesajaforschung im Umbruch», VF 31, S.3–31.

Hölscher, G. (1924), Hesekiel. Der Dichter und das Buch (BZAW 39), Gießen.

Jeremias, J. (1970), Kultprophetie und Gerichtsverkündigung in der späten Königszeit Israels (WMANT 35), Neukirchen-Vluyn.

– (1996), Hosea und Amos. Studien zu den Anfängen des Dodekapropheton (FAT 13), Tübingen.

Kaiser, O. (1981), Das Buch des Propheten Jesaja. Kapitel 1–12 (ATD 17), Göttingen (5.Aufl.).

– (1983), Der Prophet Jesaja. Kapitel 13–39 (ATD 18), Göttingen (3.Aufl.).

Kratz, R.G. (1995), «Die Suche nach Identität in der nachexilischen Theologiegeschichte. Zur Hermeneutik des chronistischen Geschichtswerkes und ihrer Bedeutung für das Verständnis des Alten Testaments», in: J. Mehlhausen (Hg.), Pluralismus und Identität (Veröffentlichungen der Wissenschaftlichen Gesellschaft für Theologie 8), Gütersloh, S.279–303.

– (1997), Art. «Redaktionsgeschichte / Redaktionskritik», erscheint in: TRE 28, Berlin/New York.

– (1997a), «Erkenntnis Gottes im Hoseabuch», ZThK 94, S.1–24.

McKane, W. (1986), A Critical and Exegetical Commentary on Jeremiah. Vol. I: Introduction and Commentary on Jeremiah I-XXV (ICC), Edinburgh.

– (1996), A Critical and Exegetical Commentary on Jeremiah. Vol. II: Commentary on Jeremiah XXVI-LII (ICC), Edinburgh.

Mowinckel, S. (1914), Zur Komposition des Buches Jeremia (Videnskapsselskapets Skrifter. II. Hist.-filos. Klasse 1913, No.5), Kristiana.

– (1931), «Die Komposition des deuterojesajanischen Buches», ZAW 49, S.87–112. 242–260.

– (1933), «Die Komposition des Jesajabuches Kap. 1–39», AcOr 11, S.267–292.

– (1946), Prophecy and Tradition. The Prophetic Books in the Light of the Study of the Growth and History of the Tradition (ANVAO.HF II 1946/3), Oslo.

Nissinen, M. (1993), «Die Relevanz der neuassyrischen Prophetie für die alttestamentliche Forschung», in: M. Dietrich / O. Loretz (Hgg.), Mesopotamica – Ugaritica – Biblica. FS K. Bergerhof (AOAT 232), Neukirchen-Vluyn/Kevelaer, S.217–258.

Pohlmann, K.-F. (1989), Die Ferne Gottes - Studien zum Jeremiabuch. Beiträge zu den ‹Konfessionen› im Jeremiabuch und ein Versuch zur Frage nach den Anfängen der Jeremiatradition (BZAW 179), Berlin/New York.

– (1994), «Erwägungen zu Problemen alttestamentlicher Prophetenexegese», in: I. Kottsieper u.a. (Hgg.), «Wer ist wie du, HERR, unter den Göttern?» FS O. Kaiser, Göttingen, S.325–341.

Schmid, K. (1996), Buchgestalten des Jeremiabuches. Untersuchungen zur Redaktions-und Rezeptionsgeschichte von Jer 30–33 im Kontext des Buches (WMANT 72), Neukirchen-Vluyn.

Steck, O.H. (1982), Wahrnehmungen Gottes im Alten Testament. Gesammelte Studien (TB 70), München.

– (1985), Bereitete Heimkehr. Jesaja 35 als redaktionelle Brücke zwischen dem Ersten und dem Zweiten Jesaja (SBS 121), Stuttgart.

– (1989), Exegese des Alten Testaments, Neukirchen-Vluyn (12.Aufl.).

– (1991), Der Abschluß der Prophetie im Alten Testament. Ein Versuch zur Frage der Vorgeschichte des Kanons (BThSt 17), Neukirchen-Vluyn.

– (1991a), Studien zu Tritojesaja (BZAW 203), Berlin/New York.

– (1992), «‹... ein kleiner Knabe kann sie leiten›. Beobachtungen zum Tierfrieden in Jesaja 11,6–8 und 65,25», in: Jutta Hausmann / H.J. Zobel (Hgg.), Alttestamentlicher Glaube und Biblische Theologie. FS H.D. Preuß, Stuttgart u.a., S.104–113.

– (1992a), Gottesknecht und Zion. Gesammelte Aufsätze zu Deuterojesaja (FAT 4), Tübingen.

– (1993), «Der sich selbst aktualisierende ‹Jesaja› in Jes 56,9–59,21», in: W. Zwickel (Hg.), Biblische Welten. FS M. Metzger (OBO 123), Freiburg (Schweiz)/Göttingen, S.215–230.

– (1993a), «Prophetische Prophetenauslegung», in: H.F. Geißer u.a. (Hgg.), Wahrheit der Schrift – Wahrheit der Auslegung. Eine Zürcher Vorlesungsreihe zu Gerhard Ebelings 80. Geburtstag am 6. Juli 1992, Zürich, S.198–244.

– (1993b), «Der Gottesknecht als ‹Bund› und ‹Licht›», ZThK 90, S.117–134.

– (1996), Die Prophetenbücher und ihr theologisches Zeugnis. Wege der Nachfrage und Fährten zur Antwort, Tübingen.

– (1997), «Autor und/oder Redaktor in Jes 56–66», erscheint in: C.A. Evans (Hg.), Writing and Reading in the Scroll of Isaiah (VT.S), Leiden u.a.

Weippert, M. (1988), «Aspekte israelitischer Prophetie im Lichte verwandter Erscheinungen des Alten Orients», in: G. Maurer / U. Magen (Hgg.), Ad bene et fideliter seminandum. FS K. Deller (AOAT 220), Neukirchen-Vluyn/Kevelaer, S.287–319.

Wellhausen, J. (1914), Israelitische und Jüdische Geschichte, Berlin (7.Aufl.).

Zimmerli, W. (1969), Ezechiel (BK XIII/1–2), Neukirchen-Vluyn.

– (1979), «Vom Prophetenwort zum Prophetenbuch», ThLZ 104, S.481–496.

Rezeptionsprozesse in der prophetischen Überlieferung – am Beispiel der Visionsberichte des Amos

Von Jörg Jeremias

In der Propheten-Forschung stehen wir momentan vor einem Umbruch: vor keinem, der sich abrupt von heute auf morgen vollzieht, wohl aber vor einem, der Ende der achtziger Jahre begonnen hat und sich allmählich immer mehr durchzusetzen beginnt. Hatte nach dem 2. Weltkrieg die redaktionsgeschichtliche Fragestellung mit ihrem Interesse an der Entstehung und am Wachstum der Prophetenbücher das Feld der Prophetenforschung beherrscht, so wurde diese Frage in den späten achtziger Jahren auf buchübergreifende Redaktionsprozesse ausgedehnt und erbrachte als solche überraschende Ergebnisse. Und kein anderer hat diese Fragestellung so entschieden vorangetrieben wie Odil Hannes Steck, den der vorliegende Aufsatzband ehren soll.

Hatte er sich zunächst geweigert, Tritojesaja traditionell als einen in sich abgeschlossenen Buchteil zu interpretieren und diesen 3.Teil des Jesajabuches statt dessen entschlossen im Horizont des Groß-Jesajabuches ausgelegt[1], so hat er sich danach – zusammen mit seinen Schülern und Mitarbeitern Erich Bosshard und Reinhard G. Kratz – analog der üblichen Deutung des Zwölfprophetenbuches als einer Sammlung je in sich abgeschlossener und scheinbar mehr oder weniger beliebig zusammengestellter Einzelbücher verweigert und ist statt dessen in großer Beharrlichkeit dem theologischen Aussagewillen der Redaktoren des Zwölfprophetenbuches nachgegangen[2]. Ja, er hat diese übergreifende Fragestellung kühn und überaus anregend noch weiter getrieben und hat die späten Redaktionsstufen des Groß-Jesajabuches und diejenigen des Zwölfprophetenbuches zueinander in Beziehung gesetzt, um die Abhängigkeit der letzten Redaktoren des Zwölfprophetenbuches von denen des Groß-Jesajabuches aufzuweisen.[3] Unter solcher fruchtbaren Fragestellung wird erstmalig erkennbar, wie wenig der Abschluß des prophetischen Kanonteiles ein Einfrieren eines beliebigen und zufälligen Überlieferungsstandes war, wie sehr vielmehr die späten Stadien der prophetischen Überlieferungsbildung geprägt waren von dem Willen, das entscheidend Gemeinsame in den vielfältigen prophetischen Einzelstimmen herauszustellen, anders ausgedrückt: das *eine* göttliche Prophetenwort hinter den zahlreichen prophetischen Äußerungen zu Problemstellungen vieler Jahrhunderte erkennbar zu machen.

Ich selber habe in den vergangenen Jahren versucht, diesen für den Abschluß der prophetischen Traditionsbildung so entscheidend wichtigen theo-

---

1 Vgl. zusammenfassend O.H. Steck (1991a).

2 Vgl. etwa Steck (1990); E. Bosshard / R.G. Kratz (1990); weiter die von Steck betreute Dissertation von J.D. Nogalski, die in zwei Bänden erschien (1993; 1993a).

3 Steck (1991); vgl. die Vorarbeiten von Bosshard (1987).

logischen Impetus schon in den Anfängen der Traditionsbildung nachzuweisen und habe dabei das traditionelle Bild von einem isolierten und für sich zu deutenden Amos- bzw. Hoseabuch zu hinterfragen versucht.[4] Ich möchte dieses Anliegen, das sich in vielfältiger Weise mit den theologischen Anstößen Odil Hannes Stecks berührt, heute thesenhaft zuspitzen:

Ich bin der festen Überzeugung, daß das Bild des Propheten Amos, wie es die kritische Wissenschaft seit dem 19. Jh. eindrucksvoll rekonstruiert hat und wie ich es auch selber in meinem kürzlich erschienenen Amos-Kommentar nachgezeichnet habe[5] – wenn es überhaupt korrekt rekonstruiert sein sollte –, nur für ganz wenige Jahrzehnte Geltung beanspruchen kann. Obwohl ich meinerseits eine Rekonstruktion der Botschaft der sog. Schriftpropheten theologisch für unaufgebbar halte, halte ich es für mindestens ebenso notwendig, daß sich die kritische Wissenschaft nicht nur die Bedingtheit ihrer methodischen Zugänge zu dieser Botschaft ins Bewußtsein rückt, sondern mehr noch sich ständig verdeutlicht, daß der Amos der innerbiblischen Rezeptionsgeschichte ein sehr andersartiger Amos war als der historisch-kritisch rekonstruierte, nämlich – um es verkürzend vorwegzunehmen –,

a) daß das Bild des Amos in spätvorexilischer Zeit, also im Zeitalter des Propheten Jeremia, ein entscheidend von Hosea geprägtes war;
b) daß das Bild des Amos in exilischer Zeit ein stark dtr. geprägtes war;
c) daß das Bild des Amos in frühnachexilischer Zeit ein stark von Sacharja beeinflußtes war;
d) daß das Bild des Amos in spätnachexilischer Zeit ein wesenhaft von Joel geprägtes war.

Da ein einzelner Vortrag nicht den Raum bietet, eine solche komplexe Hypothesenbildung angemessen zu begründen, beschränke ich mich im folgenden auf die beiden wesentlichen Stadien des Neuverständnisses: auf das hoseanisch geprägte Amosbild in der Frühzeit der innerbiblischen Rezeptionsgeschichte und auf das von Joel beeinflußte Amosbild in der beginnenden Spätzeit des Alten Testaments.

Als Textbasis zur Erläuterung der These habe ich die Visionen des Amos gewählt, weil sich an ihnen sowohl der Anfang der Traditionsbildung als auch deren fortschreitendes Neuverständnis besonders gut beobachten läßt.

I

Amos hat seine Visionen offensichtlich nacheinander, und zwar in zeitlichem Abstand empfangen. Dafür sprechen zum einen die unumkehrbare Logik der Abfolge der Visionen, die eine Vertauschung der Reihenfolge in auch nur

4 Die wesentlichen Beiträge liegen gesammelt vor in: J. Jeremias (1996).
5 Jeremias (1995).

einem Fall nie vertrüge, zum anderen die Anspielungen auf jahreszeitliche Eigenarten in den Visionen. Um nur die beiden evidentesten Hinweise dieser Art zu nennen: Der Heuschreckenschwarm, den Amos in der 1. Vision schaut, wirkt darum so verheerend, weil er das Wachstum der Spätsaat (לֶקֶשׁ) verzehrt und damit das so wichtige letzte Getreide vor der langen Sommerdürre vernichtet[6]. Das Ereignis findet im Frühjahr statt. Umgekehrt ist das Wortspiel der berühmten vierten Vision fest mit dem Herbst verbunden: Amos schaut einen Korb mit Sommerobst (קַיִץ) und erfährt von Gott, daß das Bild der Ernte für das Ende (קֵץ) Israels steht. Beide Visionsinhalte sind auch darum so fest jahreszeitlich festgelegt, weil sie in der ältesten hebräischen Inschrift, die wir besitzen, dem berühmten Bauernkalender von Gezer aus dem 10./9. Jh., als «Monats»-Namen in der achtteiligen Jahreseinteilung belegt sind: als 3. Monat (לקש) und als 8. und letzter Monat (קץ). Auch wenn natürlich nicht auszuschließen ist, daß Amos im Frühjahr Herbstvisionen oder im Herbst Frühjahrsvisionen hatte, so ist doch die bei weitem naheliegendere Annahme, daß die jahreszeitlich geprägten Inhalte der Visionen während der Jahreszeiten, auf die sie verweisen, geschaut wurden, die Visionen also in zeitlichem Abstand voneinander von Amos empfangen wurden, was auch ihrer inneren Logik weit besser entspricht. Die Visionen spiegeln damit eine wachsende und sich allmählich verdichtende Erkenntnis des Propheten wider.

So weit reichen die Erwägungen des Historikers zum Erlebnishintergrund des Propheten. Der überlieferte Text des Amosbuches wird mit diesen Erwägungen dagegen nicht nur nicht gefördert, sondern eher verfehlt. Der Text will nämlich keineswegs Stadien einer sich verdichtenden Erkenntnis vermitteln, sondern retrospektiv einen Erkenntnisweg bezeugen, wie er unumkehrbar für den Propheten war. Wer bei den einzelnen Visionen einhalten und dem von einer einzelnen Vision verdeutlichten Inhalt nachsinnen wollte, würde den Text zwangsweise in entscheidender Hinsicht mißverstehen.

Denn in ihm bilden die Visionen keineswegs mehr – wie wahrscheinlich im Erleben des Propheten – Einzelbotschaften, sondern sie sind wie Strophen eines Gedichts angeordnet, die eine Gesamtkenntnis weitergeben, die erst am Schluß des Textes, d.h. bei der abschließenden 5. Vision erreicht ist. Das Festhalten der Visionen in Gestalt schriftlicher Visionsberichte stellt schon ein erstes Stadium der Rezeptionsgeschichte dar.

Deutlich wird diese Intention der schriftlichen Visionsberichte insbesondere daran, daß die ersten vier Visionen paarweise angeordnet sind, wobei Aufbau und Formulierung innerhalb der Visionspaare exakt parallel laufen, die Visionenpaare dagegen einander bewußt antithetisch zugeordnet sind und erst in dieser Antithese ihren eigentlichen Gehalt offenlegen. Während Amos nämlich

---

6 Das gilt unabhängig davon, wie das Verhältnis zu der nach Am 7,1 vorausgehenden Königs-Mahd gedacht wird; vgl. dazu Jeremias (1995) 99 Anm. 15.

in den ersten beiden Visionen jeweils auf das Gesicht einer verheerenden Naturkatastrophe hin, die die Lebensgrundlage Israels von Grund auf zerstört, in eine spontane Fürbitte ausbricht und mit ihr erreicht, daß Gott sein geplantes Unheil nicht durchführt, kann im zweiten Visionenpaar von einer Fürbitte des Amos schon darum keine Rede sein, weil der Prophet ein statisches Bild zu sehen bekommt, das er deuten muß, also sozusagen im Gesicht auf die Schulbank Gottes beordert wird, um am Schluß jeweils identisch zu vernehmen לֹא־אוֹסִיף עוֹד עֲבוֹר לוֹ: «Ich kann nicht länger (schonend) an ihm (Israel) vorübergehen». Gottes Möglichkeit des Einschreitens gegen sich selbst und seinen Unheilsplan aufgrund prophetischer Fürbitte hat ein Ende, und wo dieses Ende erreicht ist, ist auch das Ende jeden Gottesdienstes und jeder Erfahrung einer geordneten Welt gekommen, wie die letzte Vision zeigt, in der Gott mit eigener Hand den Tempel profaniert und kultisch unbrauchbar macht.

In der Logik dieser Visionen-Abfolge ist es dem Leser unmöglich gemacht, bei den einzelnen Visionen gedanklich haltzumachen. Für die bis ins einzelne parallel formulierten Visionenpaare mit ihrer internen Steigerung versteht sich dieser Gedanke von selbst. Aber auch ein Leser, der nach dem ersten Visionenpaar einhalten wollte, müßte die entscheidende Aussage des Textes verfehlen. Er könnte allenfalls verstehen, daß das Gottesvolk in dem Sinne gerichts- und untergangsreif war, daß es längst aufgehört hätte zu existieren, wenn es nicht Propheten wie Amos gehabt hätte, die sich Gott in seinen strafenden Arm geworfen hätten. Aber er hätte sich mit dieser Erkenntnis zufriedengeben müssen, dankbar dafür, *daß* Israel über Propheten wie Amos verfügte. Die furchtbare und über alle Maßen erschreckende Aussage wäre ihm verborgen geblieben: daß auch das Einwirken eines Propheten wie Amos auf Gottes Vernichtungswillen seine Grenze hat, dort nämlich, wo das zweite Visionenpaar gleichlautend konstatiert, daß Gott «nicht länger (schonend) an ihm (Israel) vorübergehen kann». Wo er nicht mehr «vorübergeht», wie an Mose am Sinai (Ex 34,6) und an Elia am Horeb (1 Kön 19,11), da gilt das Gegenteil: Gott «schreitet mitten durch Israel hindurch» (Am 5,17), wie der Würge-Engel durch die Erstgeburten Ägyptens in der Passanacht. Wenn das geschieht, ist alle Rettung unmöglich.

Als schriftlicher Text blicken die Visionsberichte des Amos also auf einen Erkenntnisweg zurück, der unumkehrbar ist. Wenn die Visionsberichte je separat niedergeschrieben worden sein sollten, was höchst ungewiß, aber immerhin möglich ist, hätte eine solche Niederschrift am ehesten zur Selbstrechtfertigung des Propheten bzw. zu seiner Legitimation gedient.[7] Der Prophet würde mit den Visionsberichten belegen, daß er keineswegs freiwillig und schon gar nicht gern zu dem Unheilspropheten geworden ist, der er jetzt sein muß, daß er vielmehr – solange er eben konnte – sich Gottes Strafwillen ent-

[7] Vgl. H.W. Wolff (1985) 341.

gegengestellt hat, daß er aber lernen mußte, daß es für Gottes Geduld aufgrund übergroßer Schuld Israels eine Grenze gibt, jenseits derer dann auch der fürbittende Einsatz des Propheten für Israel enden muß.

Im Kern spricht die Abfolge der Visionsberichte somit von einem Wandel im Verständnis des Prophetenamtes, dem ein Wandel im Gottesbild entspricht:

1. In den ersten beiden Visionen ist der Prophet Gottes letztes Mittel, um ein Gottesvolk, das ein hohes Maß an Schuld auf sich geladen hat, vor dem sicheren Untergang zu retten. Es ist die Fürbitte des Propheten, die Gott auf seine Handlungsweise einwirken läßt.[8] Die prophetische Fürbitte aber ist nicht dadurch erfolgreich, daß der Prophet auf die unbillige Härte des Gotteshandelns verweisen würde – Amos bittet in der 1. Vision um Vergebung; er weiß also von der Größe der Schuld Israels –, sondern allein dadurch, daß er mit der Nennung Jakobs an die Bindung Gottes an Israel appelliert (beide Male: «Wie kann Jakob bestehen?») und an Gottes Mitleid («Er ist doch so klein!», d.h. er müßte unter Gottes Schlägen zugrunde gehen). Als Gott den Namen «Jakob» hört und als sein Mitleid mit dem «kleinen» Jakob berührt wird, nimmt er das Unheil zurück, das einem schuldigen Israel zu Recht zukäme.

2. Der Prophet des 2. Visionenpaares ist ein anderer, und der ihn sendende Gott hat sich gewandelt. Einerseits ist die Vollmacht des Propheten verkürzt, insofern Gottes Geduld mit Israel eine Grenze erreicht hat, die eine weiterhin geübte prophetische Fürbitte unmöglich macht. Umgekehrt ist die prophetische Vollmacht aber stark erweitert. Stand ein Prophet bislang als Mittler zwischen Gott und Israel, indem er die Anliegen Israels im Gebet vor Gott brachte und Gottes Antworten Israel übermittelte, so muß ein Prophet wie Amos in den späten Visionen ganz auf die Seite Gottes treten. Mit seinem Wort, das er auf die Frage Gottes in den Visionen («Was siehst du, Amos?») ausspricht, ruft er die Zukunft Gottes faktisch herbei.[9] Ab jetzt, da der Prophet nur noch Gottes Bote ist, nicht mehr Mittler wie zuvor, ist sein Anspruch, Gottes Wort zu reden, direkter und unmittelbarer. Gottes Wort und Prophetenwort sind letztlich völlig identisch geworden.[10] Der berühmte Vergleich des Gotteswortes mit dem Hammer, der Felsen zerschlägt, in Jer 23,29 oder der gleicherweise berühmte Vergleich des Gotteswortes mit dem Regen und Schnee, die wirksam die Erde feuchten, in Jes 55,10f haben in den Visionen des Amos ihre Vorgeschichte. Indem der Prophet aufhören muß, auf Gott zugunsten Israels einzuwirken, wird er zum

---

8 Vgl. das dtn./dtr. Mosebild, nach dem Mose mit seiner Fürbitte das Volk vor dem Untergang bewahrt, als es noch in der Stunde der grundlegenden Gottesoffenbarung lieber den selbstgemachten Stier anbeten möchte (Ex 32,7–14).

9 So mit Recht J.L. Mays (1969) 132.

10 Vgl. Jeremias (1996) 272–284 («Die Rolle des Propheten nach dem Amosbuch»), 274f.

Sprachrohr Gottes, wird sein Wort ungeschmälert Gottes Wort: zur Zeit des Amos eine schaurige Wahrheit, weil Gottes Wort Israels Tod beinhaltet.

II

War der Gesamtsinn der Visionen des Amos einmal so weit vorangetrieben worden, daß in ihnen ein alternatives Gottes- und Prophetenverständnis erkennbar wird, so mußte für alle späteren Leser der Amos-Visionen die entscheidende Frage lauten: Wo präzise verläuft bei Gott jene Grenze, die dem Propheten das Wirken zugunsten Israels, das Bewahren des Gottesvolkes vor der Vernichtung, unmöglich macht, wenn doch auch schon die ersten Visionen des Amos Israels Schuld voraussetzen? Wo und unter welchen Umständen wird diese Schuld so schwer, daß sie nicht nur unvergebbar, d.h. untilgbar wird (das setzen auch die ersten Visionen voraus), sondern daß auch Gottes Mitleid der prophetischen Fürbitte verschlossen bleibt?

Auf diese wichtigste aller Fragen, die die Visionen stellen, hatte das älteste Amosbuch eine verborgene und doch für jeden verständigen Leser eindeutige Antwort gegeben. Die Schüler des Amos bzw. – um es neutraler zu formulieren – die Tradenten seiner Worte hatten zu den Visionsberichten eine Parallelkomposition gebildet: die Völkersprüche mit der Israel-Strophe als Abschluß (Am 1,3–2,16). Auch diese Komposition bestand ursprünglich aus fünf Strophen, auch in ihr waren die ersten vier Strophen paarweise angeordnet, und die 5. und letzte Strophe war mit dem gleichen Stilmittel (der Priamel)[11] als Höhepunkt von den ersten beiden Strophenpaaren abgehoben. Auch auf der terminologischen und traditionsgeschichtlichen Ebene bestehen vielfältige Querverbindungen zwischen Völkersprüchen und Visionsberichten, die hier auf sich beruhen können.[12] Wichtig für unseren Zusammenhang ist allein, daß die leicht erkennbare Parallelität der Kompositionen dem antiken wie dem modernen Leser signalisieren mußte, daß er beide literarischen Komplexe in ihrer sachlichen Bezogenheit aufeinander wahrnehmen sollte.

Worin aber sollte diese Bezogenheit bestehen, wenn Völkersprüche und Visionsberichte scheinbar ganz verschiedene Themen berühren? Meines Erachtens ist nur eine Antwort auf diese Frage möglich. Die Völkersprüche mit ihrer stereotypen Einleitung in Gestalt des Zahlenspruchs («wegen der drei Verbrechen von x und wegen der vier kann ich es nicht zurücknehmen»)

---

11 Darauf hat m.W. als erster W.H. Schmidt (1971) 184 aufmerksam gemacht.

12 Das gleiche gilt für die schwer beantwortbare Frage, ob Völkersprüche und Visionsberichte einmal ein Eigenleben führten, bevor sie rahmend um die Sammlung von Amosworten im Zentrum des Amosbuches (Am 3–6) gelegt wurden, oder ob sie von vornherein als ebendieser Rahmen für die Wortsammlung konzipiert waren. Vgl. zu beidem Jeremias (1996) 157–171 («Völkersprüche und Visionsberichte im Amosbuch»).

laufen zielstrebig auf die Israel-Strophe zu. Sie prangern zuvor unglaubliche und brutale Kriegsverbrechen der Nachbarvölker Israels an, aber sie tun das nur, um die Schuld Israels als ungleich schwerer von diesen Kriegsverbrechen steigernd abzuheben: schwerer vor allem deshalb, weil in der Israel-Strophe alle verbrecherische Grausamkeit nicht (wie im Fall der Nachbarvölker) nach außen gerichtet ist, gegen außenpolitische Feinde, sondern nach innen, d.h. gegen die eigenen Volksangehörigen, die wegen Bagatellschulden in Sklaverei verkauft werden, denen der Rechtsweg vorenthalten bleibt, denen gegenüber das Pfandrecht in lebensbedrohender Übersteigerung angewendet wird etc. Im Zusammenhang mit den Visionsberichten gelesen, kann diese Steigerung dann nur heißen, daß für die exzessiven und widerlichen Grausamkeiten der Nachbarvölker an ihren Feinden und besonders an Israel das Mitleid Gottes, das letztlich zum Verschonen führt, noch immer denkbar wäre (nur besitzen diese Völker keine Propheten wie Amos); daß aber mit den völlig unverständlichen Gewalttaten nach innen, an den eigenen Glaubensbrüdern, eine Grenze überschritten ist, die Gottes Mitleid unmöglich macht. Und in der Tat liest sich die schon zitierte stereotype Eröffnung der Völkersprüche («wegen der drei Verbrechen von x und wegen der vier kann ich es nicht zurücknehmen») im Falle der Israelstrophe («wegen der drei Verbrechen von Israel und wegen der vier kann ich es nicht zurücknehmen») wie eine Vorwegnahme der Visionsberichte: Nur wegen Israel ist ja von Zurücknahme der Strafe die Rede, weil nur Israel Propheten wie Amos hat, die Gott zur Zurücknahme bewegen könnten; aber die genannten Verbrechen lassen eine Zurücknahme nicht mehr zu, haben vielmehr die Geduld Gottes überstrapaziert: «Ich kann nicht mehr (schonend) an ihm (Israel) vorübergehen» (Am 7,8; 8,2).

III

Aber nur im allerältesten Stadium der schriftlichen Amostradition wurde die Grenze der göttlichen Geduld, die ihm ein Verschonen seines Volkes nicht mehr möglich macht, mit den Völkersprüchen und der besonderen Schuld Israels in Gestalt der Gewalt an den Armen begründet. Für alle späteren Leser, und zwar schon in vorexilischer Zeit, markierte andersartige Schuld diese Grenzlinie.

Im heutigen Amostext ist die ursprüngliche Bezogenheit der 3. und 4. Vision trotz ihrer bis in Einzelheiten reichenden Parallelität durchbrochen: durch die Erzählung von der Begegnung zwischen dem Oberpriester des Staatsheiligtums in Bet-El, Amazja, und dem Propheten Amos, den einzigen reinen Prosatext im Amosbuch. Es gibt gute Gründe für die Annahme, daß diese Erzählung einmal selbständig war und in Amazja und Amos Prototypen ihrer Berufsgruppen sah: Priester und Prophet. In ihrer gegenwärtigen Position – nach der 3. Vision – darf die Erzählung aber unter keinen Umständen noch so interpretiert werden. Vielmehr ist sie bewußt so gestaltet worden, daß sie in mehreren Wendungen Terminologie der voranstehenden Vision aufgreift.[13] Sie ist damit für jeden aufmerksamen Leser sogleich als Kommentar zur 3. Vision erkennbar, und zwar näherhin als Kommentar zur Ankündigung Gottes: «Ich kann nicht länger (schonend) an ihm (Israel) vorübergehen». Denn unter den bewußten Wortbezügen der Erzählung zur 3. Vision wird gerade diese Wendung bewußt hervorgehoben, wenn der Priester dem Propheten zur Flucht nach Juda rät mit den Worten: »*Du* kannst nicht länger in Bet-El prophetisch tätig sein» (V.13). In unserem Zusammenhang können wir die zahlreichen anderen Bezüge vernachlässigen und uns auf diesen einen konzentrieren. Wenn die Grenze der göttlichen Geduld, die die 3. Vision mit der Wendung «Ich kann nicht länger ...» benennt, in der Erzählung mit dem Haus- und Ortsverbot an Amos durch den Priester Amazja als Ordnungshüter in Bet-El kommentiert wird («*Du* kannst nicht länger ...»), ist deutlich, wie beide Aussagen zusammenhängen: Da Amos nicht aus eigenem Willen in Bet-El redet («Jahwe nahm mich hinter der Herde fort und sprach zu mir: ‹Geh, tritt als Prophet auf unter meinem Volk Israel›», V.15), verbietet der Priester nicht Amos das Reden, sondern dem Auftraggeber des Amos, Gott.

Beide Kontrahenten der Erzählung, Amazja und Amos, treten nicht als Privatpersonen auf, auch nicht – wie schon angedeutet – als Repräsentanten ihrer Berufsstände, sondern als Boten der Autorität, von der sie sich eingesetzt wissen und auf die sie sich explizit beziehen. Der Priester meldet den «Aufruhr», als den er die Worte des Amos empfindet, der Autorität, der er verpflichtet ist, dem König; Amos verweist für sein Auftreten in Bet-El auf die Autorität, die ihn zum Reden in Bet-El ermächtigt hat, Gott. Nicht verbietet also Amazja, der Priester, Amos, dem Propheten, das Reden, sondern der Staat als Autorität des Priesters verbietet das Reden der prophetischen Autorität, d.h. Gott selber. Wo sich aber der Staat diese Entscheidungsvollmacht anmaßt, wo er glaubt, über die Zeit und den Ort des Redens Gottes befinden zu dürfen, ist er und ist mit ihm Israel als Gottesvolk verloren. Denn nur der Prophet in seinem Reden zu Gott in der Fürbitte hat bislang das schuldige Gottesvolk vor dem Untergang bewahren können, wie die ersten Visionen erweisen. Ein Staat, der seinem Propheten (und durch ihn Gott selber) das Reden untersagt, schneidet sich die einzige Möglichkeit seiner Bewahrung und Rettung selber ab.

So eindrucksvoll diese Definition der Grenze der göttlichen Geduld und der Möglichkeit prophetischer Einflußnahme auf Gottes Strafwillen ist, im Kontext der von Amos überlieferten Worte wirkt sie eher wie ein Fremdkörper. Nie wird Amos andernorts im Konflikt mit dem König und dem Staat gezeigt,

13 Das hat am klarsten H. Utzschneider (1988) erkannt. Vgl. auch Jeremias (1995) z.St.

nie ist andernorts Bet-El in seiner Funktion als Staatsheiligtum im Blick[14]. Nie kündigt Amos andernorts dem König Unheil oder gar den Tod an – was in der Erzählung Ausgangspunkt des «Aufruhrs» ist, den der Priester an den Hof meldet –, und in der Erzählung kündigt Amos dem König den Tod an, ohne daß irgendeine Begründung dafür mitgeteilt wird. Sie wird beim Leser offensichtlich vorausgesetzt, aber aus dem Amosbuch kann er sie nicht kennen. Wohl aber kennt er sie aus dem Hoseabuch, das von harter Königskritik angesichts zahlreicher Königsmorde und königlicher Schaukelpolitik geprägt ist, wobei sich die inkriminierten Tatbestände allesamt *nach* dem Auftreten des historischen Amos ereignet haben. Der Konflikt König-Prophet ist bei Hosea auf die Spitze getrieben, und gleicherweise ist für ihn – wie nie für Amos – Bet-El als Staatsheiligtum im Blick (das Stierbild von Bet-El heißt «dein Kalb, Samaria», Hos 8,5).

Wem diese Argumentation noch nicht für die Annahme genügen sollte, daß die Erzählung von Amazja und Amos im Kontext der Visionen hoseanische und nicht amosische Theologie vertritt, der wird endgültig eines Besseren belehrt durch einen hermeneutischen Deutevers, der zwischen die 3. Vision des Amos und die Erzählung eingeschaltet ist und der das rechte Verständnis der Erzählung vorbereiten soll. Am 7,9 ist bis in alle Begrifflichkeit hinein so etwas wie die Summe hoseanischer Theologie, indem der Vers die Königskritik der Erzählung, ausgeweitet auf die gesamte Dynastie, mit der hoseanischen Kultkritik an den Gottesdiensten der Höhen verbindet, von denen ein Amos völlig schweigt. Der Vers, der schon in seiner poetischen Gestalt aus dem Kontext von Visionsschilderungen (gehobene Prosa) und Erzählung herausragt, lautet:

> Da werden die Höhen Isaaks verwüstet
> und die Heiligtümer Israels zertrümmert;
> da erhebe ich mich mit dem Schwert gegen das Haus Jerobeams.

Mit diesem Deutevers ist ein verständiger Leser schon auf die Thematik hoseanischer Theologie eingestimmt, *bevor* er die Erzählung vom Konflikt Amazja-Amos zur Kenntnis nimmt, anders ausgedrückt: Er liest die Erzählung mit den zentralen Kategorien der theologischen Anklage Hoseas im Ohr und bezieht sie zwangsweise auf diese.

Die Übertragung hoseanischer Denkkategorien auf das Amosbuch ist nun aber keineswegs auf die Visionen und ihre Deutung beschränkt. Sie begegnet vielmehr über das ganze Amosbuch verstreut. Ich begnüge mich hier mit der Nennung *eines* weiteren Beispiels.[15] Israels besondere Schuld im Kontext der

---

14 Vielmehr begegnet Bet-El sonst immer in Verbindung mit Gilgal als Wallfahrtsheiligtum (Am 4,4; 5,5). Am 5,6 ist jüngere Zufügung; vgl. Jeremias (1995) z.St.

15 Zu weiteren Beispielen und einer eingehenderen Behandlung von Am 7,9 vgl. Jeremias (1996) 34–54 («Die Anfänge des Dodekapropheton: Hosea und Amos»), 45ff.

Völkersprüche war, wie zuvor erwähnt, u.a. durch eine grausam übersteigerte Pfandrechtspraxis aufgewiesen worden. Der betreffende Vers (Am 2,8) hat wahrscheinlich ursprünglich gelautet:

> Auf gepfändeten Kleidern strecken sie sich aus,
> und Wein von Bußgeldern trinken sie.

Im gegenwärtigen Text liest er sich anders, und schon vor einem halben Jahrhundert hat A. Alt in einem Brief an K. Galling, den dieser veröffentlicht hat[16], bemerkt, daß der Vers in seiner Endfassung merkwürdig hoseanisch klingt:

> Auf gepfändeten Kleidern strecken sie sich aus
> neben jedem Altar,
> und Wein von Bußgeldern trinken sie
> in ihrem Gotteshaus.

Jetzt fällt aller Ton der Kritik auf die gottesdienstlichen Orte des Geschehens, und in der Tat kann man die Kritik dieses Verses kaum verstehen, ohne die vielen Worte Hoseas gegen die Vermehrung und prachtvolle Ausgestaltung der Kultstätten im Lande im Ohr zu haben.

Wozu sind dann aber hoseanische Kategorien auf die Argumentation des Amos übertragen worden? Meines Erachtens ist nur eine Antwort auf diese Frage möglich: Die Tradenten des Amosbuches, die die Worte des Amos nach dem Fall Samarias (722) niederschrieben, wollten aufweisen, daß Amos und Hosea nicht zwei isoliert und für sich zu betrachtende Propheten mit einer je unterschiedlichen Botschaft sind (wie sie die historisch-kritische Forschung aus ihrem Interesse heraus mit guten Gründen zu rekonstruieren versucht hat), sondern zwei Zeugen des *einen* Gotteswortes, das sich im Fall Samarias als wahr bestätigt hatte, ohne doch in dieser Funktion aufzugehen. Nicht die Unterschiede zwischen beiden Propheten haben die Tradenten beschäftigt, sondern die Gemeinsamkeiten. Auf der Suche nach der *einen* Wahrheit hinter den zwei Zeugenworten haben sie die Botschaft des Südreichspropheten Amos von derjenigen des Nordreichspropheten Hosea her gedeutet.

Bei näherem Zusehen läßt sich leicht zeigen, daß sie dabei nicht nur auf allgemeine Kenntnis hoseanischer Theologie zurückgriffen, sondern auf schriftliche Hoseatexte. Offensichtlich ist ein Erstentwurf des Buches Hosea sehr früh angefertigt worden aufgrund der großen Fluchtbewegung von Nordreichsbewohnern in den Süden, die als Folge der Eroberung Samarias durch die Assyrer eintrat und starke archäologische Spuren hinterlassen hat[17]. Vermutlich reicht aber auch diese Annahme für den diskutierten Sachverhalt noch nicht aus. Weniger häufig, aber immerhin gelegentlich und an entscheidenden Stellen, finden sich auch Anspielungen auf Amostexte im Hoseabuch. Es genügt hier, das für unseren Kontext wichtigste Beispiel zu nennen. Das Ho-

16 K. Galling (1944) 37f.
17 Vgl. etwa M. Broshi (1974).

seabuch setzt bekanntlich recht abrupt mit der Benennung der Kinder Hoseas mit den Unheilsnamen «Jesreel», «Ohne-Erbarmen», «Nicht-mein-Volk» ein. Begründet wird diese Namensgebung nur im Fall des ältesten Kindes «Jesreel». Im Fall des zweiten Kindes heißt es lapidar im Gotteswort: «Ich kann mich nicht länger über das Haus Israel erbarmen». Warum Gottes Erbarmen am Ende ist, zeigen erst die folgenden Kapitel. Die Formulierung aber greift offensichtlich die Wendung des 2. Visionenpaares im Amosbuch auf: «Ich kann nicht länger (schonend) an ihm (Israel) vorübergehen». Die Erzählung von der Vergabe der Kindesnamen in Hos 1 und die Visionsberichte des Amos, die die jeweils intimsten Gotteserfahrungen beider Propheten wiedergeben, bilden jetzt einen Rahmen um die Botschaft beider Propheten. Aus diesen und ähnlichen Beobachtungen hat Aaron Schart in seiner vor kurzem in Marburg angenommenen Habilitationsschrift[18] geschlossen, daß beide Prophetenbücher auf eine gemeinsame Buch-Rolle niedergeschrieben worden seien. Ich halte diese – natürlich nicht beweisbare – Vermutung für sehr plausibel. Streiten kann man allenfalls über die Frage, ob es – wie Schart vermutet – nie ein selbständiges Amosbuch gegeben hat bzw. nur die zentrale Wortsammlung der Kap. 3–6 als separate Schrift existiert hat, also ohne Völkersprüche und Visionsberichte. Wie immer es sich damit verhält: Im Zeitalter des Propheten Jeremia, im ausgehenden 7. Jh. v. Chr., als die Erzählung vom Streit zwischen Amazja und Amos dazu genutzt wurde, die entscheidende Frage der Amos-Visionen zu beantworten, wo genau jene Grenze der göttlichen Geduld erreicht ist, die alle prophetische Fürsprache für Israel unmöglich macht, standen die Bücher Hosea und Amos sehr wahrscheinlich auf einer einzigen Buchrolle. Trifft diese Annahme zu, wäre das 7. Jh. v. Chr. sozusagen als die Geburtsstunde des späteren Zwölfprophetenbuches anzusehen.[19]

IV

Allerdings dauerte es noch mehrere Jahrhunderte, bis aus dem Zwei-Prophetenbuch ein Zwölf-Prophetenbuch wurde. Ich berühre nur kurz das Stadium eines dtr. Vier-Prophetenbuches, dessen Existenz durch die analogen Überschriften der Bücher Hosea, Amos, Micha und Zefanja nahegelegt wird. Die dtr. Amos-Deutung[20] war sachlich nicht allzu weit von der älteren hoseanischen entfernt, nahm vielmehr die hoseanischen Denkkategorien auf und verschärfte sie. Ein Beispiel mag genügen. Wo die dtr. Theologie im Kontext der Völkersprüche die alle Verbrechen der Völker überragende Schuld Israels zu beschreiben versucht, spricht sie einmal – hoseanische Geschichtsdeutung

---

18 A. Schart (1996).

19 Weitere Gründe für diese Datierung habe ich in: Jeremias (1996) 34–54 («Die Anfänge des Dodekapropheton: Hosea und Amos»), 38–41 genannt.

20 Vgl. zu ihr noch immer grundlegend Schmidt (1965).

weiterführend – von der Verfehlung der Maßstäbe, die Gottes Heilstaten in der Geschichte (und hier besonders die Erfahrung des Exodus) setzten (Am 2,10; vgl. V.9); zum anderen spricht die dtr. Theologie vom Ungehorsam gegenüber dem prophetischen Wort. Dazu verallgemeinert sie die Ereignisse des Konfliktes zwischen Amazja und Amos. Das klingt dann im Gotteswort so:

> Ich habe aus euren Söhnen Propheten erweckt
> und Naziräer aus euren Jünglingen.
> Ist es nicht so, ihr Israeliten?
> Aber ihr gabt den Naziräern Wein zu trinken
> und befahlt den Propheten: Ihr sollt nicht prophetisch tätig sein! (Am 2,11f)

Das Verbot gegenüber den Propheten ist Zitat des Verbotes, das Amazja im Namen des Königs dem Amos auferlegte. Aber in der dtr. Formulierung ist es nicht mehr nur der Staat, der über Ort und Zeit des Auftretens des Amos verfügen will, sondern der Ungehorsam des Gottesvolkes gegenüber dem prophetischen Wort gipfelt im Redeverbot, das allen (wahren) Propheten gilt und das zugleich von Israel insgesamt verantwortet wird.[21] Damit aber schneidet sich Israel seine eigene letzte Rettungsmöglichkeit ab. Israel ist noch nicht verloren, wenn es schuldig wird, aber es ist rettungslos verloren, wenn es den Propheten das Reden verbietet, die es doch auf seine Schuld hinweisen und zur Rückkehr zu Gott bewegen wollten. Die Heilsgemeinde nach dem Exil wird nach dieser Theologie eine Gemeinde sein, die neu auf das prophetische Wort zu hören versteht (Am 9,10). Sehr anders hat sich auch ein Hosea das Bild der neuen Heilsgemeinde nicht vorgestellt; vgl. einerseits Hos 2,16, andererseits Hos 12,11–14.

Ich überspringe die frühnachexilischen Stadien eines Mehr-Prophetenbuches, die einstweilen noch zu wenig untersucht sind. Wenn A. Schart in seiner zuvor genannten Habilitationsschrift[22] recht hätte, wären zwei Wachstumsphasen zu unterscheiden. In einer ersten wären die Bücher Nahum und Habakuk zugewachsen, und im Zuge der sie rahmenden Hymnen-Passagen (Nah 1 und Hab 3) wären die sog. Doxologien dem Amosbuch zugefügt worden. In einem zweiten Stadium wären die Bücher Haggai und Sacharja (Sach 1–8) integriert worden, und im Amosbuch wäre die Hoffnung auf Wiederaufrichtung der «gefallenen Hütte Davids» (im Kontrast zum definitiven Untergang des schuldigen Königtums des Nordreichs Am 9,11–15*) mit diesem Stadium verbunden. Es versteht sich von selbst, daß diese verschiedenen Wachstumsstadien, wenn es sie denn gegeben hat, ein je unterschiedliches Bild von Prophetie ergaben und damit auch ein je verschiedenes Verständnis der Amos-Visionen.[23] Jedoch wissen wir über diese Wachstumsstadien noch

---

[21] Vgl. zu den zugrundeliegenden Vorstellungen Steck (1967) bes. 199ff.

[22] Schart (1996) 195ff.

[23] Insbesondere müßten die Visionen Sacharjas als Auslegung der Amos-Visionen interpretiert werden.

zu wenig, um mit ihnen sicher arbeiten zu können. Außerdem wäre das Mehr-Prophetenbuch in diesen Stadien nach hinten gewachsen, während der Anfang mit der tradierten Reihenfolge Hosea–Amos gleichgeblieben wäre; diese beiden Ur-Propheten hätten nach wie vor das Verständnis von Prophetie auf der Mehr-Prophetenrolle geprägt.

V

Das änderte sich entscheidend durch das Hinzutreten des Buches Joel, das in spätnachexilischer Zeit mit guten Gründen zwischen die Bücher Hosea und Amos plaziert wurde und auf diese Weise einen neuen Deutehorizont für das Buch Amos lieferte. Ein künftiger Leser des Amosbuches verstand es notwendigerweise von dem Problemhorizont her, den er von der vorausgehenden Lektüre des Joelbuches mitbrachte. Daß dieser Effekt beabsichtigt war, geht aus der seit langem bekannten Beobachtung hervor, daß Anfang und Ende des Amosbuches nahezu wörtlich im Schlußkapitel des Joelbuches vorweggenommen werden.[24]

Entscheidend für die Deutung des Amosbuches durch das Buch Joel erscheint mir nun die Beobachtung, daß das Joelbuch seinerseits in vielfacher Hinsicht auf Aussagen und Themen des Amosbuches zurückgreift. Das gilt natürlich zuerst vom Thema des «Tages Jahwes», das zeitlich ein erstes Mal im Amosbuch begegnet (Am 5,18–20) und das das gesamte Joelbuch von Anfang bis Ende beherrscht. Es gilt aber auch schon für die anfängliche Notschilderung in Joel 1. Es ist Auslegern immer wieder aufgefallen, daß in der Klage des 1. Kapitels des Joelbuches die Verheerung des Landes eingangs auf den Einfall eines zahllosen Heuschreckenschwarmes, später dagegen (zumindest in V.17–20) auf eine furchtbare Dürre zurückgeführt wird; ältere Ausleger haben sich angesichts dieses Nebeneinanders zu literarkritischen Lösungen herausgefordert gefühlt[25]. In der Tat ist das Nebeneinander von Heuschreckenplage und Dürre schwerlich naturkundlich zu erklären, so daß die Dürre als Folge der Heuschreckenplage zu gelten hätte. Viel wahrscheinlicher ist eine traditionsgeschichtliche Lösung.[26] Heuschreckenplage und Dürre kosmischen Ausmaßes sind die Themen der ersten beiden Visionen des Amos. Heuschreckenplage und Dürre können im Amosbuch durch die Fürbitte des Propheten abgewendet werden; Heuschreckenplage und Dürre nehmen im Joelbuch ein Ende, als die gesamte Gemeinde, vom Jüngsten bis zum Ältesten, sich im gemeinsamen Bußgottesdienst vor Gott demütigt (2,15ff). Aber wie im Amosbuch die Visionen nicht enden, als die Heuschreckenplage und die

---

24 Vgl. zur Deutung dieses Sachverhaltes zuletzt Nogalski (1993) 118–122; ders. (1993a) 43–46 u.ö.; Schart (1996) 219f.

25 Etwa W. Baumgartner (1920) 17; W. Nowack (1922) 92f.

26 Vgl. Schart (1996) 220.

Dürre beendet sind, so ist im Joelbuch noch nicht der Tag Jahwes abgewendet, als beide Plagen vorüber sind. Denn erst jetzt wird Jahwes Geist auf jung und alt, Knechte und Mägde ausgegossen, der beim Anbruch des Tages Jahwes zur Anrufung Gottes auf dem Zion führt (Kap. 3), während die Völker vernichtet werden (Kap. 4).

Wenn aber das Joelbuch unter Rückgriff auf das Amosbuch (und andere Prophetenbücher[27]) entstanden ist: Wie soll dann das Amosbuch gelesen werden, wenn der Leser vom Joelbuch herkommt? Den entscheidenden Gesichtspunkt nennt schon der erste Vers des Amosbuches nach seiner Überschrift. Er ist in seinem ersten Teil («Jahwe brüllt vom Zion, und von Jerusalem läßt er seine Stimme erschallen») in der Leserperspektive wörtliche Wiederaufnahme eines kurz zuvor wahrgenommenen Joelverses (Joel 4,16), dessen Wahrheit ausdrücklich festgehalten wird. Wesentlich ist dabei die Ortsangabe. Wie das Joelbuch immer wieder einprägt, daß Rettung am schrecklichen Tag Jahwes ausschließlich auf dem Zion möglich ist (2,12ff; 3,5), gleichzeitig vom Zion aus aber Gottes Gericht an der Völkerwelt einsetzt (Kap. 4), so ist die Eröffnung des Amosbuches erneute Erinnerung an diese doppelgesichtige Ziontheologie. Israel steht wie die Völker vor der vernichtenden Wirklichkeit des Tages Jahwes. Wenn es sich an Bet-El, an Gilgal oder Beeršeba wendet – so muß die Kultkritik des Amos jetzt verstanden werden –, verfehlt es den Gott, der auf dem Zion wohnt und allein dort angerufen werden will. Der Zion ist nach dem Schluß des Joelbuches (4,18) der Ursprung aller Fruchtbarkeit des Landes. Heuschreckenplage und Dürre bilden dagegen die Konsequenz aller Abwendung vom Zion. Der Zion ist auch Ziel des Ansturmes des furchtbaren Feindheeres der Endtage (Joel 2,1ff). Sorglosigkeit auf dem Zion (Am 6,1) wie Redeverbot gegenüber dem Propheten (Am 2,11ff; 7,10ff), dessen primäre Funktion es doch ist, auf den Tag Jahwes zu verweisen (Joel), führen zwingend in den Untergang. Die Völker aber, denen Amos in seinen Völkersprüchen Gottes Strafe ansagte, fallen als Feindmacht, die gegen den Zion anstürmt, dem Gericht Gottes anheim. Doch damit allein ist das Gottesvolk noch nicht gerettet. Sehr wahrscheinlich hat ein Leser, der vom Joelbuch herkommt, die stereotype Einleitung der Völkersprüche («wegen der drei Verbrechen von x und wegen der vier kann ich es nicht zurücknehmen») so verstehen müssen, daß das referenzlose Suffix in «... kann ich es nicht zurücknehmen» auf den im Joelbuch (und wieder in Am 5) beschriebenen Tag Jahwes bezogen war.[28] An diesem Tag gibt es keine Garantie einer Rettung. Dafür steht der Ernst des Amosbuches und das berühmte «Vielleicht» («vielleicht wird Jahwe gnädig sein einem Rest Josefs», Am 5,15), das Joel von Amos aufgreift (Joel 2,12) und das der Leser, seinerseits von Joel herkommend, bei Amos nun wiederfin-

27 Vgl. S. Bergler (1988) 131ff.
28 Schart (1996) 222.

det. Grundvoraussetzung dieser «vielleicht» von Gott zu erwartenden Rettung aber ist Israels Umkehr. Zu Zeiten des Amos hat Israel die Umkehr verweigert (Am 4,6ff). Wenn es jetzt – in der Gegenwart der Leser – nicht von ganzem Herzen umkehrt, d.h. «Herzen statt Kleider zerreißt» (Joel 2,12), dann wird es nicht nur Heuschreckenplage und Dürre erfahren, sondern den tödlichen Tag Jahwes, wie ihn die letzten drei Visionen des Amos beschreiben.

Joel war nicht der letzte Prophet, der dem Amosbuch einen neuen Verständnisrahmen gab. Insbesondere der Zuwachs des Deuterosacharja- und des Maleachibuches veränderten auch das Verständnis des Amosbuches stark. Über Deuterosacharja wird insbesondere die Theologie der jüngeren Partien des Jeremia- und des Ezechielbuches ins Zwölfprophetenbuch eingeführt.[29] Aber damit sind wir bereits in einer Problemstellung, die auf den «Abschluß der Prophetie» im alttestamentlichen Kanon weist, dem sich der Jubilar, den dieser Beitrag mit Dank für langjährige Kollegialität und Freundschaft ehren soll, mit der ihm eigenen Präzision und Beobachtungsgabe weit eindrucksvoller zugewandt hat.[30] Für das sich einschneidend wandelnde Verständnis des Amosbuches aber blieben in erster Linie die beiden Bücher prägend, die ihm vermutlich im 7. Jh. (Hosea) bzw. im 4. Jh. v. Chr. (Joel) als Deutehorizont vorangestellt wurden, und die es in eine theologische Fragestellung trieben, die ihm von Haus fremd war: Im Falle Hoseas war sie geprägt von der Frage nach der Geltung der Heilsgeschichte und des 1. Gebots, d.h. von der Frage nach rechtem Gottesverhältnis und rechtem Gottesdienst, im Falle Joels geprägt von einer Ziontheologie, die ihrerseits Antwort auf die Suche nach Rettung am prophetisch überlieferten Tag Jahwes bieten wollte. Das Amosbuch ist diesen Weg der innerbiblischen Neudeutung mitgegangen, weil es nicht als Zeugnis einer fernen und letztlich toten Vergangenheit erachtet wurde, sondern als Zeugnis der tödlichen oder aber heilvollen Zukunft des lebendigen Gottes, der zuerst in Amos geredet hatte, dann aber auch in den übrigen Propheten.

29 Vgl. N.H.F. Tai (1996) (Diss. München).
30 Vgl. o. Anm. 3.

Literaturverzeichnis

Baumgartner, W. (1920), «Joel 1 und 2», in: K. Marti (Hg.), Beiträge zur alttestamentlichen Wissenschaft. FS K. Budde (BZAW 34), Gießen, S.10–19.

Bergler, S. (1988), Joel als Schriftinterpret (BEATAJ 16), Frankfurt a.M./Bern/New York/Paris.

Bosshard, E. (1987), «Beobachtungen zum Zwölfprophetenbuch», BN 40, S.28–62.

– / Kratz, R.G. (1990), «Maleachi im Zwölfprophetenbuch», BN 52, S.27–46.

Broshi, M. (1974), «The Expansion of Jerusalem in the Reigns of Hezekiah and Manasseh», IEJ 24, S.21–26.

Galling, K. (1944), «Bethel und Gilgal», ZDPV 67, S.21–43.

Jeremias, J. (1995), Der Prophet Amos (ATD 24/2), Göttingen.

– (1996), Hosea und Amos. Studien zu den Anfängen des Dodekapropheton (FAT 13), Tübingen.

Mays, J.L. (1969), Amos. A Commentary (OTL), Philadelphia.

Nogalski, J.D. (1993), Literary Precursors to the Book of the Twelve (BZAW 217), Berlin/New York.

– (1993a), Redactional Processes in the Book of the Twelve (BZAW 218), Berlin/New York.

Nowack, W. (1922), Die kleinen Propheten (HK III/4), Göttingen (3.Aufl.).

Schart, A. (1996), Die Entstehung des Zwölfprophetenbuchs. Neubearbeitungen von Amos im Rahmen schriftenübergreifender Redaktionsprozesse, Habilitationsschrift Marburg.

Schmidt, W.H. (1965), «Die deuteronomistische Redaktion des Amosbuches», ZAW 77, S.168–193.

– (1971), «Rezension: Wolff, H.W., Dodekapropheton 2. Amos», ThLZ 96, S.182–185.

Steck, O.H. (1967), Israel und das gewaltsame Geschick der Propheten. Untersuchungen zur Überlieferung des deuteronomistischen Geschichtsbildes im Alten Testament, Spätjudentum und Urchristentum (WMANT 23), Neukirchen-Vluyn.

– (1990), «Zu Zef 3,9–10», BZ 34, S.90–95.

– (1991), Der Abschluß der Prophetie im Alten Testament. Ein Versuch zur Frage der Vorgeschichte des Kanons (BThSt 17), Neukirchen-Vluyn.

– (1991a), Studien zu Tritojesaja (BZAW 203), Berlin/New York.

Tai, N.H.F. (1996), Prophetie als Schriftauslegung in Sach 9–14. Traditions- und kompositionsgeschichtliche Studien (CThM.BW 17), Stuttgart.

Utzschneider, H. (1988), «Die Amazjaerzählung (Am 7,10–17) zwischen Literatur und Historie», BN 41, S.76–101.

Wolff, H.W. (1985), Dodekapropheton 2. Joel und Amos (BK XIV/2), Neukirchen-Vluyn (3. Aufl.).

«Rezeption» in Ex 31,12–17 und Lev 26,39–45

Sprachliche Form und theologisch-konzeptionelle Leistung

Von Walter Groß

In der Kürze der Zeit versuche ich nicht, im voraus theoretisch zu definieren, was ich unter Rezeption verstehe. Vielmehr werde ich, in unterschiedlicher Ausführlichkeit, zwei Texte – Ex 31,12–17 und Lev 26,39–45 – vorstellen, die beide auf ganz unterschiedliche Weise Bundestheologie abarbeiten und beide schon häufig als solche redaktionelle Texte erklärt worden sind, in denen sich späte Rezeptionsprozesse spiegeln. Ich beabsichtige, die Texte so zu analysieren, daß nicht nur die Tatsache, sondern die Art und Weise der Rezeption hervortritt; daß also die Texte in ihrem jeweiligen gesamten konkreten Verlauf als Produkte zum Zweck der Rezeption verständlich werden. Das scheint mir am ehesten den Intentionen zu entsprechen, die den Jubilar Kollegen Steck bei seiner Arbeit am Alten Testament geleitet haben.

1. Ex 31,12–17

31,12		Und YHWH sagte zu Mose:
31,13	a	Du aber, sprich zu den Söhnen Israels:
	b	Meine Sabbate jedoch sollt ihr bewahren,
	c	denn ein Zeichen ist er/das zwischen mir und euch nach euren Geschlechtern, damit man erkennt,
	d	daß ich, YHWH, es bin, der euch heiligt.
31,14	a	Und ihr sollt den Sabbat bewahren,
	b	denn ein Heiligtum ist er euch.
	c	Wer ihn entweiht, soll unbedingt getötet werden,
	dP	denn jeder, der an ihm Arbeit verrichtet,
	d	diese Person soll mitten aus ihren Volksgenossen ausgetilgt werden.
31,15	a	Sechs Tage lang darf Arbeit verrichtet werden,
	b	aber am siebten Tag ist *šabbat šabbatōn*, Heiligtum für YHWH.
	c	Jeder, der am Tag des Sabbat Arbeit verrichtet, soll unbedingt getötet werden.
31,16		Und die Söhne Israels sollen den Sabbat bewahren, indem sie den Sabbat tun nach ihren Geschlechtern als ewigen Bund.
31,17	a	Zwischen mir und den Söhnen Israels ist er ein Zeichen in Ewigkeit,
	b	denn sechs Tage lang hat YHWH den Himmel und die Erde gemacht,
	c	aber am siebten Tag hat er aufgehört
	d	und aufgeatmet.

Ex 31,12–17 spricht in vielen Wiederholungen und in auf den ersten Blick wenig einleuchtendem Gedankenfortschritt, unter sprachlicher Anleihe an mehreren bekannten Texten vom Sabbat. Derartige Abschnitte sind unbeliebt in der Exegese. Wiederholungen und formale Spannungen, wie z.B. unmotivierte Änderung der Persondeixis,[1] reizen zwar zu literarkritischer Scheidung;

---

[1] Vgl. den Wechsel in 31,17 zwischen YHWH in erster Person (a) und in dritter Person (b-d).

in aller Regel entsprechen aber den Gründen zur Scheidung nicht ebenso einleuchtende Gründe dafür, warum sie auf diese Weise zusammengesetzt und ausgebaut worden sein sollten; d.h. literarkritische Operationen führen vom Text weg, sie erklären ihn nicht. Solche Abschnitte erhalten daher nicht selten schlechte, in unwirschem Ton erteilte Noten. Vgl. z.B. J. Scharbert: Der ganze Text Ex 31,12–17 ist eigentlich unnötig[2]; M. Noth: Er macht einen schwerfälligen Eindruck[3].

Andererseits hat man in ihm eine – freilich nicht vollkommene – klappsymmetrische Anordnung festgestellt: Sabbat als Zeichen in 13c+17a; «den Sabbat bewahren» in 14a+16, die *mōt yūmat*-Formel in 14c+15c, das partizipiale Subjekt «jeder an ihm Arbeit Tuender» in 14d+15c, im Zentrum 15ab die zentrale Sabbat-Formulierung[4]. Dies berechtigt zumindest dazu, 31,12–17 als – wie auch immer zustandegekommene – nicht nur inhaltliche, sondern auch formale Einheit wahrzunehmen.[5] Üblicherweise wird sie wegen ihres Sprachmaterials als priesterlich bestimmt, wegen der Abweichungen von der Grundkonzeption der priesterschriftlichen Darstellung und wegen der sprachlichen Bezüge auf andere Texte aber nicht der Priesterschrift selbst, sondern sekundären Händen zugewiesen, wobei die vorgeschlagenen Bezeichnungen P^s oder R^P nicht erst seit der gegenwärtigen Pentateuchkrise höchst vieldeutige Siglen sind.

Wie häufig bei Zusätzen, sendet der Textbeginn Signale aus, die zwar die Kontexteinbindung bekräftigen sollen, zugleich aber nur ins Ungefähre führen. 31,12.13a schließt an die in 25,1 beginnenden Anordnungen über Bau und Ausstattung des Heiligtums an. Vgl. die weitgehend identische Eröffnung 25,1.2a, allerdings mit asyndetischem ersten Redesatz: *YHWH sagte zu Mose: Sprich zu den Söhnen Israels*.[6] Schon ab 25,11 folgen jedoch mehrheitlich Handlungsanweisungen, die unmittelbar an Mose, nicht vermittels Mose an die Israeliten gerichtet sind. Bei neuerlichem Redeauftrag an Mose oder, wenn zuvor über andere etwas verfügt wurde, bei neuerlichem direkten Handlungsauftrag an Mose tritt das auf Mose bezogene selbständige Personalpronomen der 2. Pers. betont als syndetischer Vokativ vor den Befehl: 27,20, nach langen Verfügungen über die Ausstattung von Altar und Vorhof: *Du aber befiehl*

2 J. Scharbert (1989) 119.

3 M. Noth (1965) z.St.

4 So N. Negretti (1973) 226, der dennoch an der literarkritischen Uneinheitlichkeit festhält. U. Cassuto (1967) 405 verweist darauf, daß in dieser Einheit sieben von der Wurzel *ŠBT* gebildete Substantive begegnen.

5 Die folgenden Darlegungen bezwecken allerdings, indirekt wahrscheinlich zu machen, daß der gesamte Abschnitt Ex 31,12–17 für diesen Kontext in einem Zug und einer einheitlichen Aussageabsicht geschaffen worden ist.

6 Ex 31,18 konstatiert ausdrücklich die Beendigung des hier in 25,1 beginnenden göttlichen Redens.

den Israeliten! 30,23, nach Aufträgen für Aaron und seine Söhne: *Du aber nimm dir!* Nach der Bestellung von Handwerkern in 31,1–11 hier in 31,13: *Du aber sprich zu den Israeliten.* ואתה, nach dem vorausgehenden Redeeinleitungssatz: *YHWH sagte zu Mose* an sich unnötig, daher fokussierend, hier wohl kontrastierend, stellt somit «Moses als Verkündiger des Sabbatgebotes den zur Arbeit berufenen Handwerkern gegenüber».[7]

Warum jedoch die Voranstellung des Objekts in 13b, zusätzlich hervorgehoben durch die kontrastierende Partikel אך: *Meine Sabbate jedoch sollt ihr bewahren*? Die übliche Auskunft lautet: Die Sabbate sollen auch während der Arbeiten am Heiligtum eingehalten werden[8]. Dem steht schon die Beobachtung A. Dillmanns[9] entgegen: «Von diesem beschränkten Zweck liegt im Text selbst (weder hier noch 35,1–3) auch nur die leiseste Andeutung vor.» Mit anderen Worten: Ex 31,12–17 knüpft zwar pro forma an den unmittelbaren Kontext an, geht aber in seiner Aussage weit darüber hinaus; die Vorausstellung des Objekts «meine Sabbate» in 13b signalisiert das neue Thema, das der Zusatz hier überraschend einführt.

Vielfach ist auch beobachtet worden: Der erste anschließende priesterliche Text 35,1–2 bringt noch einmal das Sabbatgebot, und zwar in mit 31,14dP. 15a-c annähernd identischen und zugleich charakteristischen Wendungen. Ex 35,2: *Sechs Tage darf Arbeit verrichtet werden*[10]*, und am siebten Tag soll euch Heiligtum von šabbat šabbatōn für YHWH sein.*[11] *Jeder, der an ihm Arbeit verrichtet, soll getötet werden.* Diese unmittelbare Aufeinanderfolge wäre innerhalb einer bearbeiteten Ausgabe der selbständigen Priesterschrift sinnlos und störend. Sie ist hingegen sinnvoll im heutigen Pentateuchzusammenhang, wo aus den älteren Quellen Israels Abfall zum goldenen Kalb, Ex 32,1–34,35, dazwischengetreten ist. Ohne daß wegen dieses Intermezzos die Doppelung allzu stark auffiele, beendet so das Sabbatgebot in Ex 31 die Vorschriften zur Errichtung des Heiligtums, und eröffnet es in

---

7 B. Baentsch (1903) 267.

8 So z.B. Noth (1965) z.St.; F. Michaeli (1974) 267f. E. Blum (1990) 307 und R. Albertz (1992) 533 Anm. 160 deuten unter Verweis auf V.17: Die Arbeit am Heiligtum soll dem Sabbatrhythmus der Schöpfung entsprechen. Trotz der deutlichen Beziehung zwischen Schöpfung und Bau des Heiligtums in P scheint mir dies jedoch nur eine Nebenintention des Zusatzes 31,12–17 zu treffen. Wichtig sind dagegen ihre Beobachtungen zur redaktionellen Funktion von 31,12–17 + 35,1–2(3).

9 A. Dillmann (1880) 329.

10 Durch die passivische Formulierung im N-Stamm ist dieser Satz viel enger mit Ex 31,15a und Lev 23,3a (wohl der älteste dieser drei Belege; vgl. auch dort in 3b: שבת שבתון מקרא קדש) verbunden als mit den entsprechenden Wendungen der beiden Dekaloge, die traditionsgeschichtlich letztlich Ex 31,15a; 35,2a zugrunde liegen.

11 Die Stellung von קדש erstaunt; wahrscheinlich gehören קדש ליהוה als Wortgruppe zusammen und sind, wie in Ex 16,23 (nach P. Maiberger [1983] 134ff.141f erste Erweiterung des priesterschriftlichen Grundtextes) und 31,15 dem שבת שבתון nachzustellen.

Ex 35 deren Ausführung.[12] Es ist daher sinnvoll zu überprüfen, ob Ex 31,12–17 aus seiner Funktion auf der Ebene der Pentateuchredaktion verstanden und hergeleitet werden kann.[13]

Hierbei setze ich folgende häufig vertretenen, aber nicht unumstrittenen Thesen voraus: (1) Die priesterliche Grundschrift war ursprünglich ein literarisch selbständiges Werk.[14] (2) Die Erwähnung der Sabbate in Ez 20 ist dort literarisch ursprünglich.[15] Methodisch setze ich voraus: Wenn ich Parallelen zu Formulierung A aus Text X sowohl in Text Y als auch in Text Z finde, von diesen beiden aber nur Text Y weitere Parallelen zu Text X aufweist, so liegt es näher, Text X und Y allein und zunächst unter Absehung von Text Z darauf zu untersuchen, welcher von beiden Formulierungsspender für den anderen gewesen sein könnte.

Ich versuche im folgenden, Ex 31,12–17 als Produkt eines Theologen verständlich zu machen, der durch priesterschriftliche Tradition, die keinen Bund am Sinai kennt, geprägt, nun aber an der Produktion des Pentateuch beteiligt ist bzw. diesen als junges Werk vor sich hat und so sprachlich wie sachlich den aus den älteren Quellen stammenden Sinaibund zu rezipieren, ihn in seine priesterschriftlich geprägte Theologie umzusprechen unternimmt. Er leistet dafür viel mehr als nur, was man häufig beobachtet hat, den Sabbat als Bundeszeichen, parallel zu den ihm bekannten priesterschriftlichen Bundeszeichen

---

12 So schon H.L. Strack (1894) z.St.; vgl. auch J.I. Durham (1987) 412 sowie Blum (1990) 307 und Albertz (1992) 533 Anm. 160.

13 Die Funktion auf der Ebene der Pentateuchredaktion beweist natürlich noch nicht, daß Ex 31,12–17 erst für diese Funktion geschaffen wurde. Es könnte ganz oder teilweise älter sein. Tatsächlich wird hier, speziell in 31,12–14, nicht selten die ansonsten fehlende priesterschriftliche Vorschrift des Sabbat gesucht; vgl. O.H. Steck (1975) 191 Anm. 808 mit Verweis auf ältere Literatur; Blum (1990) 309 Anm. 81 (K^P); F. Crüsemann (1992) 349. Dagegen schon z.B. A. Kuenen (1887) 73 und Baentsch (1903) z.St.; vgl. auch W.H. Schmidt (1995) 101, der die Notwendigkeit eines Sabbat*gebots* für die Priesterschrift bestreitet. Die größere Nähe zu Ez 20 als zu Gen 17 P (dazu vgl. unten) legt m.E. eine Zuweisung an P^g nicht nahe. Während P. Weimar (1980) 361 Ex 31,13–17 mit der Sigle P^s / R^P versieht, spricht E. Zenger (1981) 479 den ganzen Abschnitt dem Pentateuchredaktor zu. Vgl. auch ders. (1982) 29f: Der fünfte Teil des Buches Exodus reicht von 24,12 bis 31,18; 24,12–18 und 31,12–17 entsprechen sich durch Anklänge von Sabbattheologie.

14 Vgl. die jüngste Darstellung der Diskussionslage bei Zenger (1995) 92ff.

15 Schon G. Hölscher (1924) 110 Anm. 1 von S.109 scheidet die Erwähnungen der Sabbate Ez 20,12.13.16.20.21.24 als Glossen aus. Die bis heute maßgebende Argumentation dafür liefert W. Eichrodt (1961); vgl. ders. (1966) 174. Ihm folgen u.a. Weimar / Zenger (1975) 146ff; St. Ohnesorge (1991) 80; F.L. Hossfeld (1995) 356. Gegen diese literarkritische Abtrennung argumentieren aus unterschiedlichen Perspektiven J. Lust (1969) 145ff; W. Zimmerli (1969) 447; N.-E.A. Andreasen (1972) 40ff; F. Sedlmeier (1990) 127ff. Auch Th. Krüger (1989) rechnet die Sabbate zum ursprünglichen Text. Vermutlich ist diese Voraussetzung aber für meine Bestimmung der Abhängigkeitsverhältnisse von Ez 20 und Ex 31 nicht unabdingbar, da Ex 31 als Text der Pentateuchredaktion relativ jung ist und für Bearbeitungsschichten im Ez-Buch genügend Zeitraum läßt.

Bogen in den Wolken bei Noach und Beschneidung bei Abraham einzuführen. Der Autor spielt mit mehreren älteren Texten. Formulierungsspender sind für ihn außer beiden Dekalogen die Priesterschrift, speziell Gen 2 und Gen 17, dann das Heiligkeitsgesetz und Ez 20.

Ich gehe in drei Schritten vor: (1) durchmustere ich die Textanspielungen; (2) frage ich, welchen Gedankengang der Autor mit Hilfe dieser Anspielungen gestaltet hat; (3) suche ich nach der zentralen Intention, die ihn geleitet hat.

1.1. Textanspielungen

Die zentralen Sätze Ex 31,15ab gebrauchen mit «sechs Tage Arbeit tun» und «der siebte Tag» als «Sabbat ... für YHWH» die Terminologie der Dekalog-Sabbatgebote; in der spezifischen passivischen Formulierung mit N-Stamm bei עשה, שבת שבתון und קֹדֶשׁ stehen sie aber speziell Ex 35,2 und Lev 23,3 nahe. Folgende Details verdienen Beachtung: Lev 23,3 dürfte der Ausgangspunkt für Ex 35,2 wie für Ex 31,15 sein, weil hier קֹדֶשׁ in der Wortgruppe מִקְרָא־קֹדֶשׁ «heilige Versammlung» nicht nur eine konkrete, leicht verständliche Bedeutung hat, sondern auch schon im voraufgehenden Vers eingeführt ist.[16] Lev 23,2.3: *Die Feste YHWHs, die ihr ausrufen sollt als* מִקְרָאֵי קֹדֶשׁ, *als heilige Versammlungen – folgende sind meine Feste: Sechs Tage darf Arbeit getan werden, und am siebten Tag ist šabbat šabbatōn, heilige Versammlung.* מִקְרָא־קֹדֶשׁ ist ein charakteristischer Ausdruck der priesterlichen Festgesetzgebung;[17] Lev 23,3 bezieht den Sabbat terminologisch unter die Feste ein. Innerhalb der Wendung: «darf Arbeit getan werden» kongruiert mit תֵּעָשֶׂה das Verb in Ex 35,2 und Lev 23,3 im Gegensatz zu Ex 31,15: יֵעָשֶׂה auch im Genus mit dem folgenden Subjekt; unter dieser Rücksicht stehen sich somit Ex 35,2 und Lev 23,3 näher. Außerdem enthält Ex 35,2 überhaupt nur das Sabbatgebot aus Lev 23,3 – allerdings, wie Ex 31,15, ohne מקרא und mit zusätzlichem יהיה לכם – und die *yūmat*-Wendung, während Ex 31 zwar in V.15a-c Ex 35,2 fast wörtlich wiederholt, die Stichworte קֹדֶשׁ und *yūmat* jedoch zuvor schon in 14bc in abweichend formuliertem Zusammenhang aufgreift: *Ihr sollt den Sabbat bewahren, denn ein Heiligtum ist er euch*; *wer ihn entweiht, soll unbedingt getötet werden*, und darüber hinaus auch das Subjekt der *yūmat*-Formel כָּל־הָעֹשֶׂה מְלָאכָה schon in 14dP nennt, dort aber in 14d mit einer anderen Strafwendung weiterführt: *denn jeder, der an ihm Arbeit verrichtet, diese Person soll mitten aus ihren Volksgenossen ausgetilgt werden*. So erweist sich Ex 31,14.15 als Expansion direkt gegenüber Ex 35,2, indirekt gegenüber Lev 23,3.

---

16 Vgl. hierzu und zum folgenden Negretti (1973) 287ff.

17 Lev 23,4.7.8.21.24.27.35.36.37.

In 31,14a: *Und ihr sollt den Sabbat bewahren* treffen wir unmittelbar auf Dekalogsprache, wegen שמר genauerhin auf den Dekalog in Dtn 5; ebenso und wegen der zweifachen Nennung des Sabbat noch deutlicher in 31,16: *Die Söhne Israels sollen den Sabbat bewahren, indem sie den Sabbat tun.* שמור את יום השבת und לעשות את יום השבת rahmen in Dtn 5,12.15 das Sabbatgebot.[18] Dagegen bringt 31,17bc fast wörtlich die Sabbatbegründung aus dem priesterlich bearbeiteten Dekalog Ex 20,11. Der Autor von Ex 31,12–17 hat somit sehr deutlich beide im Pentateuch vertretenen Dekalogfassungen zitiert, und durch die in priesterlichem Kontext ungewohnt drastisch anthropopathische Redeweise 17d: וַיִּנָּפַשׁ *und er atmete auf* hat er sogar noch zusätzlich auf das Ruhegebot im Bundesbuch Ex 23,12 angespielt, wo dieses seltene Verb allerdings den Haussklaven und den Fremden zum Subjekt hat.[19] Das Substantiv קֹדֶשׁ in 31,14b entstammt zwar, wie bereits gezeigt, Ex 35,2 bzw. Lev 23,3, aber es läßt zusammen mit 14a zugleich die infinitivische Dekalogwendung anklingen: *Gedenke des bzw. bewahre den Sabbat, ihn zu heiligen* לְקַדְּשׁוֹ.

Zu Beginn allerdings, in 31,13b, steht das Sabbatgebot in der dem Autor einschließlich der Vorausstellung des Objekts aus dem Heiligkeitsgesetz vertrauten pluralischen Formulierung[20]: *Meine Sabbate jedoch sollt ihr bewahren!* Über das Stichwort «meine Sabbate» findet der Autor zu dem mehrphasigen Geschichtsrückblick in Ez 20. Zum Verhältnis dieser beiden Texte werden drei Thesen vertreten.

(1) Beide Texte schöpfen theologisch und lexikalisch voneinander unabhängig aus derselben Tradition.[21] Das ist unwahrscheinlich, denn nur in diesen beiden Texten begegnen gemeinsam: «meine [= YHWHs] Sabbate»[22]; die Sabbate als Zeichen zwischen YHWH und Israel[23], und zwar als Erkennungszeichen[24]; YHWH wird daraus erkannt als der, der Israel heiligt[25]; schließlich das Entweihen des Sabbats[26].

---

18 Zu dieser Rahmung und dem dtn.Dekalog als «Sabbatdekalog» vgl. N.Lohfink (1965) 21ff.

19 Vgl. Hossfeld (1982) 51f. Zu einem weiteren Grund für diese Anspielung vgl. unten.

20 Vgl. Lev 19,3; 19,30; 26,2. Dieselbe Wendung in syntaktisch abweichender Gestalt: Jes 56,4. Jes 56,2.4.6 steht durch die Kombination der sing. und plur. Wendungen *den Sabbat bewahren* und *meine Sabbate bewahren*, den Ausdruck *den Sabbat entweihen* und die Parallelisierung (wenn nicht sogar inhaltliche Identifizierung) von Sabbat und Bund Ex 31,12–17 überraschend nahe.

21 So Zimmerli (1969) 447; Negretti (1973) 254; Krüger (1989) 243; Ohnesorge (1991) 171f.

22 Ex 31,13b; Ez 20,12.13.16.20.21.24.

23 Ex 31,13c.16; Ez 20,12.20. Nirgends sonst gelten die Sabbate bzw. der Sabbat als Zeichen.

24 Ex 31,13c; Ez 20,12.20.

25 Ex 31,13d; Ez 20,12. Die partizipiale Wendung, YHWH heilige Israel, ist zwar besonders charakteristisch für das Heiligkeitsgesetz (Lev 20,8; 21,8.23; 22,9.16.32), begegnet aber dort nie im Zusammenhang einer Erkenntnisaussage. In diesem Kontext steht sie noch in Ez 37,28.

(2) Ez 20 hängt unter dieser Rücksicht von Ex 31,12–17 ab.[27] Jedoch ist in Ez 20 der Sabbat reines Erkennungszeichen, während Ex 31 zwischen Erkennungszeichen (V.13) und Bundeszeichen (V.16.17a) oszilliert; das Entweihen des Sabbats steht in Ez 20 in systematischem Gegensatz zu seiner Heiligung (V.20), während diese Opposition in Ex 31 fehlt.

(3) So hat die dritte These mehr für sich, daß der Autor von Ex 31,12–17 sich auf Ez 20 bezieht.[28]

Indem er dies tut und den Sabbat als Zeichen zwischen YHWH und Israel deutet – entsprechend Ez 20,12: *Und auch meine Sabbate habe ich ihnen gegeben, damit sie als Zeichen dienen zwischen mir und ihnen, damit man erkenne, daß ich, YHWH, euch heilige* –, greift er aber zugleich ähnlichlautende Formulierungen aus dem zentralen priesterschriftlichen Bundeskapitel Gen 17 auf; andeutungsweise zunächst nur in 13c, indem er לְדֹרֹתֵיכֶם (vgl. Gen 17,7.12) hinzufügt: *denn ein Zeichen ist das zwischen mir und euch nach euren Geschlechtern, damit man erkennt, daß ich, YHWH, es bin, der euch heiligt*, deutlicher zusammen mit לדרתם durch den Terminus ברית עולם (vgl. Gen 17,7.13) in 31,16: *und die Söhne Israels sollen den Sabbat bewahren, indem sie den Sabbat tun nach ihren Geschlechtern als ewigen Bund*; vgl. auch לעולם in 31,17a: *Zwischen mir und den Söhnen Israels ist er ein Zeichen in Ewigkeit.* So wird die unbegrenzte Gültigkeit des Zeichens betont, die bei Ezechiel noch gefehlt hatte,[29] und der Sabbat als Zeichen wird in 31,17a zu einem Bundeszeichen, wie die Beschneidung als Zeichen in Gen 17,11 ausdrücklich genannt wird: *Ihr sollt beschnitten werden am Fleisch eurer Vorhaut, und das soll zum Zeichen der* ברית *zwischen mir und euch dienen.* Auch die von den beiden *mōt yūmat*-Sätzen Ex 31,14c.15c abweichend formulierte Straffolge 31,14d ist aus Gen 17,14 – von der Präposition abgesehen, aber einschließlich der Pendenskonstruktion – wörtlich übernommen: *denn jeder, der an ihm Arbeit verrichtet, diese Person soll mitten aus ihren Volksgenossen ausgetilgt werden.*

Das Verb *ŠBT* mit göttlichem Subjekt schließlich, das der Autor in Ex 31,17c anstelle des Verbs *NūḤ*[30] einsetzt, das in der von ihm zitierten Begründung der Sabbatverpflichtung im priesterlich bearbeiteten Dekalog Ex 20,11

---

26 Ex 31,14c; Ez 20,13.16.21.24. Vgl. auch Ez 22,8;23,38. Mit Sabbat im Sing.: Jes 56,2.4; Neh 13,17.18.

27 Eichrodt (1961) 67 mit Verweis auf ältere Autoren. Diese These ist bei ihm verbunden mit der Annahme, die Erwähnungen der Sabbate seien in Ez 20 erst sekundär eingetragen; vgl. dazu o. Anm. 15. Ohne diese literarkritische Hypothese plädiert M. Greenberg (1983) 386 für Abhängigkeit der Infinitivkonstruktion in Ez 20,12 von Ex 31,13.

28 Vgl. Baentsch (1903) 267; A. Bertholet (1936) 70; F.J. Helfmeyer (ThWAT I) 198; Sedlmeier (1990) 135.

29 Das bemerkt Krüger (1989) 243.

30 Zur Ersetzung von *ŠBT* in Ex 20,11 durch *NūḤ* vgl. R. Bartelmus (1988) Anm. 43.

verwendet ist, hat er aus dem siebten Tag des priesterschriftlichen Schöpfungsberichts Gen 2,2.3 entnommen. Da aber das Verb *ŠBT* «aufhören, abbrechen» lexikalisch den Aspekt des Ruhens nicht oder höchstens als sekundäre Konnotation bezeichnet, hat der Autor es durch die Übernahme von *NPŠ* N-Stamm aus Ex 23,12 unter Änderung des dortigen Subjekts ergänzt.

1.2. Wie soll dieser Text mit seinen Anspielungen gelesen werden?

Er beginnt mit der heiligkeitsgesetzlichen Fassung des Sabbatgebots (13b). Die Sabbate sollen, entsprechend auch der dtn. Dekalogformulierung, gehalten werden: *ŠMR*, sie sollen aber entgegen den beiden Dekalogen und Ez 20 von den Israeliten nicht geheiligt bzw. heiliggehalten werden; denn geheiligt hat den siebten Tag nach Gen 2,2P Gott selbst.[31] Die Sabbate sind Zeichen der Beziehung zwischen YHWH und Israel, und zwar auf dauerhafte Geschlechterfolge hin angelegt (13c). Wer hier schon die Deutung Bundeszeichen einführt,[32] zerstört die terminologische und konzeptionelle Strategie des Textes; auf diesen Gedanken bewegt er sich erst vorsichtig zu. Zunächst greift der Autor in 13cd vielmehr nur den Terminus Zeichen אות auf, und zwar in dem aus Ez 20,12[33] vertrauten Sinn eines Erkennungszeichens, aus dem man – das Subjekt der Erkenntnis bleibt hier wie dort umfassend vage – erkennen kann, daß YHWH Israel heiligt (wie er den siebten Tag geheiligt hatte) (13d). Um zu bekräftigen, daß das geheiligte Israel den Sabbat, das Zeichen dieser Heiligung, nur bewahren, nicht heiligen kann, setzt er in 14a noch einmal an in reiner Dekalogterminologie: *und ihr sollt den Sabbat bewahren*; statt aber nun entsprechend diesem den Lesern auswendig bekannten Wortlaut fortzufahren: לְקַדְּשׁוֹ, *indem ihr ihn heiligt*, setzt er, auf die aus seinem priesterlichen Traditionsgut vertrauten Wendungen Ex 35,2; Lev 23,3 anspielend, dagegen: *denn er ist euch ein Heiligtum, heilig*: קֹדֶשׁ. Der Sabbat ist schon immer heilig.

Insofern ist jeder Verstoß gegen den Sabbat eine Entweihung (14c), wie schon Ez 20 betont hatte, während dieser Ausdruck der sonstigen Rede vom Sabbat nicht geläufig war. Schon in der Priesterschrift werden Verstöße gegen den Willen YHWHs, die sich nach der Sinai-Offenbarung ereignen, stets mit dem Tod geahndet. Hier ergeht diese Ahndung in zweifacher *mōt yūmat*-Formulierung: 14c.15c. 31,15, die zentrale, feierliche Wendung, wiederholt nahezu wörtlich Ex 35,2. 14c wird ihr m.E. aus zwei Gründen vorausgeschickt: (1) um so im Zusammenhang mit קֹדֶשׁ den ezechielischen Terminus «entwei-

---

31 Vgl. dazu Steck (1975) 194ff.

32 So z.B. Baentsch (1903) z.St.

33 In Ez 20,20 dagegen steht das Zeichen für die Tatsache, daß YHWH Israels Gott ist. Zu Unrecht wird gelegentlich – z.B. von Andreasen (1972) 43; H.F. Fuhs (1984) 104 – hier in Ez 20,12 der aus Ex 31 (sowie Gen 9+17) vertraute Terminus *Bundes*zeichen eingetragen. Dagegen zu Recht Sedlmeier (1990) 238f Anm. 77. Vgl. auch Krüger (1989) 222. Schon Zimmerli (1969) 444 (vgl. auch 369) hebt hervor, daß das Wort ברית hier fehlt.

hen» *ḤLL*-D aufgreifen zu können: *Wer ihn entweiht, soll unbedingt getötet werden* und (2) um so die *mōt yūmat*-Formel durch 14d im Sinn von Gen 17,14 deuten[34] und entsprechend, wie sich erst in V.16a zeigt, als Strafe für Bundesbruch verstehen zu können: *Diese Person soll mitten aus ihren Volksgenossen ausgetilgt werden.*

Der für den Autor, der in seiner Tradition keinen Sinai-Bund kannte, heikle explizite Übergang zur Rede vom Bund geschieht in V.16 überraschend im Anschluß an einen Satz, der den dtn. Dekalog in Erinnerung ruft, dann aber in Richtung auf den priesterschriftlichen Terminus ברית עולם aus Gen 17 umgebogen wird. Daß der Sabbat in V.16 als ברית, in 17a aber als Zeichen – und das heißt in diesem Kontext nun natürlich abweichend vom Formulierungsspender Ez 20 und in Übereinstimmung mit der ausdrücklichen Bezeichnung אות ברית in Gen 17 als Zeichen der ברית – gilt, entspricht einer sprachlich-stilistischen Eigenheit der Priesterschrift in Gen 17.[35] Wer in 31,16 ברית עולם mit «ewig geltendem Gebot» übersetzt,[36] wird dem Text nicht gerecht. Der Formulierungsspender Gen 17 spielt mit den Konnotationen Verheißung und Verpflichtung, die beide im Wort ברית enthalten sind. Diese Redeweise setzt der priesterliche Autor von 31,16.17 voraus: Das Bewahren des Sabbats ist eine dauerhafte Verpflichtung; die Israeliten werden so verpflichtet, das Zeichen für die dadurch bezeichnete dauerhafte Beziehung – daß nämlich YHWH Israel heiligt – zu setzen. In den letzten Sätzen lenkt der Autor vom Bund, den der Sabbat bezeichnet, zurück zur Schöpfungsordnung, der der Sabbat entstammt.

1.3. Die zentrale Intention des Textes Ex 31,12–17

Dieser Text spricht vom Sabbat, aber er zielt auf den Bund. In ihm trägt ein priesterlicher Theologe der Existenz eines Sinai-Bundes Rechnung[37], spricht ihn in seine priesterliche Terminologie um und verwandelt diesen Sinai-Bund, indem er ihn rezipiert. Die wesentlichen Punkte sind:

---

34 Die aus Gen 17,14 übernommene Ausrottungsformel fordert im Gegensatz zur *mōt-yūmat*-Formel keine Hinrichtung des Delinquenten. Der Autor dürfte aber nicht in erster Linie diese Differenz durch die Hinzufügung der Ausrottungsformel angezielt haben; vgl. dazu im nächsten Abschnitt Punkt 3.

35 Vgl. W. Groß (1978) 113 zu Gen 17: «Die Beschneidung heißt nur metonymisch *bʿrīt*, insofern sie in Wirklichkeit Zeichen der *bʿrīt* ist. Der ewigen *bʿrīt* entspricht das Zeichen der ewigen *bʿrīt*: v. 7.11.13.» Daher verkennt Blums (1990) 309 Anm. 81 Behauptung, der Sabbat heiße in Ex 31 zwar Ewigkeitsbund und Zeichen, aber nicht Bundeszeichen und trete insofern nicht in Konkurrenz zur Beschneidung als Bundeszeichen in Gen 17, die Eigentümlichkeiten priesterschriftlicher Formulierung und des Gedankengangs in Ex 31.

36 So E. Kutsch (1981) 400.

37 Zur Frage, ob er sich auch theologisch damit aussöhnt oder nur einen Formelkompromiß sucht, vgl. unten Punkt 5.

1) Der priesterliche Theologe muß nicht nur hinnehmen, daß im Pentateuch dem Sinai-Bund hervorragende Bedeutung zukommt, den seine eigene Tradition gar nicht kennt, weil sie eine Theologie ewiger Ordnungen vertritt, sondern auch, daß die Regelungsinhalte dieses Bundes vor allem sozialen Inhalts sind – Bundesbuch, dtn. Gesetz, Heiligkeitsgesetz – und zweifach im Dekalog als zentralem Bundestext – Ex 20, Dtn 5 – gipfeln. Er zitiert zwar beide Dekaloge, macht sich aber einzig das kultische Sabbatgebot zu eigen, und zwar dieses nicht in seiner sozialen dtn., sondern in seiner theozentrischen priesterlichen Motivation.

2) Er erhöht die Theozentrik sogar gegenüber dem Sabbatgebot in seiner priesterlich bearbeiteten Fassung: Die Israeliten sollen nicht den Sabbat heiligen und ihn so zum Zeichen des Bundes machen, wie man den Dekalog auf dem Hintergrund von Ez 20 verstehen könnte, sondern YHWH heiligt selbst den siebten Tag schon bei Erschaffung der Welt und gibt dieses Heiligtum Israel als Zeichen der Heiligung wie des ewigen Bundes, das die Israeliten lediglich bewahren sollen.

3) Bundesschluß und Bundesbruch sind für den vorpriesterlichen Sinai-Komplex kollektive Vorgänge; bei Ez 20 deutet sich eine mögliche Unterscheidung der Generationen Israels an. Ex 31 leistet hier die Individualisierung. Das Problem hatte sich schon der priesterlichen Grundschrift in Gen 17 gestellt. Sie hatte den Sinaibund und das diesem zugrundeliegende Bundesmodell aufgegeben, weil er an menschliche Leistung gebunden war und insofern unmöglich ewig sein konnte, wie ja auch die Exilskatastrophe bewiesen hatte; und sie hatte alle Bundesverheißungen im Abrahamsbund versammelt, der keine menschliche Gegenleistung impliziert. Immerhin aber mußte das Bundeszeichen von den Israeliten vollzogen werden. Konnten insofern Bund und Bundeszeichen ewig sein? Die Lösung der Priesterschrift war gewesen: Die Bundesverheißung bleibt kollektiv im Sinn der sog. Bundesformel, sie zielt über Abraham und seine Nachkommen der Isaak-Linie auf Israel, der Bundesbruch aber wird individualisiert. Nur der einzelne – nicht Israel als Ganzes – kann den Bund brechen, geht der Verheißungen verlustig und erleidet die vorgesehene Strafe, der Bund bleibt dagegen ebenso als ewiger erhalten wie das Volk, der Bundespartner, aus dem der je einzelne Bundesbrecher ausgerottet wird[38]: Gen 17,14: *Ein männlicher Unbeschnittener aber, der sich nicht beschneidet am Fleisch seiner Vorhaut, dieses Lebewesen soll aus seinen Volksgenossen ausgetilgt werden:*

---

[38] Lohfink (1990) 346f legt dagegen aus, P denke hier an eine ganze bundesbrecherische Generation: «Die Generation, die sündigt, fällt [aus dem unzerstörbaren Bund] heraus, doch bei der nächsten steht Gott wieder zu seinen Zusagen.» Dies scheint mir durch den Wortlaut in Gen 17 nicht gedeckt zu sein.

meinen Bund hat er gebrochen. Eben diesen individualisierenden Strafsatz – ohne die Wendung vom Bundesbruch, denn der Terminus Bund taucht erst später auf – führt der Autor in 31,14d als Interpretation der *mōt yūmat*-Sätze ein.

4) Bund und Bundeszeichen sind somit beide ewig: לעולם, weil sie beide reine Setzungen Gottes sind. Das wäre freilich, vom Sinaibund verstanden und ohne Kautelen wie Sündenvergebung, für einen priesterlichen Theologen eine äußerst gewagte These.[39]

5) Hat der Autor tatsächlich den Sinaibund akzeptiert und ihm ewige Dauer zugesprochen? So daß in seinem Sinn die Reihe entstünde: Noachbund mit Zeichen Bogen in den Wolken, Abrahambund mit Zeichen Beschneidung, Sinaibund mit Zeichen Sabbat?[40] Hier ergibt sich ein für redaktionelle Zusätze typisches hermeneutisches Problem. Der Kontext, für den Ex 31,12–17 verfaßt wurde, läßt kaum ein anderes Verständnis zu. Der Bund, von dem am Sinai als zu tuendem oder zu bewahrendem die Rede ist, ist der Sinaibund. Dennoch ist diese Deutung nicht sicher. Der priesterliche Autor wollte durch Ex 31,12–17 der Sinaiperikope vielleicht einen anderen Interpretationsschlüssel verordnen; zumindest konnte er in seiner Denktradition seine redaktionelle Einfügung so verstehen: Nichts verlautet hier über Verheißungsinhalte dieses Bundes. Die Verpflichtung reduziert sich wiederum, wie in Gen 17, auf die Aktualisierung bzw. Bewahrung des ewigen Bundeszeichens. Zeichen also für welchen Bund? Im Sinn dieses priesterlichen Textes lautet die Antwort wahrscheinlich: Der Sabbat ist seit dem Sinai das zweite, zusätzliche ewige Zeichen für den ewigen Abrahamsbund.[41]

---

39 Nicht-priesterliche Texte haben sich dieser Problematik gestellt. Die «Erneuerung» des Sinai-Bundes in Ex 34,10ff hat die Bitte um Vergebung in 34,9 zur Voraussetzung; vgl. dazu Chr. Dohmen (1993) 75ff. Der neue Bund in Jer 31,31–34, der neu ist, insofern, und dauerhaft sein kann, weil die Sinai-Tora dem Herzen der Israeliten eingeschrieben sein wird, setzt Sündenvergebung voraus: Jer 31,34ef; vgl. dazu Groß (1995) 98. Der priesterliche Theologe von Ex 31 aber sollte zugunsten des entstehenden bzw. soeben entstandenen Pentateuch diesen gerade seiner eigenen Tradition vertrauten Gesichtspunkt ausgeblendet und den Sinai-Bund einfachhin als dauerhaft konzipiert haben?

40 So z.B. Dillmann (1880) 330; Baentsch (1903) z.St.

41 So scheint auch Lohfink (1990) 347 zu deuten: «Noch später ist neben der Beschneidung (Gen 17) der Sabbat als weiteres Zeichen *des* B.es in P eingeführt worden (Ex 31,12–17)» (Hervorhebung von mir). Etwas anders akzentuiert vertritt auch Dohmen (1993) 77 diese Sicht: «Gerade diese Ewigkeitsberit von Ex 31,12 läßt keinen Zweifel mehr daran, daß auf einer späten Ebene Väterbund und Sinaibund in dem Sinne miteinander in Beziehung gebracht werden, daß am Sinai nicht ein *neuer* Bund gegenüber dem Väterbund in Erscheinung tritt, sondern daß *der* Bund Grundlage für ‹die Konstituierung einer dauernden Beziehung zwischen Gott und dem nun in Erscheinung getretenen Volk› wird.» Beobachtungen zu Lev 26,39–45, die im folgenden kurz diskutiert werden, weisen in die gleiche Richtung.

Der priesterliche Autor von Ex 31,12–17 hat den Sinaibund nicht nur, ihn verändernd, rezipiert; er hat ihn zugleich so unsichtbar wie möglich gemacht.

2. Lev 26,39–45

26,39	a	Und diejenigen, die von euch übrig geblieben sein werden, werden wegen ihrer Schuld vergehen in den Ländern eurer Feinde,
	b	und auch wegen der Vergehen ihrer Väter bei ihnen werden sie vergehen.
26,40	a	Und sie werden bekennen ihre Schuld und die Schuld ihrer Väter, d.h. ihren Treuebruch,
	aR	den sie mir gegenüber begangen haben.
	b	*Und vor allem weil sie sich mir widersetzt haben,*
26,41	a	*werde auch ich mich ihnen widersetzen.*
	b	*Und ich werde sie in das Land ihrer Feinde bringen,*
	c	*oder dann wird ihr unbeschnittenes Herz sich beugen,*
	d	und dann werden sie ihre Schuld bezahlen.
26,42	a	Und ich werde meines Bundes mit Jakob gedenken,
	b	und auch meines Bundes mit Isaak und auch meines Bundes mit Abraham werde ich gedenken,
	c	und der Erde werde ich gedenken.
26,43	a	Und die Erde soll von ihnen verlassen sein,
	b	damit sie ihre Sabbate ersetzt bekommt, indem sie wüst liegt ohne sie.
	c	Und sie sollen ihre Schuld bezahlen,
	d	weil, ja weil sie meine Entscheide verworfen haben
	e	und weil ihre Seele meine Satzungen verabscheut hat.
26,44	a	Aber selbst dann, während sie im Land ihrer Feinde sein werden, werde ich sie nicht verworfen haben,
	b	und ich werde sie nicht verabscheut haben, so daß ich meinen Bund mit ihnen gebrochen hätte,
	c	denn ich, YHWH, bin ihr Gott.
26,45	a	Und ich werde zu ihren Gunsten,
	aR	die ich aus dem Land Ägypten herausgeführt habe vor den Augen der Völker, um ihnen Gott zu sein,
	a	eines Vorfahrenbundes / eines Bundes mit Früheren gedenken.
	b	Ich bin YHWH.

Als Kontrast zu den Rezeptionsvorgängen, die sich in Ex 31,12–17 spiegeln, wo ein Autor nicht-priesterliche Inhalte in priesterlicher Terminologie soweit wie möglich seiner theologischen Tradition anpaßt, bietet sich das Ende von Lev 26, dem ursprünglichen Abschluß des Heiligkeitsgesetzes, an. Lev 26 hat das Geheimnis seiner literarischen Entstehung nicht preisgegeben. Es bietet (1) unter Bedingung des Gesetzesgehorsams Segensverheißungen, 26,3–13; (2) unter Bedingung des Gesetzesverstoßes Fluchandrohungen in fünffachem Anlauf, die mit der völligen Vernichtung der Israeliten im Exil enden, 26,14 bis etwa V.38; (3) eine Heilswende für den unerwarteterweise immer noch vorhandenen Rest, aber ohne Andeutung einer Rückführung in die Heimat. Individualisierung bleibt völlig außerhalb des Horizonts der Darstellung, es geht hier einzig um kollektives Volksschicksal. Man hat in den ersten beiden Teilen häufig einen alten, vorexilischen Kern entdeckt – das beeindruckendste Beispiel einer solchen Analyse liefert K. Elliger[42] –, aber auch mehrere Überarbeitungen.

Schon ältere Textstadien hatten im Fluchteil die ergehende Strafe und vielleicht auch den Ungehorsam der Israeliten mit Hilfe des Terminus ברית gedeutet; die Strafe durch den singulären Ausdruck «Schwert, das Bundesrache übt» (26,25)[43], den Ungehorsam durch die Wendung «Bundesbruch» (26,15)[44]. N. Lohfink hat längst erkannte Anklänge an Gen 17, Ex 6 und 29 schon 1973 dahingehend ausgewertet, daß eine spätere Bearbeitung in Lev 26,9.11–13* priesterschriftliche Terminologie in den Segensteil einführte: *Und ich werde euch fruchtbar machen, und ich werde euch zahlreich machen, und ich werde meinen Bund mit euch aufrechterhalten*[45], ... *und ich werde meine Wohnung in eure Mitte geben, ... und ich werde euch Gott sein, und ihr werdet mir Volk sein.* Da aber der Segensabschnitt in V.3 beginnt: *Wenn ihr in meinen Satzungen wandelt und meine Gebote bewahrt und sie tut*, da somit im jetzigen Kontext die Bundeszusagen YHWHs, die in den V.9.11–13* priesterschriftlich formuliert wurden, von menschlichem Gesetzesgehorsam bedingt sind, hat Lohfink geschlossen: «Man mußte sich theologisch entscheiden. Die Entscheidung fiel für den deuteronomischen Typ der Theologie ... Hier ist P^g in die deuteronomische Theologie integriert worden ... So wird man sagen können, daß sich ... zwar die Sprache von P durchgesetzt hat, aber mit der Theologie von D.»[46] Im Vergleich zu Ex 31,12–17 ist dies die entgegengesetzte Rezeptionsrichtung.

Auf diesem Hintergrund möchte ich abschließend einen kurzen Blick auf den letzten Teil des Kapitels Lev 26 werfen, wo sich eine nochmals andere theologische Stoßrichtung der Rezeption priesterschriftlicher Bundeskonzeptionen zeigt. Der Beginn des letzten Teils ist kontrovers. Ich nehme mit Elliger[47] an, daß er in 26,39 einsetzt, indem er die Wendung von V.36: *Die von euch übriggeblieben sein werden* aufgreift und abwandelnd weiterführt. Ob der Passus 39–45 eine literarische Einheit bildet, ist stark umstritten.[48] Ich blende 40b–41c, einen Abschnitt, der häufig ganz oder in Teilen ausgeschieden wird,[49] deswegen aus, weil ich ihn von seiner Zeitstruktur her nicht mit dem

---

42 K. Elliger (1966) 364ff. Er isoliert ein rhythmisiertes liturgisches Formular, die Agende des Herbstfestes. Jüngste Auseinandersetzung damit: E.S. Gerstenberger (1993) 375ff.

43 Vgl. dazu H.G.L. Peels (1995) 102ff.

44 Vgl. dazu Groß (1995) 100ff.

45 Vgl. Lohfink (1988 = Wiederveröffentlichung von 1973) 166f Anm. 10.

46 Lohfink (1988 = Wiederveröffentlichung von 1973) 166f.

47 Elliger (1966) 369f.

48 Während die überwiegende Mehrheit der Autoren literarisches Wachstum annimmt, behaupten Elliger (1966) 372 (für 39–45) und A. Cholewinski (1976) 142f (für 40–45) literarische Einheitlichkeit.

49 Vgl. Strack (1894) z.St.; Baentsch (1903) z.St.; R. Kilian (1963) 155.

Kontext vereinbaren kann.[50] Den Rest versuche ich als zusammengehörig zu verstehen; sollte er in mehreren Stufen gewachsen sein, ist das folgende eine Annäherung an den Endtext.

Im Segen- und Fluchteil reagiert YHWH entsprechend dem Verhalten der Israeliten; im Schlußteil wird dies ausdrücklich und unter präziser lexikalischer Wiederholung negiert. Sie haben den Bund gebrochen (gemäß V.15), YHWH aber hat den Bund nicht gebrochen (V.44b); sie haben YHWHs Gesetze verworfen (מאס) (26,15.43), YHWH hat Israel nicht verworfen (44a); sie haben YHWHs Entscheide verabscheut (געל) (26,15.43), YHWH hat Israel nicht verabscheut (44b); das erstaunt um so mehr, als das Nicht-Verabscheuen zuvor zu den Segenswendungen zählte (26,15) und YHWH für den Fall des Ungehorsams angekündigt hatte, sie zu verabscheuen (26,30). YHWH handelt also in Diskontinuität zu Israel und zu seinem eigenen bisherigen Verhalten. Der entscheidende Umschwung hierzu wird wiederum in Anlehnung an die Priesterschrift formuliert. Drei Äußerungen aus jüngerer Zeit bezeugen die Auslegungsvielfalt:

(1) These: N. Lohfink: «Die Deuteronomisierung der Priesterschrift [wird] wieder rückgängig gemacht. Nachdem die deuteronomische Logik in leidvoller Geschichte durchgespielt ist, muß nach der Meinung eines letzten Erweiterers dieses Kapitels ... doch wieder die Kraft des Bundes mit den Vätern zum Zug kommen.»[51] Bzw.: «So bleibt der priesterliche Bund trotz seiner ‹Deuteronomisierung› eine *b^erît ʻôlām*.»[52]

(2) Gegenthese: A. Cholewinski: «Dass Gott seines Bundes gedenkt, wird ja hier vom ‹Bekennen der Schuld› ... und vom ‹Bezahlen der Schuld› ... abhängig gemacht. Die priesterschriftliche Auffassung der unbedingten Geltung des göttlichen Bundes würde auf diese Weise wieder gemildert: das menschliche Verhalten muss ihm entsprechen.»[53]

(3) Vermittelnde Position: Th. Römer: «Die Intention des Schlußabschnittes von Lev 26 wäre darin zu suchen, daß hier für die in diesem Kapitel mehrfach genannte Berit eine ‹priesterliche› *und* ‹dtr› Deutungsmöglichkeit angeboten wird.»[54]

---

50 Kommentatoren nehmen gelegentlich zu regelwidrigen Deutungen der Verbformen ihre Zuflucht, um diese Sätze im Kontext belassen zu können; vgl. z.B. J.E. Hartley (1992) z.St.; Gerstenberger (1993) z.St.

51 Lohfink (1988) 167f. Für Lohfink ist der Schlußabschnitt jünger als die Einführung priesterschriftlicher Terminologie in 26,9.11–13*.

52 Lohfink (1991) 173.

53 Cholewinski (1976) 127. Ebd. Anm. 27 distanziert er sich von der o.g. These Lohfinks. Er rechnet 26,9.11–13* und 40–45 zur selben literarischen Schicht.

54 Th. Römer (1990) 550.

Ich schlage eine weitere Alternative vor. Welchen Gedankengang entwickelt Lev 26,39–45? Der durch Israels Gesetzesungehorsam gebrochene Bund kann nur der Sinaibund sein. Die wenigen im Exil dem fünfphasigen Strafgericht YHWHs Entgangenen bekennen ihre eigene Schuld und die ihrer Väter (V.39+40). Daraufhin wird diese Schuld nicht etwa vergeben; davon ist nirgends die Rede. Vielmehr geschehen zwei Dinge: (1) Das geständige Israel «bezahlt» für seine Vergehen (ausgedrückt durch die seltene Wurzel רצה II: 41d): *Und dann werden sie ihre Schuld bezahlen*. (2) YHWH vernichtet sie nicht, wie es der Bundeslogik des vorausgehenden Abschnitts entspräche, sondern er gedenkt eines Bundes, den Israel gar nicht brechen konnte, weil er an keine Leistung Israels als Bedingung gebunden ist. Es ist der aus der Priesterschrift in (Gen 17,7ff;) Ex 2,24; 6,4 bekannte Bund: Ex 2,24: *Elohim gedachte seines Bundes mit Abraham, mit Isaak und mit Jakob*.[55] Er wird hier eigenartigerweise in rückwärtsschreitender Reihenfolge genannt: Lev 26,42: *Und ich werde meines Bundes mit Jakob gedenken. Und auch meines Bundes mit Isaak und auch meines Bundes mit Abraham werde ich gedenken, und der Erde werde ich gedenken*. Daß YHWH auch der Erde gedenkt, leitet zwar sachlich zur Ersetzung der Sabbate über, die auch schon in 26,34f erwähnt wurden. Formulierungsmäßig, hier verbunden mit demselben Verb זכר, das unmittelbar zuvor zweimal das Objekt ברית bei sich hatte, ist es wohl ein Nachhall des priesterschriftlichen Noachbundes, der auch mit der Erde geschlossen wurde.[56]

Beide eben genannten Punkte werden unter jeweils zweifachem Aspekt noch einmal aufgegriffen. (1) Zweimal begegnet in V.43 das Verb רצה, aus der Perspektive der geschädigten Erde und aus der Perspektive der Israeliten: *Und die Erde soll von ihnen verlassen sein, damit sie ihre Sabbate ersetzt bekommt, indem sie wüst liegt ohne sie. Und sie sollen ihre Schuld bezahlen, weil, ja weil sie meine Entscheide verworfen haben und weil ihre Seele meine Satzungen verabscheut hat*. (2) Zweimal wird in den V.44+45 der Bund genannt. Negativ in V.44: Auch die Tatsache, daß die Israeliten im Exil ihre Schuld bezahlen müssen, beweist nicht, daß YHWH seinerseits den Bund gebrochen hätte und der Bund daher gebrochen wäre: *Aber selbst dann, während sie im Land ihrer Feinde sein werden, werde ich sie nicht verworfen haben, und ich werde sie nicht verabscheut haben, so daß ich meinen Bund mit ihnen gebrochen hätte*. Dies ist der von Israel gebrochene Sinaibund. Positiv in V.45 unter Aufnahme des Stichworts זכר.

---

55 Dies Gedenken des Väterbundes kehrt in Ex 6,5 wieder. Der Sache nach, aber abweichend formuliert, findet sich dieser Rückgang auf die Väterverheißungen, den Väterschwur, gefaßt als Väterbund, auch in Dtn 7,12; 8,18 und 4,31.

56 Gen 9,13. So erklärt sich vielleicht auch die auffällige Reihenfolge Jakob-Isaak-Abraham: der Autor schreitet zurück von Jakob bis Noach. Diesen Hinweis verdanke ich meinem Assistenten, Herrn Andreas Michel.

Hier in V.45 durchdringen sich ein je doppeltes Übersetzungs- und Verständnisproblem. Das Verständnisproblem: (a) Spricht V.45 wie V.44 vom Sinaibund oder wie V.42 vom Väterbund? (b) Fällt der Autor hier aus der Sinai-Fiktion und nennt daher aus der Sicht seiner Gegenwart die Sinai-Generation ראשנים, «Vorfahren»?[57] Das Übersetzungsproblem: (a) Warum ist ראשנים indeterminiert? Die alten Kommentare notieren wenigstens noch, daß sie die Indetermination nicht erklären können.[58] (b) Worauf bezieht sich der Relativsatz?

Wer die Vorfahren, mit welcher Rechtfertigung auch immer, determiniert auffaßt, wird den Relativsatz eher auf die Vorfahren beziehen und muß den Bund daher als Sinaibund verstehen. Das ist opinio communis: *Und ich werde zu ihren Gunsten des Bundes mit den Vorfahren gedenken, die ich aus dem Land Ägypten herausgeführt habe*. Selbst bei determiniertem Verständnis der Vorfahren könnte man freilich den Relativsatz auch auf das fernerstehende Personalpronomen in להם beziehen. Dieser zweite Bezug, dem sprachlich nichts im Wege steht,[59] liegt sehr viel näher bei indeterminierter Übersetzung.[60]

Daher scheint mir grammatisch (wegen der mangelnden Determination) wie sachlich (weil ohne Fiktionsbruch auskommend) folgende syntaktische Auffassung weniger schwierig, die daraus resultierende Deutung auf den Väterbund auch durch die Aufnahme des Verbs זכר aus V.42 trotz der Berührungen

---

57 So z.B. Elliger (1966) 379.

58 Vgl. Dillmann (1880) 627; Baentsch (1903) 437. Zwar behauptet P. Joüon (1923) 424 § 137i: «Mais, chose curieuse, pour *les Anciens* on n'a jamais l'article.» Seine vier Belege beweisen jedoch nichts. Lev 26,45 steht zur Diskussion. Dtn 19,14 kann indeterminiert aufgefaßt werden; vgl. E. König (1917) z.St.: «Du sollst nicht die Grenze deines Nächsten, die Vorfahren gezogen haben, bei deinem Erbgut verrücken.» Die beiden restlichen Stellen, Jes 61,4 und Ps 79,8, sind poetisch und daher für Artikelsetzung in Prosa irrelevant. Außerdem versteht LXX ראשנים in Ps 79,8 attributiv: ανομιων αρχαιwn und findet darin auch in der Moderne gelegentlich Nachfolger; z.B. B. Duhm (1922) z.St.: «früherer Verschuldungen»; König (1927) 353. König (1927) 511 deutet auch Jes 61,4 indeterminiert: «Plätze von Altvordern».

59 Die Besonderheit dieser zweiten syntaktischen Interpretation besteht darin, daß der Relativsatz nicht in Kontakt zu seinem Bezugswort steht und daß ein enklitisches Personalpronomen als Bezugswort fungiert. Zu אשר-Sätzen in Sperrstellung zu ihrem substantivischen Bezugswort vgl. Gen 24,15; 30,2; Ex 1,8; 4,17; Dtn 23,16; Ri 2,10; 1 Sam 3,11 etc. Zu אשר-Sätzen mit enklitischem Personalpronomen als Bezugswort vgl. Ex 29,33; Dtn 4,19 etc.; zu אשר-Sätzen in Sperrung zu einem enklitischen Personalpronomen als Bezugswort: 1 Kön 8,23+24; Ez 47,14. Es gibt zwei Gründe, weswegen אשר hier nicht in Kontaktstellung zu seinem pronominalen Bezugswort steht: (1) Pronominale Satzteile tendieren dazu, vor lexematische Satzteile näher an das Verbum finitum zu rücken; zu detailliertem Nachweis vgl. Groß (1996). (2) Die Länge des Relativsatzes einschließlich einer Inf.cs.-Konstruktion befördert dessen Endstellung.

60 Vgl. die wohl durch die Indetermination provozierte abweichende syntaktische Interpretation der LXX, gefolgt von der Vulgata, die allerdings doch auf die Ägyptengeneration hinausläuft: της διαθηκης της προτερας, foederis mei pristini.

mit Jer 11, auf die Th. Römer nachdrücklich verweist,[61] nahegelegt zu sein: *Und ich werde zu ihren Gunsten, die ich aus dem Land Ägypten herausgeführt habe vor den Augen der Völker, um ihr Gott zu sein, eines Vorfahrenbundes bzw. eines Bundes mit Früheren gedenken.* Bei Sir 44,22 wenigstens bezieht sich der Ausdruck ברית כל ראשון «Bund eines jeden Vorfahren» auf den Bund mit Abraham und Isaak.[62] So übersetzt und verstanden, unterstreicht V.45 folgende Aussage unseres Abschnitts: Die Erinnerung an den Väterbund ist der Sachgrund dafür, daß YHWH den von Israel gebrochenen Sinaibund seinerseits aufrechterhält und es Israel so ermöglicht, seine Schuld einzugestehen, zu «bezahlen» und nicht aus den Bundesverheißungen herauszufallen.

Trifft dieses Verständnis zu, dann liegt hier eine wechselseitige Rezeption vor, die etwas Neues erzeugt, um den Neuanfang nach dem Exil bundestheologisch zu begründen, ohne den Sinaibund aufzugeben, ohne den Vergebungsgedanken einzuführen und ohne den Bund oder wenigstens den Bundesbruch zu individualisieren: Es ist der einzige Text des AT, der zwei gleichermaßen gültige Bünde konfrontiert; sehr seltsam, da das Wort ברית ja nur im Singular belegt ist.[63] Im Sinne der Priesterschrift bleibt Basis der reine Gnadenbund mit den Vätern; im Sinn der dtn.-dtr. Konzeption bleibt der Sinaibund in Kraft, aber er wird seiner Wechselseitigkeit teilweise entkleidet; YHWH bricht ihn selbst dann nicht, nachdem Israel ihn gebrochen hat. Da auf der Verheißungsseite keine Differenz der Bünde aufscheint, die Verpflichtungsseite des Sinaibundes jedoch zwar erhalten bleibt, aber ihrer katastrophalen Konsequenzen entkleidet wird, erreichen wir mit dem redaktionellen Ende von Lev 26 eine Pentateuchebene, wo trotz argumentativer Verwendung der noch bekannten unterschiedlichen Aspekte ehemals getrennter Bundeskonzeptionen ein umfassender Bundesbegriff sich abzeichnet, der es nicht mehr als sinnvoll erscheinen läßt, Väterbund und Sinaibund als getrennte Größen allzu grundsätzlich voneinander zu unterscheiden.[64]

---

61 Römer (1990) 549.

62 J. Marböck (1993) 185 erwägt, dieser Bund schließe unter «jedem Vorfahren» auch Noach ein. Auf den Noachbund hatte in Lev 26 bereits die Wendung 26,42c geführt.

63 Nur im AT ist *bryt* singulare tantum. Rabbinische Texte bezeugen gelegentlich den Plural *brytwt*; vgl. z.B. tSot 8,10 (III.2 208).

64 Vgl. R. Rendtorff (1995) 82f u.ö.

Literaturverzeichnis

Albertz, R. (1992), Religionsgeschichte Israels in alttestamentlicher Zeit (GAT 8/1–2), Göttingen.

Andreasen, N.-E.A. (1972), The Old Testament Sabbath. A Tradition-Historical Investigation (SBL.DS 7), Missoula (Montana).

Baentsch, B. (1903), Exodus-Leviticus-Numeri übersetzt und erklärt (HK I/2), Göttingen.

Bartelmus, R. (1988), «Mk 2,27 und die ältesten Fassungen des Arbeitsruhegebotes im AT. Biblisch-theologische Beobachtungen zur Sabbatfrage», BN 41, S.41–64.

Bertholet, A. (1936), Hesekiel (HAT I/13), Tübingen.

Blum, E. (1990), Studien zur Komposition des Pentateuch (BZAW 189), Berlin/New York.

Cassuto, U. (1967), A Commentary on the Book of Exodus, Jerusalem.

Cholewinski, A. (1976), Heiligkeitsgesetz und Deuteronomium (AnBib 66), Rom.

Crüsemann, F. (1992), Die Tora. Theologie und Sozialgeschichte des alttestamentlichen Gesetzes, München.

Dillmann, A. (1880), Die Bücher Exodus und Leviticus (KEH 12), Leipzig (2.Aufl.).

Dohmen, Chr. (1993), «Der Sinaibund als Neuer Bund nach Ex 19–34», in: E. Zenger (Hg.), Der Neue Bund im Alten. Zur Bundestheologie der beiden Testamente (QD 146), Freiburg/Basel/Wien, S.51–83.

Duhm, B. (1922), Die Psalmen erklärt (KHC 14), Tübingen.

Durham, J.I. (1987), Exodus (WBC 3), Waco (Texas).

Eichrodt, W. (1961), «Der Sabbat bei Hesekiel. Ein Beitrag zur Nachgeschichte des Prophetentextes», in: H. Groß / F. Mußner (Hgg.), Lex tua veritas. FS H. Junker, Trier, S.65–74.

– (1966), Der Prophet Hesekiel. Kap. 19–48 (ATD 22/2), Göttingen.

Elliger, K. (1966), Leviticus (HAT I/4), Tübingen.

Fuhs, H.F. (1984), Ezechiel 1–24 (NEB Lfg.7), Würzburg.

Gerstenberger, E.S. (1993), Das dritte Buch Mose. Leviticus (ATD 6), Göttingen.

Greenberg, M. (1983), Ezekiel 1–20. A New Translation with Introduction and Commentary (AncB 22), Garden City (New York).

Groß, W. (1978), «Bundeszeichen und Bundesschluß in der Priesterschrift», TThZ 87, S.98–115.

– (1995), «Neuer Bund oder Erneuerter Bund. Jer 31,31–34 in der jüngsten Diskussion», in: J. Hilberath / D. Sattler (Hgg.), Vorgeschmack. Ökumenische Bemühungen um die Eucharistie. FS Th. Schneider, Mainz, S.89–114.

– (1996), Die Satzteilfolge im Verbalsatz alttestamentlicher Prosa. Untersucht an den Büchern Dtn, Ri und 2 Kön (FAT 17), Tübingen.

Hartley, J.E. (1992), Leviticus (WBC 4), Dallas (Texas).

Hölscher, G. (1924), Hesekiel. Der Dichter und das Buch. Eine literarkritische Untersuchung (BZAW 39), Gießen.

Hossfeld, F.L. (1982), Der Dekalog. Seine späten Fassungen, die originale Komposition und seine Vorstufen (OBO 45), Freiburg (Schweiz)/Göttingen.

– (1995), «Das Buch Ezechiel», in: E. Zenger u.a., Einleitung in das Alte Testament (Kohlhammer Studienbücher Theologie 1/1), Stuttgart, S.345–359.

Joüon, P. (1923), Grammaire de l'Hébreu Biblique, Rom. Edition photomécanique corrigée, Graz 1965.

Kilian, R. (1963), Literarkritische und formgeschichtliche Untersuchung des Heiligkeitsgesetzes (BBB 19), Bonn.

König, E. (1917), Das Deuteronomium eingeleitet, übersetzt und erklärt (KAT 3), Leipzig.

– (1927), Die Psalmen eingeleitet, übersetzt und erklärt, Gütersloh.
– (1927), Das Buch Jesaja eingeleitet, übersetzt und erklärt, Gütersloh.
Krüger, Th. (1989), Geschichtskonzepte im Ezechielbuch (BZAW 180), Berlin/New York.
Kuenen, A. (1887), Historisch-kritische Einleitung in die Bücher des alten Testaments hinsichtlich ihrer Entstehung und Sammlung. Erster Teil. Erstes Stück: Die Entstehung des Hexateuch, Leipzig.
Kutsch, E. (1981), Art. «Bund I. Altes Testament», TRE VII, Berlin/New York, S.397–403.
Lohfink, N. (1965), «Zur Dekalogfassung von Dt 5», BZ 9, S.17–32.
– (1988), «Die Abänderung der Theologie des priesterlichen Geschichtswerks im Segen des Heiligkeitsgesetzes. Zu Lev. 26,9.11–13», in: H. Gese / H.P. Rüger (Hgg.), Wort und Geschichte. FS K. Elliger (AOAT 18), Neukirchen-Vluyn (1973), S.129–136 (wiederveröffentlicht in: N. Lohfink, Studien zum Pentateuch [SBAB 4], Stuttgart, S.157–168).
– (1990), Art. «Bund», NBL Lfg. 3, Zürich, S.344–348.
– (1991), «Der Begriff ‹Bund› in der biblischen Theologie», ThPh 66, S.161–176.
Lust, J. (1969), «Ez., XX, 4–26. Une parodie de l'histoire religieuse d'Israël», in: H. Cazelles (Hg.), De Mari à Qumrân. L'Ancien Testament. FS J. Coppens (BEThL 24), Gembloux/Paris, S.127–166.
Maiberger, P. (1983), Das Manna. Eine literarische, etymologische und naturkundliche Untersuchung (ÄAT 6),Wiesbaden.
Marböck, J. (1993), «Die ‹Geschichte Israels› als «Bundesgeschichte» nach dem Sirachbuch», in: E. Zenger (Hg.), Der Neue Bund im Alten. Zur Bundestheologie der beiden Testamente (QD 146), Freiburg/Basel/Wien, S.177–197.
Michaeli, F. (1974), Le Livre de l'Exode (CAT II), Neuchâtel.
Negretti, N. (1973), Il Settimo Giorno. Indagine critico-teologica delle tradizioni presacerdotali e sacerdotali circa il sabato biblico (AnBib 55), Rom.
Noth, M. (1965), Das zweite Buch Mose. Exodus (ATD 5), Göttingen (3.Aufl.).
Ohnesorge, St. (1991), Jahwe gestaltet sein Volk neu. Zur Sicht der Zukunft Israels nach Ez 11,14–21; 20,1–44; 36,16–38; 37,1–14.15–28 (fzb 64), Würzburg.
Peels, H.G.L. (1995), The vengeance of God. The meaning of the root NQM and the function of the NQM-texts in the context of divine revelation in the Old Testament (OTS 31), Leiden/New York/Köln.
Rendtorff, R. (1995), Die «Bundesformel». Eine exegetisch-theologische Untersuchung (SBS 160), Stuttgart.
Römer, Th. (1990), Israels Väter. Untersuchungen zur Väterthematik im Deuteronomium und in der deuteronomistischen Tradition (OBO 99), Freiburg (Schweiz)/Göttingen.
Scharbert, J. (1989), Exodus (NEB Lfg.24), Würzburg.
Schmidt, W.H. (1995), Einführung in das Alte Testament, Berlin/New York (5.Aufl.).
Sedlmeier, F. (1990), Studien zu Komposition und Theologie von Ezechiel 20 (SBB 21), Stuttgart.
Steck, O.H. (1975), Der Schöpfungsbericht der Priesterschrift. Studien zur literarkritischen und überlieferungsgeschichtlichen Problematik von Genesis 1,1–2,4a (FRLANT 115), Göttingen.
Strack, H.L. (1894), Die Bücher Genesis, Exodus, Leviticus und Numeri ausgelegt (KK 1), München.
Thiel, W. (1970), «*Hēfēr b^{e}rīt*. Zum Bundbrechen im Alten Testament», VT 20, S.214–229.
Weimar, P. (1980), Die Berufung des Mose. Literaturwissenschaftliche Analyse von Exodus 2,23–5,5 (OBO 32), Freiburg (Schweiz)/Göttingen.
– / Zenger, E. (1975), Exodus. Geschichten und Geschichte der Befreiung Israels (SBS 75), Stuttgart 1975.

Zenger, E. (1981), «Tradition und Interpretation in Exodus XV 1–21», in: J.A. Emerton (Hg.), Congress Volume Vienna 1980 (VT.S 32), Leiden, S.452–483.
– (1982), Israel am Sinai. Analysen und Interpretationen zu Exodus 17–34, Altenberge.
– (1995), «Die priesterlichen Schichten (‹P›)», in: ders. u.a., Einleitung in das Alte Testament (Kohlhammer Studienbücher Theologie 1/1), Stuttgart, S.89–108.
Zimmerli, W. (1969), Ezechiel (BK 13/1–2), Neukirchen-Vluyn.

Das menschliche Herz und die Weisung Gottes

Elemente einer Diskussion über Möglichkeiten und Grenzen der Tora-Rezeption im Alten Testament

Von Thomas Krüger

«Rezeption und Auslegung» haben nicht nur bei der Entstehung des Alten Testaments und seinen kulturgeschichtlichen Nachwirkungen eine entscheidende Rolle gespielt – in der Aufnahme und Verarbeitung von Texten und Konzeptionen aus seiner «Umwelt», in der produktiven Neuinterpretation vorliegender Texte durch ihre «Fortschreibung»[1] und in der Aufnahme alttestamentlicher Traditionen im Judentum, Christentum und Islam (und darüber hinaus). «Rezeption und Auslegung» werden auch im Alten Testament selbst als Probleme thematisiert und reflektiert.

In diesem Beitrag möchte ich eine Reihe von Aussagen aus dem Pentateuch, den «(späteren) Propheten» und den «Schriften» etwas näher betrachten, die sich mit der Frage auseinandersetzen, ob und wie der Mensch dazu in der Lage sei, die Weisung Gottes mit seinem «Herzen» zu erfassen und in die Tat umzusetzen – also die Tora zu «rezipieren». Auch wenn sich die literarischen Beziehungen zwischen diesen Aussagen nur partiell und hypothetisch rekonstruieren lassen, können sie doch ihrem Sachgehalt nach als Beiträge zu einer «Diskussion» über Möglichkeiten und Grenzen der Tora-Rezeption im AT gelesen werden.

1. Das menschliche Herz und die Weisung Gottes im Pentateuch

1.1. Genesis 6,5 und 8,21

Bekanntlich fällt Gottes Urteil über die Menschen nach der Sintflut nicht wesentlich anders – und eher noch schärfer – aus als davor:[2]

> Jahwe sah, daß die Bosheit des Menschen auf Erden groß war und jedes Gebilde der Gedanken seines Herzens (כל יצר מחשבת לבו) nur böse die ganze Zeit. (Gen 6,5)
>
> Das Denken des Herzens des Menschen (יצר לב האדם) ist böse von seiner Jugend an. (Gen 8,21)

Da (ב)לב im AT nicht nur das «Herz» als Organ des Körpers bezeichnet, sondern auch und vor allem das «Zentrum» der menschlichen Person, das ihre Gefühle und Wünsche, Gedanken und Handlungen von «innen» heraus steuert und bestimmt,[3] sind nach diesem Urteil «sämtliche Dimensionen menschlicher

---

[1] Vgl. zu den «buchinternen Rezeptionsprozessen» in der Entstehung und Fortschreibung der atl. Prophetenschriften O.H. Steck (1993).

[2] Vgl. z.B. J. Jeremias (1975) 26.

[3] Vgl. z.B. H.W. Wolff (1973) 68ff (§5) sowie die Artikel zum Stichwort (ב)לב in: HALAT, THAT (F. Stolz) und ThWAT (H.-J. Fabry). Zur anthropologischen Differenzierung von

Existenz»[4] von der «Bosheit» des «Herzens» betroffen. Dann stellt sich aber die Frage, ob und in welcher Weise der Mensch mit einem derart «bösen Herzen» überhaupt dazu in der Lage ist, dem Willen Gottes entsprechend zu leben.

Dieses Problem meldet sich schon in der Sintfluterzählung selbst im Blick auf Noah an, der in Gen 6,9 vom Erzähler und in Gen 7,1 von Jahwe selbst als ein untadeliger «Gerechter» (צדיק) bezeichnet wird:

> Noah war ein gerechter Mann. Untadelig war er unter seinen Zeitgenossen. Noah wandelte mit Gott. (Gen 6,9)
>
> Jahwe sprach zu Noah: ... dich habe ich gerecht vor mir erfunden in dieser Generation. (Gen 7,1)

Im vorliegenden Textzusammenhang könnte man diese Aussagen zunächst in dem Sinne interpretieren, daß es in einer aufs Ganze gesehen «bösen» Menschheit gleichwohl einzelne «Gerechte» geben kann.[5] Gegen dieses Verständnis spricht jedoch, daß Jahwe sein Urteil über das menschliche Herz in Gen 8,21 gerade im Blick auf den ihm opfernden Noah ausspricht, und Noah in Gen 9,20ff nicht unbedingt dem Bild eines untadeligen «Gerechten» zu entsprechen scheint.

So liegt es näher, die Aussagen über die «böse» Menschheit und den «gerechten» Noah in dem Sinne miteinander zu verbinden, daß Noah zwar *grundsätzlich* ebenso «böse» war wie alle anderen Menschen, dabei aber doch noch *relativ* «gerechter» erschien als seine Zeitgenossen (vgl. Gen 6,9: בדרתיו; 7,1: בדור הזה). Dies würde etwa der Beurteilung Hiobs durch Eliphas in Hi 4f entsprechen: Zwar ist vor Gott (im Grunde) kein Mensch «gerecht» und «rein» (Hi 4,17)[6], das schließt aber nicht aus, daß es (relativ) «Gottesfürchtige», «Vollkommene», «Unschuldige» und «Rechtschaffene» gibt wie Hiob (Hi 4,6f), denen (relativ) schlechtere Menschen gegenüberstehen (Hi 4,8ff; 5,2ff)[7].

Gen 7,1 kann dann im vorliegenden Textzusammenhang auch so verstanden werden, daß Noahs «Gerechtigkeit» darin besteht, daß er den Befehl Gottes zum Bau der Arche (6,13ff) befolgt. – Doch tut er dies, weil er dem Gebot

---

«innen» und «außen» und ihrer historischen Relativität vgl. etwa J. Assmann (1993); G. Böhme (1985) 251ff.

4 Vgl. Stolz (THAT I) 863. Hingegen meint F. Crüsemann (1980) 73f, das Urteil beziehe sich nicht auf das menschliche «Herz» und seine «Planungen» als solche, sondern auf «das, was die Planungen bewirken, hervorbringen», «die negativen Konsequenzen auch der besten Planungen der menschlichen Vernunft» (vgl. auch H. Seebass [1996] 208). Dagegen spricht jedoch der Gen 6,5; 8,21 vergleichbare Gebrauch von יצר im Sinne von «Sinnen, Denken, Streben» in Dtn 31,21; 1 Chr 28,9; 29,8; Jes 26,3; Sir 15,14; 27,6 und in der Qumran-Literatur (vgl. Ges[18], 486; B. Otzen [ThWAT III] 839).

5 Vgl. Noah, Daniel und Hiob in Ez 14,12–20, Lot in Gen 19 sowie Henoch in Gen 5,22.24 (vgl. 6,9).

6 Vgl. Hi 9,2; 14,4; 15,14; 25,4f; Spr 20,9; Qoh 7,20; Ps 14,2f; 51,7; 62,10; 116,11; 130,3; 143,2; 1 Kön 8,46 / 2 Chr 6,36.

7 Vgl. z.B. auch Qoh 7,15ff neben V.20.

Jahwes folgt und nicht seinem «(bösen) Herzen» (vgl. Num 15,39), oder weil er dieses (in Gen 6,13 ja durchaus begründete[8]) Gebot für «vernünftig» erachtet und ihm «mit seinem Herzen» zustimmt (vgl. Dtn 6,5f u.ö.)?

Auf den ersten Blick mag dies als eine dem Text fremde Fragestellung erscheinen, die das moderne Problem der «Erkennbarkeit des Wortes Gottes»[9] von außen an ihn heranträgt. So sieht etwa die Vätergeschichte (Gen 12ff), die im Gegenzug zur «Minderung» der «Schöpfungswelt» in der Urgeschichte (Gen 1–11) den Prozeß ihrer «partiellen Restitution in Israel» einleitet,[10] in der Verfassung des menschlichen «Herzens» allem Anschein nach kein Problem, das einer besonderen Bearbeitung bedürfte.[11] Wenn Abraham «in seinem Herzen» an Gottes Verheißung zweifelt (Gen 17,17), könnte man dies allenfalls als Bestätigung von Gen 6,5 / 8,21 lesen.[12] Doch spricht in Gen 20,4f sogar Gott selbst von der «Lauterkeit des Herzens» (תם לבב) Abimelechs, was seinem generellen Urteil von Gen 6,5 / 8,21 über das menschliche «Herz» zu widersprechen scheint. Vom Buch Exodus an findet sich dann aber im Pentateuch eine Reihe von Aussagen, die allem Anschein nach das in Gen 6,5 / 8,21 benannte Problem aufgreifen und weiter bearbeiten.

1.2. Exodus 28,3; 31,1–6 und 35,30–36,2

So läßt sich bereits die «Verstockung» des Herzens Pharaos in Ex 4–14[13] im Lichte von Gen 6,5 / 8,21 als Verfestigung seiner «natürlichen Bosheit» verstehen. Ein Gegenstück dazu bildet die besondere Begabung des Herzens der Handwerker, die beim Bau des heiligen Zeltes tätig werden, mit Weisheit durch Gott in Ex 28,3; 31,1–6 und 35,30–36,2. Darin kann nach Gen 6,5 / 8,21 eine Maßnahme gesehen werden, die das Heiligtum vor schädlichen Einflüssen durch die an seiner Errichtung Beteiligten bewahrt. Daß zwischen diesen Stellen und Gen 6,5 / 8,21 eine literarische und sachliche Beziehung besteht, signalisiert vielleicht das Stichwort מחשבה/ת, das im Pentateuch neben Gen 6,5 nur noch hier begegnet (Ex 31,4; 35,32.35).

---

8 Daß Jahwes «Befehl» Noah «zu blindem Gehorsam zwang» und Noah «blindlings dem Befehl Gottes gefolgt ist» (so G. von Rad [1976] 89 zu der von ihm vermuteten «jahwistischen» Fassung der Fluterzählung), trifft jedenfalls für den vorliegenden Textzusammenhang nicht zu.

9 Vgl. K. Barth (1986) 194ff (§8).

10 Vgl. E. Blum (1990) 289ff.

11 Belegstellen für לב(ב) in Gen 12–50: 17,17; 18,5; 20,5f; 24,45; 27,41; 31,20.26; 34,3; 42,28; 45,26; 50,21.

12 Vgl. demgegenüber Neh 9,8, wonach Gott das «Herz» Abrahams «treu erfunden» hat.

13 Ex 4,21; 7,3.13f.22; 8,11.15.28; 9,7.12.(14.?)34f; 10,1.20.27; 11,10; 14,4.(5.)8.7. (Zu den verschiedenen Formulierungen siehe etwa Stolz [THAT I] 866.) Die Feststellung, Pharao habe sich die Plagen «nicht zu Herzen genommen» (7,23; 9,21), scheint allerdings ein grundsätzlich intaktes menschliches «Herz» vorauszusetzen.

In Ex 28,3 fordert Jahwe Mose auf, «alle, die ein weises Herz haben, die (bzw. das) ich mit dem Geist der Weisheit erfüllt habe», mit der Anfertigung der Priestergewänder zu beauftragen. In Ex 31,1–6 sagt Jahwe zu Mose:

> 2 Siehe, ich habe Bezalel mit Namen berufen ... 3 und habe ihn mit dem Geist Gottes erfüllt, mit[14] Weisheit, Einsicht und Kenntnis und allerlei Kunstfertigkeit, 4 Pläne zu entwerfen (לחשב מחשבת) für Gold-, Silber- und Bronzearbeiten ... 6 Und siehe, ich habe ihm Oholiab ... (als Mitarbeiter) gegeben. Und in das Herz eines jeden, der ein weises Herz hat, habe ich Weisheit gelegt, damit sie alles ausführen (können), was ich dir geboten habe.

In Ex 35,30–36,2 stellt Mose dann den Israeliten Bezalel und Oholiab als Handwerker für den Bau des Zeltheiligtums vor:

> 35,30 Und Mose sprach zu den Israeliten: Seht, Jahwe hat Bezalel ... mit Namen berufen 31 und ihn mit dem Geist Gottes erfüllt, mit Weisheit, Einsicht und Kenntnis und allerlei Kunstfertigkeit, 32 und (zwar) um Pläne zu entwerfen (ולחשב מחשבת) für Gold-, Silber- und Bronzearbeiten ... 34 Dazu hat er ihm ins Herz gelegt, zu unterweisen, ihm und Oholiab ... 35 Er hat sie mit Weisheit des Herzens erfüllt, damit sie jede Arbeit eines Kunsthandwerkers ... ausführen können ... (die Arbeit) derer, die allerlei Arbeiten ausführen und Pläne ersinnen (וחשבי מחשבת). 36,1 Und Bezalel soll (sie) ausführen und Oholiab und jeder Mann, der ein weises Herz hat, in die Jahwe Weisheit und Einsicht gelegt hat, daß sie es verstehen, jegliche Arbeit des Dienstes am Heiligtum auszuführen, ganz wie Jahwe es geboten hat. 2 Und Mose (be)rief Bezalel und Oholiab und jeden Mann, der ein weises Herz hatte, dem Jahwe Weisheit ins Herz gelegt hatte, jeden, den sein Herz dazu antrieb, zur Arbeit zu kommen, um sie zu tun ...

Sicher bedarf es für die Mitarbeit an der Errichtung eines Heiligtums in jedem Fall besonderer Bevollmächtigung und Begabung. Vor dem Hintergrund von Gen 6,5 / 8,21 leuchtet die Notwendigkeit eines besonderen Eingriffs Gottes in diesem Zusammenhang jedoch unmittelbar ein: Wenn alle «Gedanken», «Pläne» und «Erfindungen» (מחשבת) des menschlichen Herzens grundsätzlich «böse» sind, gilt dieses Verdikt auch für ein von Menschen geplantes und errichtetes Heiligtum. Zwar stammt der «Bauplan» (תבנית: Ex 25,9.40) des am Sinai erstellten Heiligtums – ebenso wie der von Noahs Arche (Gen 6,14–16) – von Gott selbst (Ex 25–30). Bei der Ausführung dieses «Bauplans» bleibt aber noch genügend Freiraum für menschliche «Gedanken» und «Pläne», welche die Qualität des Heiligtums nachhaltig beeinträchtigen könnten – zumal wenn «jeder, den sein Herz dazu antrieb» (Ex 36,2), am Bau des Heiligtums beteiligt werden sollte.[15] Diese Fehlerquelle wird nach Ex 28,3; 31,1–6 und 35,30–36,2 durch einen Eingriff Jahwes ins Herz der beteiligten Hand-

---

14 «Da מלא D ‹erfüllen› nicht mit instrumentalem ב konstruiert wird, wird man die Abstrakta als mit Beth essentiae gleichgestellte Bestandteile des Konkretums רוּחַ (im Akk.) zu verstehen haben.» (E. Jenni [1992] 88)

15 Vgl. Ex 25,2; 35,5.21f.26.29 und dazu H. Utzschneider (1988) 287ff. Hier geht es jedoch nur um «freiwillige» (Ab-)Gaben für den Bau des Heiligtums. Im Blick auf die an seiner Errichtung direkt Beteiligten stellt hingegen 36,2 ausdrücklich klar, daß «jeder, den sein Herz dazu antrieb», zugleich von Jahwe mit Weisheit begabt war. Entsprechendes gilt nach 31,6 für «jeden, der ein weises Herz hatte» (35,10.25; 36,8).

werker ausgeschaltet. Möglicherweise bezieht sich deren Erfüllung mit dem «Geist Gottes» darüber hinaus auf Gen 6,3 zurück.

Hier zeigt sich eine erste Möglichkeit, wie Gott dem in Gen 6,5 / 8,21 aufgezeigten Defekt des menschlichen «Herzens» entgegenwirken kann: Er kann in das «Herz» einzelner Menschen eingreifen, um sie für bestimmte Aufgaben zu befähigen.[16] Ein derartiger Eingriff in das Personzentrum von Menschen unterwirft sie nicht einfach der Manipulation durch Gott. Zwar ist den Kunsthandwerkern von Ex 28; 31 und 35 der «Bauplan» (תבנית) für das Heiligtum und seine Ausstattung vorgegeben (Ex 25ff). In diesem Rahmen sollen sie aber durchaus selbständig Detail-«Pläne» (מחשבת) entwerfen und ausführen (Ex 31,4; 35,32.35). Ihre Kreativität und Spontanität wird also durch den göttlichen Eingriff in ihr «Herz» keineswegs manipulativ ausgeschaltet, sondern vielmehr allererst freigesetzt.

1.3. Leviticus 26,41

Nach Lev 26,41 besteht ein Schritt im Prozeß der Restitution des unter die Völker zerstreuten Israel (V.33.38f) darin, daß «sich ihr unbeschnittenes Herz demütigt».[17] Im weiteren Kontext wird damit die Ankündigung einer Beschneidung des Herzens der Israeliten durch Gott nach der Heimkehr der Diaspora in Dtn 30,6 vorbereitet. Im Leseablauf des Pentateuch signalisiert Lev 26,41 jedoch zunächst erst einmal, daß in bezug auf das «Herz» der Israeliten ein Problem besteht (vgl. Gen 6,5 / 8,21), das durch ihre «äußerliche» Beschneidung (vgl. Gen 17 und hier V.17!) noch nicht behoben ist. Bis zu seiner Heimkehr aus der Zerstreuung unter die Völker (Dtn 30,6) unterscheidet sich Israel zwar durch die «äußerliche» Beschneidung vom Rest der Menschheit, im Blick auf sein «Herz» hingegen hat es (noch) Teil am allgemein-menschlichen Defekt des «Herzens» (Gen 6,5 / 8,21).[18]

Im Lichte von Gen 6,5 / 8,21 gelesen, deutet Lev 26,41 eine Möglichkeit an, wie der Problematik des menschlichen «Herzens» Rechnung getragen

---

16 Vgl. dann – bezogen auf den König – 1 Sam 10,9; 1 Kön 3,9.12; 5,9; 10,24 / 2 Chr 9,23.

17 Der Anschluß von V.41b an V.41aβγ («und ich werde sie in das Land ihrer Feinde bringen») mit או אז wirft Verständnisprobleme auf. Interpretiert man או als «oder», formuliert V.41b eine Alternativmöglichkeit zu V.41a: «... ich bringe sie (d.h. nach V.39: diejenigen, die in den Ländern eurer Feinde von euch übriggeblieben sind!) in das Land ihrer Feinde – oder ihr unbeschnittenes Herz demütigt sich, und sie bezahlen ihre Schuld» (vgl. die Übersetzung von Groß in seinem Beitrag zum vorliegenden Band). Sachlich würde dem eine Übersetzung von או mit «es sei denn, daß ...» gleichkommen (vgl. Jes 27,5?): «... es sei denn, daß ihr unbeschnittenes Herz sich demütigt ...» Möglich wäre schließlich vielleicht auch ein Verständnis von V.41b als indirekte Frage (vgl. 1 Sam 20,10): «... ich bringe sie in das Land ihrer Feinde, [um festzustellen,] ob sich dann ihr unbeschnittenes Herz demütigt und sie ihre Schuld bezahlen». Vgl. Ges[18], 21.

18 Vgl. die Charakterisierung der Nichtisraeliten als «unbeschnitten am Herzen und am Fleisch» in Ez 44,7.9, die freilich nicht ganz der historischen Realität entspricht (siehe etwa W.H. Schmidt [1990] 315).

werden kann, ohne daß Gott in besonderer Weise in das menschliche Personzentrum eingreift bzw. solange er das (noch) nicht tut. Die «Demütigung» des «Herzens» (כנע ni.) beinhaltet nach Lev 26,40f vielleicht, daß Schuld nicht nur «bekannt» (ידה hitp.: V.40),[19] sondern auch «bezahlt» wird (רצה II.: V.41bβ). Jedenfalls besteht nach Lev 26,41 ein Schritt auf dem Weg zur Überwindung des grundlegenden Defekts der menschlichen Vernunft darin, daß sie ihrer eigenen Fehlerhaftigkeit inne wird. Dazu muß sie nach Lev 26 aber zunächst einmal die Folgen ihrer Fehler erleiden. Der grundlegende Fehler besteht dabei nach V.14 im Ungehorsam gegenüber Jahwe und seinen Geboten. – Kann aber der Mensch diesem Ungehorsam überhaupt entgehen, solange sein «Herz», das Steuerungszentrum seines Denkens und Handelns, «unbeschnitten» und «böse» ist?

1.4. Numeri 15,39

Num 15,39 läßt dies durchaus möglich erscheinen. Nach Num 15,37–41 sollen die Israeliten «Quasten» an ihren Gewändern tragen, deren Funktion V.39 folgendermaßen erläutert:

> Ihr sollt sie ansehen und dabei an alle Gebote Jahwes denken und sie tun, und sollt nicht eurem Herzen und euren Augen nachfolgen (bzw. nachforschen), denen ihr nachhurt (זנה).

Dabei ist vorausgesetzt, daß ihr «Herz» die Israeliten auf einen falschen Weg führen würde[20] – was nach Gen 6,5 / 8,21 unmittelbar einleuchtet. Diesem Problem kann Israel «auf (alle?) Generationen hin» (V.38) ohne einen besonderen Eingriff Gottes (wie in Ex 28; 31 und 35) und ohne eine Veränderung seines «Herzens» (wie in Lev 26 und Dtn 30) dadurch entgehen, daß es sein «Herz» als Personzentrum ausschaltet und sich statt dessen – heteronom – von den «Geboten Jahwes» leiten läßt und sie – ohne jede eigene Überlegung – in die Praxis umsetzt («tut»).

Die Frage ist allerdings, ob diese radikale Entgegensetzung von Tora («alle Gebote Jahwes») und Vernunft («Herz» und «Augen») realistisch ist: Sind die «Gebote Jahwes» in der Tora so eindeutig, daß sie direkt in die Praxis umgesetzt werden können, ohne daß dabei «vernünftige» Überlegungen zu ihrer Interpretation angestellt werden müßten?[21] Und entspricht es wirklich dem

---

19 Vgl. E.S. Gerstenberger (1993) 393: «Im chronistischen Geschichtswerk ist das ein beliebter Gedanke und offenbar eine verbreitete gottesdienstliche Praxis: Sich mit einem Schuldbekenntnis demütigen (vgl. 2 Chr 7,14; 12,6f.12; 30,11; 32,26; 33,9–19 u.ö.).» – In Jer 31 ist der Eingriff Jahwes ins «Herz» der Israeliten (V.33) mit der Vergebung ihrer Schuld verbunden (V.34), in Ez 36 (V.26f) darüber hinaus (V.25.29) auch mit bleibender Scham über die (vergebene) Schuld (V.31f).

20 Vgl. das «hurerische Herz» (לבם הזונה) in Ez 6,9. – Hingegen sollte nach Hi 31,7 das Herz nicht den Augen nachgehen, was ein intaktes «Herz» als Steuerungszentrum der Person voraussetzt.

21 Vgl. z.B. die widersprüchlichen Bestimmungen für das Passa in Ex 12 und Dtn 16 und den Ausgleichsversuch in 2 Chr 35 (siehe E. Otto [1995] 169f).

Willen Gottes, daß Menschen sich in «blindem» Gehorsam seinen Geboten unterwerfen?[22] – Im Leseablauf des Pentateuch scheint Num 15,39 (zwischen Lev 26,41 und Dtn 30,6) allenfalls eine interimistische «Lösung» der Problematik des menschlichen «Herzens» zu formulieren.

1.5. Deuteronomium 29,3; 30,6 und 31,21

Aus der Sicht des Deuteronomiums muß die in Num 15 empfohlene, heteronome Unterwerfung des Menschen unter die Tora schlicht inakzeptabel erscheinen, widerspricht sie doch diametral dem «Dringen auf Beteiligung des ganzen *lēb*», welches das letzte Buch der Tora wie ein roter Faden durchzieht: «Der Mensch wird hier aufgerufen zum Hören und Handeln ‹von ganzem Herzen und von ganzer Seele› (Dtn 4,29; 6,5; 10,12; 11,13). Sein Wissen um Jahwes Taten soll er im Herzen bewahren (4,9.39; 6,6; 8,5 u.ö.).»[23] Wenn dabei das Programm einer Einprägung der Tora in das Herz der Israeliten bisweilen Züge der «Indoktrination» annimmt (vgl. z.B. Dtn 6,7ff; 11,18ff),[24] steht es doch – jedenfalls im vorliegenden Textzusammenhang des Dtn – unter dem Vorzeichen von Dtn 4,6–8: Die Tora ist von Israel zu «beherzigen», *weil* sie «vernünftig» und «gerecht» ist, und als solche nicht nur den Israeliten einsichtig, sondern allen «Völkern», die sie «hören»!

Das «Dringen» des Dtn «auf Beteiligung des ganzen *lēb*» an der Tora-Befolgung appelliert demnach – mindestens *auch* – an die menschliche «Vernunft». Das setzt aber voraus, daß das «Herz» des Menschen als Sitz seiner Vernunft nicht so radikal «böse» ist, wie Gen 6,5 und 8,21 annehmen. Nur dann machen die Warnungen davor, daß das Herz «sich überheben» (רום: Dtn 8,14) oder «sich verführen lassen» (פתה: Dtn 11,16) könne, Sinn.

Daneben – und sachlich gewissermaßen «quer» dazu – stehen aber im Dtn auch Aussagen, die eine stärkere Skepsis gegenüber den Fähigkeiten des menschlichen Herzens zum Ausdruck zu bringen scheinen. So ist es bei dem in Dtn 5,29 geäußerten Wunsch Jahwes, das Herz der Israeliten möge doch so sein, daß sie ihn fürchten und die ganze Zeit all seine Gebote einhalten, weder ganz klar, ob Jahwe diesen Wunsch zum Zeitpunkt der Rede (am Horeb) als erfüllt betrachtet (wofür V.28 spricht), noch, ob er für die Zukunft mit seiner Erfüllung rechnet (was angesichts der Formulierung des Wunsches eher unwahrscheinlich erscheint). Ebenso bleibt in Dtn 8,2 bei der Deutung der vierzigjährigen Wüstenwanderung Israels als einer Zeit, in der Jahwe das Volk «auf die Probe gestellt» habe (נסה pi.), «um zu erkennen, was in deinem Herzen ist, ob du sein Gebot einhalten würdest oder nicht», offen, zu welchem Er-

---

22 Vgl. z.B. die Diskussion über das Kinderopfer in Gen 22; Jer 7,31 und Ez 20,25f.

23 Stolz (THAT I) 865.

24 Vgl. zur «Erinnerungskultur» des Dtn und seinen Mitteln «kollektiver Mnemotechnik» Assmann (1992) 212ff, bes. 218ff; zu ihren problematischen Aspekten B. Lang (1984).

gebnis diese Prüfung geführt hat. Und wenn nach Dtn 9,5 Israel nicht wegen seiner Gerechtigkeit und der Aufrichtigkeit seines Herzens (ישר לבב) von Jahwe ins verheißene Land geführt wird, ist nicht ganz klar, ob Jahwe das Volk überhaupt als «gerecht» und sein Herz als «aufrichtig» betrachtet (V.6b spricht eher dagegen). Schließlich scheint die Aufforderung an die Israeliten, die «Vorhaut» ihrer Herzen zu «beschneiden» (Dtn 10,16), einen Defekt des «Herzens» vorauszusetzen, der so tiefgreifend ist, daß er nur durch einen «operativen Eingriff» behoben werden kann (vgl. Lev 26,41). Immerhin wird den Israeliten aber hier noch zugetraut, diesen Eingriff selbst durchzuführen.

Eine Reihe von Aussagen am Ende des Dtn rechnet dann auch mit dieser Möglichkeit nicht mehr, sondern erwartet die Befähigung des Herzens der Israeliten zur Befolgung der Tora von einem therapeutischen Eingriff Gottes.[25] So stellt Mose zu Beginn seiner Rede in Dtn 29f fest, Jahwe habe den Israeliten «bis zum heutigen Tag weder ein Herz gegeben zu erkennen, noch Augen zu sehen, noch Ohren zu hören» (29,3). Und in der Einleitung zum Moselied in Dtn 32 kündigt Jahwe in 31,20f an:

> 20 Ich werde es (Israel) in das Land bringen, das von Milch und Honig überfließt, das ich seinen Vätern zugeschworen habe, und es wird essen und satt und fett werden. Und es wird sich anderen Göttern zuwenden, und sie werden ihnen dienen und mich verwerfen, und meinen Bund wird es brechen. 21 Und wenn viele Übel (רעות רבות, vgl. Gen 6,5) und Nöte es treffen, dann wird dieses Lied als Zeuge vor ihm aussagen; denn es wird nicht vergessen werden im Munde seiner Nachkommen. Ich kenne nämlich sein Denken (יצרו), das es (schon) heute praktiziert, (noch) bevor ich es in das Land bringe, das ich (seinen Vätern) zugeschworen habe.

Hier findet sich neben Gen 6,5 und 8,21 der einzige weitere Beleg für das Nomen יצר im Pentateuch.[26] Versteht man dies als Hinweis darauf, daß diese Aussage im Lichte der dort benannten Problematik des menschlichen «Denkens» zu interpretieren ist, erscheint das Scheitern Israels an der Tora, auf das in Dtn 4 und 28ff vorausgeblickt wird, als geradezu vorprogrammiert: Solange das «Denken» der Israeliten ebenso «schlecht» und «böse» ist wie das der übrigen Menschheit, können sie die Tora kaum angemessen erfüllen.

Dieses Hindernis der Tora-Rezeption wird nun nach Dtn 30,6 Jahwe selbst im Anschluß an die Sammlung des zerstreuten Israel (V.3) und seine Rückkehr ins Land (V.5) beheben:

> Jahwe, dein Gott, wird dein Herz und das Herz deiner Nachkommen beschneiden, daß du Jahwe, deinen Gott, liebst mit deinem ganzen Herzen und mit deiner ganzen Seele ...

Darauf wird Israel «umkehren und der Stimme Jahwes gehorchen und alle seine Gebote tun, die ich dir heute gebiete» (V.8). Verbindet man diese An-

---

25 Vgl. auch 1 Kön 8,58; 18,37.

26 Im Sinne von «Sinnen, Denken, Streben» begegnet es neben 1 Chr 28,9; 29,18 und Sir 15,14; 27,6 im AT noch in Jes 26,3 (siehe Ges[18], 486).

kündigung mit Dtn 29,3 und 31,21, ergibt sich, daß Israel bis zu seiner Sammlung und Heimkehr aus der Diaspora und der darauf erfolgenden Beschneidung seines Herzens durch Jahwe an dem in Gen 6,5 und 8,21 benannten Defekt des menschlichen Herzens und seines Denkens teilhat. Alles, was sonst in Dtn 29ff[27] – und im gesamten Buch Dtn – über das Herz gesagt wird, ist dann unter diesem Vorbehalt zu lesen und kritisch zu relativieren.

Überblickt man die verschiedenen Aussagen über das menschliche Herz im Dtn, gewinnt man den Eindruck, daß hier auf der einen Seite die Möglichkeit einer radikalen Verblendung der menschlichen Vernunft, wie sie im Pentateuch programmatisch Gen 6,5 und 8,21 formulieren, zunehmend mit in Betracht gezogen wird. Auf der anderen Seite scheint aber auch ein starkes Interesse daran zu bestehen, am «Dringen auf Beteiligung des ganzen *lēb*» an der Tora-Befolgung festzuhalten: Die Tora zielt nach wie vor auf die «vernünftige» Zustimmung des menschlichen Herzens – auch wenn das Herz nun erst von Jahwe selbst zu dieser Zustimmung befähigt werden muß. Eine Heteronomie der Tora *gegen* die menschliche Vernunft, wie sie Num 15,39 postuliert, kann und soll nach Dtn 30,6 jedenfalls keine dauerhafte und endgültige «Lösung» der Problematik des menschlichen Herzens sein. Ziel bleibt die freie und vernünftige Selbstbestimmung des Menschen zur Tora-Befolgung – auch wenn die menschliche Vernunft erst von Gott zu dieser Selbstbestimmung befreit werden muß.

1.6. Erwägungen zur redaktionsgeschichtlichen Einordnung

Lassen sich Gen 6,5; 8,21; Ex 28,3; 31,1–6; 35,30–35; Lev 26,41; Num 15,39 und Dtn 29,3; 30,6; 31,21 als ein Geflecht von Aussagen *lesen*, in denen Konsequenzen aus der in Gen 6 / 8 benannten allgemein-menschlichen Problematik des Herzens und seines Denkens für die Möglichkeiten und Grenzen der Tora-Rezeption durch Israel diskutiert werden, so stellt sich die Frage, ob diese Stellen bereits mit dieser Intention *verfaßt* worden sein könnten. Sprachlich und konzeptionell erscheinen sie keineswegs so einheitlich, daß es naheläge, sie *einer* redaktionellen «Schicht» des Pentateuch zuzuweisen. Doch deutet eine Reihe von Indizien darauf hin, daß sie sich ganz grob einem Stadium seiner literarischen Entwicklung zuordnen lassen, das die formative Verbindung des Dtn mit vor-priester(schrift)lichem und priester(schrift)lichem Material in Gen-Num bereits voraussetzt und insofern als relativ «spät» anzusprechen ist. Das soll im folgenden kurz gezeigt werden.

1.6.1. Genesis 6,5 und 8,21

Gen 6,5–8 und 8,20–22 galten in den neueren und neuesten Urkundenhypothesen zur Entstehung des Pentateuch als Rahmen der «jahwistischen»,

[27] Vgl. Dtn 29,17f; 30,1f.10.14.17; 32,46.

vor-priesterschriftlichen Sintfluterzählung.[28] Gegen diese Annahme erheben sich jedoch einige Bedenken.

So stehen die (wohl vor-priesterschriftlichen) ätiologischen Notizen in Gen 4,20–22 in Spannung zur folgenden Erzählung von einer Sintflut, die zum Untergang der dort genannten Gruppen führen mußte. Zudem fehlt im nicht-priesterschriftlichen Textbestand von Gen 6–8[29] ein Bericht über den Bau der Arche, den Gen 7,1 voraussetzt. Von daher erscheint es fraglich, ob die vor-priesterschriftliche Urgeschichte überhaupt eine Sintfluterzählung enthielt.[30] Für das hier zu verhandelnde Problem genügt jedoch der Hinweis auf einige terminologische und theologische Eigenarten von Gen 6,5–8 und 8,20–22, welche die Annahme einer nach-priesterschriftlichen Provenienz dieser Abschnitte nahelegen.

– Die Aussage über die «Bosheit» (bzw. «Schlechtigkeit») des Menschen (bzw. der Menschheit) in Gen 6,5a (רבה רעת האדם) hat ihre nächste (und im Grunde einzige) Parallele im AT in Qoh 8,6 (רעת האדם רבה עליו; vgl. noch Qoh 6,1).[31]

– Ähnlich spät sind auch die Belege für Analogien zu den Wendungen יצר לב (מחשבת) in Gen 6,5b und 8,21aβ. Ihre nächsten Entsprechungen finden sich in 1 Chr 28,9 und 29,18. Vergleichbare Formulierungen bietet etwa noch Jer 18,11f. Bereits die Verteilung der Belege für יצר und מחשבה/ת allein führt nicht in literaturgeschichtlich alte Bereiche des AT.[32]

– Spärlich und eher jung sind weiter die atl. Entsprechungen zu den Aussagen über Jahwes «Reue» (נחם ni.) über die Erschaffung des Menschen in Gen 6,6f. Neben עצב (hitp.) steht נחם (ni.) nur in Gen 6,6. Auf ein bereits vollzogenes göttliches Handeln bezieht sich die «Reue» Jahwes nur noch in 1 Sam 15,11.35.[33]

---

28 Vgl. etwa die Synopse bei Steck (1993a) 8d/e sowie aus jüngerer Zeit J. Van Seters (1992) 160ff; Seebass (1996) 228 ff.

29 Zur Abgrenzung der priesterschriftlichen Anteile der Urgeschichte siehe etwa R. Smend (1989) 47.

30 Vgl. J.L. Ska (1994) sowie bereits J. Wenham (1987) 167ff und J. Blenkinsopp (1992) 77f. Vgl. auch Blum (1990) 282 Anm. 206: «*Isoliert* betrachtet könnte der kompositionelle Befund in der Flutgeschichte geradezu die Annahme einer nicht-priesterlichen Bearbeitung der priesterlichen Episode nahelegen, also das alte Bild der priesterlichen ‹Grundschrift›.»

31 Vgl. C.C. Forman (1960) 258f; Ska (1994) 52. – Die von Chr. Levin (1993) 105 angeführten «jahwistischen» Analogien zu Gen 6,5a lassen sich auch (wenn nicht angesichts der Differenzen zu Gen 6,5a besser) als Vorgaben für die Formulierung dieser Stelle interpretieren: «Wiederholt schildert der Jahwist, wie das Sehen Jahwes dem Eingreifen vorausgeht ([Gen] 11,5; 18,21; 29,31; Ex 3,7). Die Bosheit (רעה) ist Anlaß auch der anderen Großkatastrophe, des Untergangs Sodoms (13,13; 19,7.9*).»

32 Vgl. die Konkordanzen und Ska (1994) 52f.

33 Vgl. Jeremias (1975) 17ff.

- Der Gebrauch von ארץ und אדמה in Gen 6,5–8 und 8,20–22 weicht signifikant von der Verwendung dieser Ausdrücke in den sonstigen nicht-priesterschriftlichen Partien der Urgeschichte ab (vgl. Gen 2,4[b]–4,24[*.25f?]; 5,29; 9,18–27; 10* und 11,1–9[?]). Während hier ארץ die bewohnte «Erde» (bzw. «Welt») oder ein begrenztes «Land» bezeichnet[34], אדמה hingegen speziell den «Ackerboden»[35], stehen beide Ausdrücke in Gen 6,5–8 und 8,20–22 offenbar gleichbedeutend für die bewohnte Erde[36].
- Der Wechsel von עשה (V.6.7b) und ברא (V.7a) in Gen 6,6f hat seine nächste Entsprechung in Gen 1,1–2,3/4 (vgl. 5,1). In der nicht-priesterschriftlichen Urgeschichte ist das Verb ברא nur hier belegt. Deshalb wird meist angenommen, Gen 6,7 sei «durch die Sprache der Priesterschrift redaktionell beeinflußt»[37]. Der Befund läßt sich aber mindestens ebensogut mit der Annahme nach-priesterschriftlicher Provenienz von Gen 6,5–8 erklären.[38]
- Entsprechendes gilt für die Aufzählung der Lebewesen in Gen 6,7aβ (vgl. auch 7,8.23), die in priesterschriftlicher Sprache formuliert zu sein scheint.[39]
- Gen 6,5–8 weist eine Reihe von auffälligen sprachlichen Beziehungen zu Ex 32–34 auf (einem Abschnitt, dessen vor-priesterschriftliche Provenienz keineswegs über jeden Zweifel erhaben ist[40]). So findet sich das Verb נחם ni. mit Jahwe bzw. Gott als Subjekt im Pentateuch nur in Gen 6,6f und Ex 32,12.14. Die Wendung מעל פני האדמה begegnet im Pentateuch nach Gen 6–8 erstmals wieder in Ex 32,12 (vgl. auch das Verb מחה, das zwischen Gen 6–8 und Ex 32,32f nur einmal in Ex 17,14 belegt ist, sowie שחת in Gen 6,11–13 [P] und Ex 32,7). Und das in Gen 6,8 auf Noah bezogene ... מצא חן בעיני erscheint in Ex 33f fünfmal[41]. Sachlich kann die Sintfluter-

---

34 Gen 2,4–6.11–13; 4,12.14.16; 9,19; 10,8.10f.25; 11,1f.4.8.9(.28).

35 Gen 2,5–7.9.19; 3,17.19.23; 4,2f.10–12.14; 5,29; 9,20.

36 ארץ: Gen 6,5f; 8,22; אדמה: Gen 6,7; 8,21. In 8,21 könnte man zwar auch speziell an den Ackerboden denken, vgl. 3,17b; daneben ist aber im engeren Kontext sicher auch die gesamte bewohnte Erde im Blick, die durch die Sintflut bedroht wurde. Entsprechend ist der Befund für Gen 6,1–4 und die nicht-priesterschriftlichen Anteile von Gen 7–8. Der Gebrauch von ארץ und אדמה in den nicht- (und m.E. nach-)priesterschriftlichen Teilen von Gen 6–8 gleicht vielleicht zwischen den unterschiedlichen Verwendungen dieser Termini im vor-priesterschriftlichen Textbestand von Gen 2–11 einerseits und Gen 12,1–3 andererseits aus; vgl. dazu Crüsemann (1981) 17, der ebd. Anm. 34 die Eigenart der Terminologie in Gen *6–8 andeutet.

37 W.H. Schmidt (THAT I) 337; vgl. z.B. auch L. Ruppert (1992) 291. – Der einzige weitere «jahwistische» Beleg für ברא wäre Num 16,30, «doch ist auch hier spätere Einwirkung nicht prinzipiell auszuschließen» (Schmidt [THAT I] 337).

38 Vgl. Ska (1994) 54.

39 Vgl. Gen 1,20–30; 6,20; 7,14.21; 8,17; 9,2.10; Ska (1994) 54; s. auch Schmidt (THAT I) 337 und Ruppert (1992) 291. – Auch die Bemerkung, Jahwe habe den Menschen בארץ gemacht (Gen 6,6), scheint eher Gen 1 als Gen 2 im Blick zu haben.

40 Vgl. etwa Otto (1995) 177f.

41 Ex 33,13(2x).16.17; 34,9. Weitere Belege bei Levin (1993) 402.

zählung Gen 6–9 als Gegenstück zu Ex 32–34 gelesen werden: Nur weil Mose es ablehnte, wie Noah als einziger aus der Katastrophe der Gemeinschaft gerettet zu werden (Ex 32,10ff),[42] ist Israel am Sinai nicht völlig vertilgt worden.[43]

- Schließlich scheint auch die Darstellung des Opfers Noahs in Gen 8,20f eher aus einer nach- als aus einer vor-priesterschriftlichen Perspektive formuliert zu sein. «Die Unterscheidung von reinen und unreinen Tieren wird ... sonst nur in der P-Schicht des Pentateuch und in Dtn erwähnt.»[44] Von einem «angenehmen (Opfer-)Geruch» (ריח ניחוח) ist im Pentateuch erst wieder in Ex 29,18.25.41 die Rede.[45] Und auch die Ereignisfolge in Gen 8,20f hat ihre nächste Entsprechung in Ex 27–29: Errichtung eines Altars (Gen 8,20 / Ex 27,1ff) – Darbringung von Brandopfern (Gen 8,20 / Ex 29,1ff) – «angenehmer Geruch» der Opfer für Jahwe (Gen 8,21 / Ex 29,18ff).

In Verbindung mit den oben skizzierten Beobachtungen zu den pentateuchumfassenden literarischen Horizonten von Gen 6,5 und 8,21 legen diese Indizien die Annahme nahe, daß nicht nur Gen 6,5b und 8,21aβ,[46] sondern Gen 6,5–8 und 8,20–22 (sowie die weiteren nicht-priesterschriftlichen Teile von Gen 6–8) insgesamt einem Stadium der Pentateuchredaktion zuzuordnen sind, in dem P bereits mit dem vor-priesterschriftlichen Material in Gen-Num und dem Dtn literarisch verbunden ist – einem Stadium also, das als «endredaktionell» (bzw. «nachendredaktionell»[47]) zu bezeichnen wäre.[48]

1.6.2. Exodus 28,3; 31,1–6 und 35,30–35

Bei Ex 31,1–6 und 35,30–35 (sowie 36,1 [2*] ?) dürfte es sich um relativ späte Zusätze handeln, welche die Kombination von priesterschriftlichem und nicht-priesterschriftlichem Material im Pentateuch (sowie Jos-2 Kön?) bereits voraussetzen.[49] So könnte hier durchaus ein literarischer Rückverweis auf Gen

---

42 Anders noch Ex 2,1–10; vgl. das nur hier (Ex 2,3.5) und in Gen 6–8 begegnende Nomen תבה.

43 Zu (älteren) Verbindungen zwischen Sintflut und Sinai in P vgl. die Hinweise bei Blum (1990) 310f Anm. 86 (Lit.).

44 J. Scharbert (1985) 86; vgl. Ska (1994) 53; siehe zu dieser Unterscheidung auch Gen 7,2.8.

45 Zu רוח hi. mit ריח vgl. davor nur Gen 27,27; in Verbindung mit dem Verb רוח hi. findet sich ריח ניחוח nur noch in Lev 26,31; vgl. Ska (1994) 53 und T. Kronholm (ThWAT VII) 384.

46 Vgl. dazu Levin (1993) 114f sowie O. Kaiser (1992) 66; ders. (1993) 167.

47 So Levin (1993) 114f.

48 Vgl. zum Problem der Rede von einer «Endgestalt» oder «Endredaktion» des Pentateuch Blum (1990) 361ff.

49 Vgl. z.B. Utzschneider (1988) 255ff; anders z.B. M. Noth (1984) 196f: «Nachtrag zur P-Erzählung».

6,5 und 8,21 im Rahmen *eines* Werkes vorliegen. Die Einfügung der «Handwerkertexte» in Ex 31 und 35 ist vielleicht u.a. «aus den Heiligtumstexten der Königebücher motiviert».[50] Mit Blick auf Gen 6,5 und 8,21 erscheint sie jedoch geradezu notwendig, wenn das Sinai-Heiligtum nicht von der dort namhaft gemachten Problematik des «Gebildes der Planungen des menschlichen Herzens» affiziert werden soll.

Sollte Ex 28,3(ff) redaktionsgeschichtlich älter sein als Ex 31,1–6 und 35,30–35,[51] könnte es sich doch mindestens bei V.3aβ um eine sekundäre Präzisierung im Sinne dieser beiden Texte handeln («rede mit allen, die ein weises Herz haben, *die / das ich mit dem Geist der Weisheit erfüllt habe*»). Entsprechendes dürfte gelten für Ex 36,1 (aα³: «... jeder Mann, der ein weises Herz hat, *in die Jahwe Weisheit und Einsicht gelegt hat*, daß sie es verstehen, jegliche Arbeit ... auszuführen ...») und 2 (aβ: «... jeden Mann, der ein weises Herz hatte, *dem Jahwe Weisheit ins Herz gelegt hatte*, jeden, den sein Herz dazu antrieb, zur Arbeit zu kommen ...»).

Daß das Insistieren auf der besonderen Begabung der am Heiligtumsbau beteiligten Handwerker durch Gott nachträglich einen neuen Gesichtspunkt in den Kontext einbringt, legen Ex 35,10.25 und 36,8 nahe, wo ein «weises Herz» als Qualifikation für die Mitarbeit bereits ausreicht. Im vorliegenden Textzusammenhang ist hier dann gemäß Ex 31,6 («in das Herz eines jeden, der ein weises Herz hat, habe ich Weisheit gelegt») jeweils die göttliche Begabung mitzudenken. Nur (Ab-) Gaben für das Heiligtum können jetzt noch allein auf spontanen Antrieb des eigenen «Herzens» hin dargebracht werden (Ex 25,2; 35,5.21f.26.29) – auch von Gott selbst privilegierte «Experten» können sich ökonomisch nicht völlig von der Masse der «Laien» abkoppeln.

1.6.3. Leviticus 26,41

Lev 26,41 steht am Schluß des sog. «Heiligkeitsgesetzes» (Lev 17–26),[52] das wahrscheinlich sowohl P als auch das Dtn voraussetzt und vermutlich in einen bereits aus P, nicht-priesterschriftlichem Material und Dtn formierten Pentateuch eingeschrieben (bzw. im Zuge seiner Formation verfaßt) wurde.[53] Die Abfolge von Dtn 28; 29f wird durch Lev 26,3–39. 40–45 präfiguriert. V.39/40–45 werden häufig – ganz oder teilweise – einer jüngeren Überarbei-

---

50 Utzschneider (1988) 256f; vgl. bes. 1 Kön 7,13f / 2 Chr 2,12f.

51 Vgl. Utzschneider (1988) 246; anders Noth (1984) 179: «Der Eingangspassus (V.1–5) ist offensichtlich sekundär erweitert und hat ursprünglich gewiß nur – entsprechend den vorangehenden Abschnitten – die kurze Anweisung zur Herstellung der Priesterkleidung (V.2) mitgeteilt».

52 Zum Stand der Forschung vgl. etwa Otto (1994) 234ff.

53 Vgl. Otto (1994) 237, der «die Einfügung dieser Kapitel in P[?] in den Horizont der Pentateuchredaktion [rückt], die auch Dekalog und Bundesbuch als Ausgleich zwischen Dtn und priesterschriftlichem Tetrateuch in die Sinaiperikope einfügte»; anders z.B. E. Zenger (1995a) 103ff.

tung des Textes zugerechnet.[54] In diesem Kontext wirken V.40b–41(bα) aufgrund ihrer Zeitstruktur sperrig.[55] Im vorliegenden Textzusammenhang scheinen sie der Diaspora (V.36.39) eine neuerliche Deportation anzukündigen (V.41; vgl. Dtn 28,68), die – je nachdem, wie man das V.41bα einleitende אז interpretiert (s.o.) – entweder zur «Demütigung» ihres «unbeschnittenen Herzens» führen soll oder durch eine solche «Demütigung» allenfalls abgewendet werden kann. Auch wenn Lev 26 «das Geheimnis seiner Entstehung nicht preisgegeben» hat,[56] spricht doch einiges dafür, den hier zur Diskussion stehenden V.41bα zu den jüngsten Bestandteilen dieses Kapitels zu rechnen.[57]

1.6.4. Numeri 15,39

Num 15 schließlich dürfte im ganzen «zu den sehr jungen Stücken im Pentateuch zu rechnen sein».[58] Num 15,37–41 kann ebenso als eine Art «Midrasch» zu Dtn 22,12 gelesen werden wie Num 15,22–31 als «Midrasch» zu Lev 4.[59] Num 15,40f enthält «aus dem ‹Heiligkeitsgesetz› bekannte Schlüsselbegriffe und -formeln ... (mit besonderer Nähe zu Lev 22,32f.)».[60]

1.6.5. Deuteronomium 29,3; 30,6 und 31,21

Ohne hier in die komplexe und kontroverse einleitungswissenschaftliche Debatte über das Dtn eintreten zu wollen,[61] läßt sich doch sagen, daß es sich bei seinen Schlußkapiteln ab Dtn 29 um relativ junge Bestandteile des Buches handelt.[62] Will man die Kapitel Dtn 29f und 31f ihrerseits literarkritisch analysieren, gehören die hier zur Diskussion stehenden Verse 29,3; 30,6 und 31,21 wiederum kaum zu deren ältesten Textbestandteilen.

---

54 Vgl. K. Elliger (1966) 372 (V.39–40); A. Cholewinski (1976) 142f (V.40–45); H. Holzinger in: HSAT[4] (1922) 199 (V.39–43); R. Kilian (1963) 159 (V.40abβ.41.43f) sowie W. Groß im vorliegenden Band. Während V.33.36f.38a.39 von der Diaspora sprechen («Zerstreuung» unter die «Völker» und in die «Länder der Feinde»), scheinen V.34f.38b.43f nur die (babylonische) Gola (im «Land der Feinde») im Blick zu haben. V.40ff («sie») setzt syntaktisch V.36/39 voraus («die Übriggebliebenen von euch») und damit die (jüngere?) Diaspora-Perspektive (falls nicht die Ortsbestimmung «in den Ländern ihrer Feinde» in V.36 und 39 sekundär ist, wie Gerstenberger [1993] 391 vermutet).

55 Vgl. dazu die Hinweise bei Groß im vorliegenden Band.

56 So Groß im vorliegenden Band.

57 Nach A. Dillmann (1880) 620 macht «V.41b geradezu den Eindruck einer Glosse» (vgl. 626: «wohl ... Zusatz eines Lesers»). Vgl. auch die Beobachtungen von Elliger (1966) 378 Anm. 71–73 zur Terminologie in V.41b: «Das in Dt beliebte לבב bei P nur [Lev] 19,17; 26,36.41 und Nu 15,39 [!]; dagegen לב bei P: Gn 17,17 und 35 mal in Ex Nu.» – «כנע bei P nur [Lev] 26,41; ni. im geistlichen Sinne ‹sich demütigen› besonders beliebt in Ch: 14 von 17 Belegen (außer Ch noch 1R 21,29 *bis* 2R 22,19).» – «רצה עון nur [Lev] 26,41.43 und Jes 40,2».

58 Noth (1982) 101.

59 Vgl. A. Toeg (1974); Blum (1990) 354 Anm. 75.

60 Blum (1990) 335 Anm. 5, vgl. 271 Anm. 157.

61 Vgl. etwa H.D. Preuß (1982); Kaiser (1992) § 12; G. Braulik (1995).

62 Vgl. etwa M. Rose (1994) 548ff; E. Nielsen (1995) 261ff.

- Dtn 29,3; 30,6 und 31,21 stehen sachlich in Spannung zu 29,17f; 30,17 («Abwendung des Herzens»); 30,1 («zu Herzen nehmen»). 2.10 (Umkehr «mit ganzem Herzen und ganzer Seele»). 14 (das Wort der Tora ist «deinem Herzen ganz nahe») und 32,46 («richtet euer Herz auf all die Worte ...»), die ein grundsätzlich intaktes «Herz» voraussetzen.
- Dtn 29,3 («Jahwe hat euch bis heute weder ein Herz gegeben zu erkennen noch Augen zu sehen ...») steht inhaltlich in Spannung sowohl zu V.1f («ihr habt alles gesehen, was Jahwe vor euren Augen getan hat ... die großen Prüfungen, die deine Augen gesehen haben ...») als auch zu V.5 («... damit ihr erkennen solltet, daß ich Jahwe, euer Gott, bin»). V.4 und 5 (Jahwe in 1. Pers.) fügen sich syntaktisch nicht ganz bruchlos zu V.1–3 (Jahwe in 3. Pers.). In V.1–8 sprechen V.1.3–6a.8 von Israel in der 2. Pers. plur., V.2 hingegen in der 2. Pers. sing. und V.6b.7 in der 1. Pers. plur.[63] Will man diesen Befund wenigstens teilweise literarkritisch erklären, liegt es nahe, V.3 als jüngsten Zusatz zu betrachten, der die ihrerseits bereits sekundären V.4 und 5 voraussetzt.[64]
- Dtn 31,21 gehört zur redaktionellen Einführung des Moseliedes (32,1–43), das in seiner vorliegenden Gestalt wohl nicht vor der Perserzeit entstanden und vielleicht erst im 4. Jh. im Zuge der Verbindung des Dtn mit Gen-Num (als Pendant zu Ex 15; vgl. Gen 49 / Dtn 33) in seinen vorliegenden Kontext eingefügt wurde.[65]
- Dtn 30,1–10 darf als eine der jüngsten «spät-dtr Einfügungen»[66] ins (literarisch noch selbständige?) Buch Dtn gelten und bildet ein Gegenstück zu Dtn 4,29f(f). Der in 4,29f anvisierten Umkehr Israels *in* der Diaspora entsprechen in Dtn 30,1–10 aber nur V.1–5.9f. Durch die Ankündigung einer «Beschneidung» des «Herzens» Israels *nach* seiner Rückkehr ins Land (V.6) mit darauf folgender (erneuter oder erst wirklich ermöglichter?) «Umkehr» (V.8) wird dieses Konzept hingegen stark (und wohl auch: nachträglich) relativiert.[67]

---

63 Vgl. Nielsen (1995) 263f.

64 Anders z.B. Preuß (1982) 60.

65 Vgl. etwa Kaiser (1992) 95f. Braulik (1992) 227 nimmt trotz der «Nähe zu Wortschatz und Ideenwelt des Jeremia, Ezechiel, Deuterojesaja sowie der Deuteronomisten» an, daß das Exil «noch nicht eingetreten war, als das Lied gedichtet wurde», da das Exil hier nicht «angesagt wird» und «das mindestens seit Hosea prominente Theologumenon des Exodus aus Ägypten fehlt», was «eher in eine frühe als in eine spätere Zeit» weise. Vgl. aber auch seine ebd. angebotene Alternativhypothese, daß in Dtn 32 «recht späte nachexilische Erweiterungsarbeit» vorliege.

66 Braulik (1992) 212; vgl. Kaiser (1992) 94.

67 Vgl. C. Steuernagel (1923) 158: «die grundlegende Umkehr ist Israels eigene Tat ... (v 1f.); dann aber führt Jahwe selbst ihre Vollendung herbei, indem er das Herz der Israeliten beschneidet und zu völliger Liebe zu ihm befähigt (v 6), die sich dann im Gehorsam gegen sein Gesetz erweist (v 8)». – Braulik (1992) 218 schließt hingegen aus Dtn 30,14: «Die

Demnach erscheint es durchaus nicht unwahrscheinlich, daß Dtn 29,3; 30,6 und 31,21 bereits im Rahmen eines Gen-Dtn(-2 Kön?) umfassenden literarischen Werkes formuliert sind und in diesem Kontext Gen 6,5 und 8,21 im Blick haben. Doch könnten die Rahmenaussagen der Sintfluterzählung auch umgekehrt den Schluß des Dtn (zum Teil) bereits voraussetzen oder mit ihm auf einer redaktionellen Ebene liegen.

1.6.6. Ergebnis

Die Aussagen über das menschliche Herz in Gen 6 und 8, Ex 28; 31 und 35, Lev 26 und Num 15 sowie Dtn 29–31, die als Beiträge zu einer Diskussion über Möglichkeiten und Grenzen der Tora-Rezeption gelesen werden können, dürften also literatur- und theologiegeschichtlich nicht sehr weit voneinander entfernt sein. Während Ex 31,1–6 und 35,30–35 (Stichwort מחשבת) und Dtn 31,21 (Stichwort יצר) Gen 6,5 und 8,21 vorauszusetzen scheinen und deshalb am ehesten auf derselben (oder einer etwas späteren) redaktionsgeschichtlichen Ebene anzusiedeln sein dürften wie (bzw. als) der nicht-priesterschriftliche Sintflutrahmen, könnten Dtn 29,3 und 30,6 auch etwas älter sein als dieser. Lev 26,41 scheint jedenfalls Dtn 30,6 im Blick zu haben, während Num 15,39 wohl bereits Dtn 29–31 wie Gen 6 / 8 voraussetzt.

1.7. Zum theologiegeschichtlichen Horizont

Ob die in Dtn 30,3ff angekündigte «Wende des Geschicks» Israels von den Ergänzern der Verse 6–8 als in ihrer eigenen Gegenwart bereits erfüllt[68] oder als noch ausstehend betrachtet wurde, ist dem Text nicht eindeutig zu entnehmen. Die Ankündigungen in Dtn 30 sind diesbezüglich vielleicht «mit verschiedenen Augen lesbar», wie es O.H. Steck[69] für die Tora als «Kompromißwerk» im ganzen annimmt:

Herzensbeschneidung von 6 ist somit keineswegs erst zeitlich nach der Heimkehr aus dem Exil anzusetzen, wie die Abfolge der Aussagen in 1–8 ... zunächst nahezulegen scheint, sondern bildet schon die Voraussetzung der exilischen Umkehr.» Dagegen legt es die Abfolge der Aussagen im vorliegenden Text von Dtn 30,1–14 m.E. eher nahe, umgekehrt V.11–14 nach V.6–8 in dem Sinne zu lesen, daß zwar die Tora dem «Herzen» Israels immer schon «nahe» war, ihre *Befolgung* aber erst durch die in V.6 angekündigte «Beschneidung» des Herzens von Gott ermöglicht wird.

68 Im Psalter blicken Ps 14,7 und 53,7 auf eine zukünftige «Wende des (Exils-) Geschicks» Israels voraus, während Ps 85,2 und 126,1 auf eine bereits geschehene «Wende» zurückschauen – wobei allerdings Ps 126,4 zugleich noch eine zukünftige «Wende» im Blick hat. – Ps 37,31; 40,9; Jes 51,7 scheinen die Ankündigung von Jer 31,33 als eingetroffen (bzw. als überflüssig) zu betrachten (vgl. K. Schmid [1996] 83).

69 Steck (1991) 18f. Die Bezeichnung der Vertreter einer auf «eschatologische» «Heils»-Erwartungen verzichtenden Position als «Theokraten» ist allerdings nicht ganz unproblematisch, vgl. Steck (1991) 15f Anm. 13. – Kritisch zu dieser Sicht (und der damit bei Steck verbundenen, sachlich aber davon zu trennenden Erklärung der Entstehung des Pentateuch im Rahmen der persischen «Reichsautorisation») H.-Chr. Schmitt (1995) 263ff; Otto (1995) 169ff.

«Die Theokraten fanden in ihm an exponierter Stelle zu Anfang die grundlegenden, ewiggültigen Bestimmungen der Welt- und Israel-Ordnung, die sie in der Existenz Judas mit seinem Tempel in Jerusalem in der Gegenwart ... verwirklicht sahen. Aber die dtr. geprägten Menschen fanden ihre Ordnungen und Geschichtsperspektiven auch integriert und belassen und konnten wie die prophetischen Kreise für ihre sehr viel weiter reichenden Hoffnungen auf eine Heilswende ... in den Verheißungen der Genesis und des Dtn Anhalt finden.»

Dabei scheint den verschiedenen «Richtungen», welche die Tora für sich in Anspruch nahmen (und die vermutlich weitaus vielfältiger waren, als es die idealtypischen Etiketten «Theokraten» und «dtr. geprägte Menschen» erkennen lassen), «die grundlegende Option gemeinsam» gewesen zu sein, «daß sie die Rekonstituierung jüdischer Identität in den Anfängen Israels ‹von Abraham bis Mose› und nicht in Überlieferungen der staatlichen Zeit suchten».[70] Dieser «Option» entspricht es, wenn Lev 26,41; Dtn 29,3 und 31,21 die gesamte Geschichte Israels bis zur Zerstreuung aus dem Land unter das Verdikt von Gen 6,5 und 8,21 stellen und Ex 31,1–6 und 35,30–35 (sowie Dtn 5,29) Ausnahmen davon allenfalls für Israel am Sinai bzw. Horeb zugestehen.

Eine über einen bloßen «Kompromiß» hinausgehende «Vermittlungs»-Leistung dieser Texte[71] besteht auch darin, daß sie denen, die eine «eschatologische» Verwandlung des Herzens der Israeliten erst noch erwarten (oder – wie Qohelet – überhaupt nicht damit rechnen), mit Ex 31,1–6 und 35,30–35 nahelegen, das (Jerusalemer) Heiligtum als (partielle und proleptische) Realisierung des «Heils» zu akzeptieren, mit Num 15,39, die Tora einzuhalten, und mit Lev 26,40f, ihre Schuld zu bekennen und zu bezahlen und so ihr «Herz» zu «demütigen» (vgl. Ps 107,12).

2. Das menschliche Herz und die Weisung Gottes bei den («späteren») Propheten

Die Diskussion über Möglichkeiten und Grenzen der Tora-Rezeption angesichts der Problematik des menschlichen Herzens im Pentateuch scheint Anstöße aus den atl. Prophetenschriften aufzunehmen und produktiv zu verarbeiten. Hier ist von einer grundsätzlichen Veränderungsbedürftigkeit des «Herzens» in bezug auf Israel insbesondere im Jeremia- und Ezechielbuch die Rede:[72] Das Herz der Israeliten ist widerspenstig (Jer 5,23) und verstockt (Jer 9,13; 13,10; 23,17; Ez 2,4; 3,7), buhlerisch (Ez 6,9) und böse (Jer 3,17; 7,24;

---

70 Zenger (1995) 43.

71 Vgl. die von Schmitt (1995) 263 «vertretene Auffassung, daß sich der Pentateuch einem theologischen Vermittlungsprozeß zwischen priesterlichem und deuteronomischem Denken verdankt». Die Grenze zwischen «Vermittlung» und «Kompromiß» ist freilich m.E. nicht so scharf zu ziehen, wie es Schmitt versucht, und die Vielfalt und Komplexität der zur Diskussion stehenden Positionen und Konzepte wird durch die Etikette «priesterlich» und «deuteronomistisch» stark reduziert.

72 Vgl. auch Jes 1,5; 6,10; (44,18–20;) 63,17 (aber auch 51,7!) sowie Hos 10,2; Joel 2,13; Sach 7,12.

11,8; 16,12; 18,12; vgl. 4,14). Es hängt an den Götzen (Ez 11,21) und ist auf Gewinn aus (Ez 33,31). Die Sünde der Judäer ist auf die «Tafel ihres Herzens» eingegraben (Jer 17,1). Israels Herz ist «unbeschnitten» (Jer 9,25; vgl. Lev 26,41). So können die Männer von Juda und Jerusalem aufgefordert werden, sich für Jahwe zu beschneiden und die «Vorhäute ihrer Herzen» zu entfernen (Jer 4,4; vgl. Dtn 10,16), und das «Haus Israel», sich «ein neues Herz und einen neuen Geist» zu schaffen (Ez 18,31). In Gen 6,5 und 8,21 vergleichbarer, grundsätzlich-anthropologischer Weise formuliert Jer 17,9 das Problem des menschlichen «Herzens» :

> Trügerisch (עקב) ist das Herz, mehr als alles, und unheilvoll (bzw. unheilbar: אנש) ist es ...

Die Überwindung dieses Problems für Israel durch einen therapeutischen Eingriff Gottes nehmen die Verheißungen in Jer 24,7; 31,33; 32,39f und Ez 11,19; 36,26f in den Blick:

> Jer 24,7: Ich gebe ihnen ein Herz, mich zu erkennen, daß ich Jahwe bin. Und sie werden mein Volk sein, und ich werde ihr Gott sein. Denn sie werden mit ihrem ganzen Herzen zu mir umkehren.
>
> Jer 31,33: ... Ich werde (l. ונתתי?) mein Gesetz in ihr Inneres legen und werde es auf ihr Herz schreiben.
>
> Jer 32,39f: Ich werde ihnen *ein* (*vll.* «ein anderes / neues») Herz und *einen* Weg geben, damit sie mich alle Tage fürchten ... Und ich werde die Furcht vor mir in ihr Herz legen, damit sie nicht von mir abweichen.
>
> Ez 11,19: Ich werde ihnen *ein* (*vll.* «ein anderes / neues») Herz geben und werde einen neuen Geist in ihr Inneres legen, und ich werde das steinerne Herz aus ihrem Fleisch entfernen und ihnen ein fleischernes Herz geben ...
>
> Ez 36,26f: Ich werde euch ein neues Herz geben und einen neuen Geist in euer Inneres legen; und ich werde das steinerne Herz aus eurem Fleisch wegnehmen und euch ein fleischernes Herz geben. Und ich werde meinen Geist in euer Inneres legen (vgl. 37,14) ...

In diesen Verheißungen lassen sich mindestens zwei Perspektiven voneinander unterscheiden: Jer 31,33 und 32,40 kündigen eine *Einpflanzung* der Tora bzw. der Jahwefurcht in das vorhandene Personzentrum («Herz») der Israeliten an («Implantations»-Perspektive), während Ez 36,26 und 11,19 (sowie Jer 24,7) eine völlige *Ersetzung* des Personzentrums («Herz» und «Geist») der Israeliten erwarten («Transplantations»-Perspektive). Folgt man in Jer 32,39 und Ez 11,19 der Lesart des MT («*ein* Herz», anders LXX[*]: «ein anderes Herz», Peschitta: «ein neues Herz»[73]), wird hier noch eine dritte Perspektive erkennbar, der es weniger um eine Neubestimmung des individuellen Personzentrums geht als um die *Übereinstimmung* der einzelnen «Herzen» in der Gemeinschaft (vgl. 1 Chr 12,39; 2 Chr 30,12).

Die Erwartung, Jahwe werde den Israeliten «*ein* Herz und *einen* Weg (bzw. Wandel)» geben, damit sie ihn jederzeit fürchten (Jer 32,39), setzt als zu behebendes Problem nicht unbedingt einen generellen Defekt des «Herzens» vor-

---

[73] Vgl. dazu die Hinweise bei Schmid (1996) 82f Anm. 143.

aus, sondern in erster Linie eine mangelnde Übereinstimmung unter den Israeliten bezüglich der Orientierung ihres Denkens und Handelns. Mit seinem Eingriff wird Jahwe dafür sorgen, daß *ganz* Israel ihn fürchtet (vgl. als Gegenbild V.30ff). Dem entspricht die Ankündigung Jahwes, er werde den Israeliten «die Furcht vor mir in ihr Herz legen, damit sie nicht von mir abweichen» (V.40). Das kann etwa durch eine eindrucksvolle Präsentation seiner Macht geschehen (vgl. Ex 20,20). Dadurch, daß Jahwe alle Israeliten dazu bewegt, ihn zu fürchten, wird dann wohl auch die Rezeptionsbarriere gegenüber seiner «Belehrung» (למד pi.) beseitigt, von der V.33 im Rückblick spricht.

Wird Jahwe nach Jer 32 dadurch, daß er den Israeliten die Furcht vor ihm ins Herz legt, die Disposition für eine selbsttätig-vernünftige Rezeption seiner «Belehrung» schaffen, geht Jer 31,33 noch einen Schritt darüber hinaus: Jahwe wird den Israeliten gleich selbst seine Tora «auf ihr Herz schreiben». Damit wird jede weitere gegenseitige «Belehrung» (למד pi.) überflüssig (V.34). Das Interesse des Dtn an der *Zustimmung* des «Herzens» zur Tora (vgl. Dtn 6,5ff; 11,18ff) wird hier aufgegeben und ersetzt durch eine *Manipulation* des «Herzens» durch Gott, welche die Rezeption der Tora *erzwingt* bzw. gar keinen Freiraum zur Rezeption mehr läßt. Die im Dtn mindestens am Horizont drohende Gefahr eines Umschlags der «kollektiven Mnemotechnik» in krasse «Indoktrination» wird dadurch ausgeschaltet (V.34) – freilich um den Preis einer «Umprogrammierung» des menschlichen Personzentrums durch Gott. Stellte Num 15,39 die Israeliten immerhin noch vor die Wahl, ihrem «Herzen» und ihren «Augen» zu folgen oder sich in «blindem Gehorsam» der Tora Jahwes zu unterwerfen, wird Jahwe ihnen nach Jer 31 selbst diesen letzten Rezeptionsspielraum noch nehmen.

Auch Ez 36 kündigt an, Jahwe werde *«bewirken»* (עשׂה), daß die Israeliten seine Ordnungen und Rechtsbestimmungen künftig befolgen (V.27b). Dies soll aber nach V.26–27a nicht durch eine «Einschreibung» der Tora in ihr Herz geschehen, sondern durch einen «Austausch» ihres Person- und Lebenszentrums («Herz» und «Geist») und dadurch, daß Jahwe seinen eigenen «Geist» in ihr Inneres legt. Bei allem Interesse an einer effektiven Durchsetzung der Tora-Befolgung in Israel bleibt hier die Differenz zwischen dem Herzen und der Tora gewahrt, und damit auch der Freiraum für eine selbsttätig-vernünftige Zustimmung Israels zu Jahwes Ordnungen und Rechtsbestimmungen. Dieser Freiraum muß freilich durch die Befreiung Israels von seinem «harten» und «verstockten Herzen» (Ez 2,4; 3,7) allererst von Gott geschaffen werden (anders Ez 18,31). Er schließt die Fähigkeit und die Bereitschaft ein, «vergebene» Schuld (Ez 36,25.29; vgl. Jer 31,34) nicht einfach zu «vergessen» (Ez 36,31f; vgl. Lev 26,40f).

Ob zwischen Jer 31 und Ez 36 literarische Beziehungen vorliegen und in welcher Richtung ein allfälliger Rezeptionsprozeß verlaufen sein könnte, ist umstritten und vielleicht nicht mehr eindeutig zu bestimmen.[74] Ez 11,19 scheint dann jedoch Jer 32,39 («*ein* Herz») und Ez 36,26f («einen neuen Geist») bereits vorauszusetzen und miteinander zu verbinden, und Jer 24,7 versucht vielleicht, einen Ausgleich zwischen der «Implantations»-Perspektive von Jer 31,33; 32,40 und der «Transplantations»-Perspektive von Ez 11,19; 36,26f herzustellen.[75] Gemeinsam ist allen fünf Texten, daß sie eine Veränderung des Herzens Israels für die Zeit nach der Heimkehr der Diaspora (in Jer 24 eingeschränkt auf die [erste] babylonische Gola[76]) erwarten. Darin stimmen sie mit Dtn 30,6 überein. Die Ankündigung einer «Beschneidung» des Herzens Israels in Dtn 30,6 geht über die in Jer 31,33 und 32,39 anvisierte «Implantation» von Tora und Gottesfurcht hinaus, geht aber andererseits nicht so weit wie Ez 11,19 und 36,26, die eine radikale «Transplantation» des Herzens für notwendig erachten. Aus der Sicht des Jeremiabuchs ist sie durch Jer 9,25 (vgl. Lev 26,41) und Jer 4,4 (vgl. Dtn 10,16) sachlich vorbereitet.

Dtn 30,6 scheint nun insbesondere Jer 31,33 im Blick zu haben. Jer 31,31–34 (und Jer 30–31 insgesamt) können nämlich, wie jüngst K. Schmid gezeigt hat,[77] als kritische Auseinandersetzung mit Dtn 30,1–14* verstanden werden: Die Tora ist dem Herzen der Israeliten keineswegs nahe (so Dtn 30,11–14) und kann ihm auch nicht einfach durch Belehrung nahegebracht werden (so Dtn 4,7; 6,7; 11,19; dagegen Jer 31,34); Gott selbst muß sie ihnen erst ins Herz schreiben (Jer 31,33). Darauf scheint nun in Dtn 30 wiederum der Zusatz in V.6–8 zu reagieren: Die Tora war und ist dem Herzen der Israeliten von Anfang an «ganz nahe» (Dtn 30,11–14 vs. Jer 31,33). Doch muß das Herz der Israeliten erst von Jahwe «beschnitten» werden, damit sie zu dieser Tora «umkehren» und sie befolgen können (Dtn 30,6.8). Insofern kann Dtn 30,1–14 als kritische Rezeption der Kritik von Jer 31,31–34 an Dtn 30,1–14* verstanden werden. Sie nimmt die Problematik des menschlichen «Herzens» ernst, hält aber zugleich daran fest, daß Jahwe ein Interesse daran hat, daß Menschen seiner Tora aus vernünftiger Einsicht zustimmen und nicht aus Zwang. Deshalb wird er ihnen nicht die Tora ins Herz einschreiben, sondern vielmehr ihr Herz zur Rezeption der Tora befähigen.

---

74 So nimmt z.B. W. Zimmerli (1979) 879 an, daß Jer 31 durch Ez 36 überboten werde, während Schmid (1996) 83 «Jer 31,33 als eine antischwärmerische Reaktion auf Ez 36,27» betrachtet. Jedenfalls macht es die Ersetzung des «steinernen» Herzens durch ein «fleischernes» Herz in Ez 11,19 und 36,26 schwierig – wenn auch vielleicht für Gott nicht unmöglich –, auf dieses neue Herz noch etwas zu «schreiben» (Jer 31,33).

75 Vgl. für das Verhältnis von Ez 11,19 zu Ez 36,26f H.F. Fuhs (1988) 204; für das Verhältnis von Jer 24,7 zu Jer 31,33; 32,39f Schmid (1996) 260f. Schmid (1996) 81ff.260f (Lit.) nimmt eine entstehungsgeschichtliche Abfolge Jer 32,39 – Ez 11,19 – Ez 36,26f – Jer 31,33 / Jer 24,7 an.

76 Nach Schmid (1996) 261 Anm. 277 setzt Jer 24,6–7a jedoch «bereits die diasporaorientierte Korrektur von Jer 24 durch 23,7f» voraus.

77 Schmid (1996) 72f.

Mit der Erwartung einer «Beschneidung» des «Herzens» Israels bringt Dtn 30,6 den mit der Beschneidung verbundenen Abrahambund (Gen 17) ins Spiel. Dieser bildet hier freilich (anders als in P)[78] nicht eine Grundlage, auf der die Gottesbeziehung Israels nach dem Scheitern des Exodusbundes (Jer 31,32) erhalten bleibt. Er wird vielmehr durch die «Beschneidung» des «Herzens» zugleich aufgenommen und überboten. Kündigt Jer 31,31–34 einen *neuen* (und nicht nur «erneuerten») Exodusbund an,[79] faßt Dtn 30,6 sozusagen in ähnlicher Weise einen *neuen* (und nicht nur «erneuerten») Abrahambund ins Auge.

Jer 24,7 («Ich gebe ihnen ein Herz, mich zu erkennen, daß ich Jahwe bin ...») nimmt dann vielleicht bereits Bezug auf die Dtn 30,6 vorbereitende Feststellung Dtn 29,3 («Jahwe hat euch bis zum heutigen Tag weder ein Herz gegeben zu erkennen noch Augen zu sehen noch Ohren zu hören»), die wohl ihrerseits in Anlehnung an Jes 6,10 formuliert ist, und vermittelt damit zwischen Dtn 29f und Jer 31 (V.34!) / 32 (sowie Ez 11 und 36). Wenn dann am Ende des Maleachi-Buches (Mal 3,22–24), das Tora (Mose) und Prophetie (Elia) programmatisch miteinander verbindet, der Prophet Elia «das Herz der Väter zu den Söhnen und das Herz der Söhne zu ihren Vätern umkehren» läßt, wird damit vielleicht die Erwartung einer Veränderung des «Herzens» Israels aus Dtn 30,6 und dem Jeremia- und Ezechielbuch noch einmal bekräftigt (und auf die Verheißung des «*einen* Herzens» aus Jer 32,39 und Ez 11,19 fokussiert?).

Jeder Versuch, solche literarischen Beziehungen im einzelnen aufzuzeigen, bleibt freilich in hohem Grade spekulativ und hypothetisch. Die Annahme, daß die im Pentateuch von Gen 6 / 8 bis Dtn 29ff entwickelte Diskussion über die Problematik des menschlichen Herzens und die sich daraus ergebenden Konsequenzen für die Rezeption der Tora Anstöße aus der prophetischen Traditionsentwicklung im Jeremia- und Ezechielbuch verarbeitet, scheint jedoch wenigstens nicht ganz abwegig zu sein.[80] Durch diese Rezeption prophetischer Konzepte und Perspektiven wird die Tora dann vielleicht auch hinsichtlich ihrer literarischen Verbindung mit den («späteren») Propheten «mit verschiedenen Augen lesbar»: Wenn Mose alle «wesentlichen» Ankündigungen der Propheten bereits vorweggenommen hat (vgl. auch Dtn 32), kann man dies sowohl in dem Sinne interpretieren, daß «die Propheten» durch «Mose» im Grunde überflüssig werden (vgl. Dtn 34,10ff), als auch in dem Sinne, daß ihre Autorität durch «Mose» bekräftigt wird (vgl. Dtn 18,15ff).

---

78 Vgl. etwa Zimmerli (1989) 47 und den Beitrag von Groß im vorliegenden Band.

79 Vgl. Groß (1995) 99f.

80 Vgl. zur Rezeption prophetischer Traditionen und Konzepte in der Redaktion des Pentateuch jüngst Schmitt (1995) 272ff. Zur (älteren) Rezeption von Prophetentraditionen in P vgl. exemplarisch Steck (1991a).

3. *Zur weiteren Diskussion in den «Schriften»*

Die in der Tora und den Propheten diskutierte Problematik des menschlichen «Herzens» ist allem Anschein nach in späteren Texten des AT kritisch rezipiert und weiter diskutiert worden. So können etwa die Bitte des einzelnen, Gott möge ihm ein «reines Herz erschaffen» und in seinem Inneren «einen festen Geist erneuern» (Ps 51,12), oder seine Überzeugung, die Tora in seinem «Herzen» bzw. seinem «Inneren» zu tragen (Ps 37,31; 40,9; vgl. Jes 51,7) als (unterschiedliche) individuell-präsentische Rezeptionen der Erwartung einer kollektiven Veränderung des Herzens in Dtn 29f und im Jeremia- und Ezechielbuch verstanden werden. Deutlichere Bezugnahmen auf die Tora finden sich aber in den Chronikbüchern sowie im Qohelet- und im Sirachbuch.

3.1. 1 Chronik 28,9 und 29,18

Die einzigen Stellen im AT neben Gen 6,5, an denen die Nomina יצר, מחשבה/ת und לב(ב) nebeneinander stehen, sind 1 Chr 28,9 und 29,18. In 1 Chr 28,9f fordert David seinen Sohn Salomo auf:

> 9 ... erkenne den Gott deines Vaters und diene ihm mit ungeteiltem Herzen (בלב שלם) und mit williger Seele! Denn Jahwe erforscht alle Herzen (לבבות), und alles Streben der Gedanken (כל יצר מחשבות) kennt er. Wenn du ihn suchst, wird er sich von dir finden lassen; wenn du ihn aber verläßt, wird er dich verwerfen auf ewig. 10 Sieh nun, daß Jahwe dich erwählt hat, (ihm) ein Haus zu bauen als Heiligtum! ...

Und in 1 Chr 29,16–19 richtet David, nachdem er und die Obersten des Volkes das Material für den Tempelbau bereitgestellt haben, an Jahwe die Bitte:

> 16 Jahwe, unser Gott, diese ganze Menge, die wir bereitgestellt haben, um dir ein Haus zu bauen für deinen heiligen Namen, von deiner Hand ist sie, und das alles ist dein. 17 Ich habe erkannt, mein Gott, daß du das Herz prüfst, und an Aufrichtigkeit hast du Gefallen. Ich (nun), in Aufrichtigkeit meines Herzens habe ich das alles freiwillig gegeben; und ich habe jetzt mit Freuden gesehen, daß (auch) dein Volk, das sich hier befindet, dir bereitwillig gegeben hat. 18 Jahwe, Gott unserer Väter Abraham, Isaak und Israel, bewahre dies auf ewig als Streben der Gedanken im Herzen deines Volkes (ליצר מחשבות לבב עמך), und richte ihr Herz zu dir! 19 Und meinem Sohn Salomo gib ein ungeteiltes Herz, deine Gebote, deine Zeugnisse und deine Ordnungen zu beachten und alles zu tun und den Palast zu bauen, den ich vorbereitet habe.

Anders als in Ex 25ff entspringt in 1 Chr 17ff bereits die Initiative zum Bau des Heiligtums dem «Herzen» Davids,[81] und auch das Volk erbringt seinen Beitrag für den Tempelbau aus eigenem Antrieb, «freiwillig, von ganzem Herzen» (בלב שלם התנדבו: 1 Chr 29,9). Darin scheinen die Chronikbücher anders als Ex 28; 31 und 35 kein Problem zu sehen.

Da sich die Wendung יצר מחשב(ו)ת לב(ב) im AT nur in Gen 6,5 und 1 Chr 29,18 findet[82], könnte 1 Chr 29,18 mit Blick auf Gen 6,5 formuliert sein. Liest

---

[81] 1 Chr 17,2; 22,7; 28,2; 2 Chr 6,7f (vgl. 1 Kön 8,17f); vgl. weiter 7,11: Salomo; 24,4: Joasch.

[82] In Gen–2 Kön und 1 Chr–Neh ist יצר neben Gen 6,5; 8,21 und Dtn 31,21 nur in 1 Chr 28,9; 29,18 belegt. מחשבה/ת begegnet neben Gen 6,5; Ex 31,4; 35,32.35 und 1 Chr 28,9;

man 1 Chr 28 / 29 als (implizite) Neuinterpretation von Gen 6 / 8, so wird die dort namhaft gemachte Problematik des menschlichen Herzens hier offenbar nicht als ein unausweichliches, universal-anthropologisches Phänomen verstanden, sondern vielleicht als ein Wesenszug der «Zeitgenossen» Noahs, von dem dieser selbst als «Gerechter» nicht betroffen war (vgl. Gen 6,9; 7,1).[83] Eine «eschatologische» Veränderung des Herzens durch Gott, wie sie Dtn 30,6 sowie das Jeremia- und Ezechielbuch erwarten, ist dementsprechend für die Chronikbücher entbehrlich.[84]

3.2. Qohelet

Demgegenüber blendet das Qoheletbuch zwar ebenfalls jede «eschatologische» Perspektive konsequent aus.[85] Zugleich hält es aber an der in der Tora aufgezeigten Problematik des menschlichen «Herzens» fest:

> Das Herz der Menschen ist voll Bosheit, und Torheit ist in ihrem Herzen, solange sie leben. (Qoh 9,3)

Qoh 8,6 («die Bosheit des Menschen ist groß auf ihm») scheint auf Gen 6,5 anzuspielen,[86] und Qoh 7,29 («Gott hat den Menschen recht [ישר] gemacht, sie aber suchten große Erkenntnisse [חשבנות]») rekapituliert in aller Kürze den v.a. in den nicht-priesterschriftlichen Teilen der Urgeschichte akzentuierten Bruch zwischen der von Gott geschaffenen und der gegenwärtig erfahrbaren Konstitution des Menschen.[87] Wenn «kein Mensch auf Erden (so) gerecht ist, daß er (nur) Gutes tut und nicht sündigt» (Qoh 7,20), kann auch Noah nur *relativ* «gerechter» gewesen sein als seine Zeitgenossen (Gen 6,9; 7,1), ohne deshalb von dem generellen Urteil in Gen 6,5 und 8,21 ausgenommen zu sein.

Die Problematik des menschlichen Herzens wird gegenüber Gen 6 / 8 in Qoh 3,11 noch dadurch radikalisiert, daß es schon von seiner schöpfungsmäßigen Konstitution her nicht dazu in der Lage ist, das Wirken Gottes «von Anfang bis Ende zu erfassen» (vgl. Qoh 8,16f; 11,5). Nicht nur die Rezeption der Tora unterliegt demnach der Problematik des menschlichen Herzens, sondern die Erkenntnis des Wirkens Gottes überhaupt – auf das Qoh 3,14 die

---

29,18 nur noch in 2 Sam 14,14 (Gedanken Gottes) und 2 Chr 2,13 (Tempelbau); 26,15 (Rüstungstechnik).

83 In ähnlicher Weise scheint Ps 95,8ff Dtn 29,3 nur auf die Exodus-Generation zu beziehen.

84 Das in Jer 32,29 und Ez 11,19 angekündigte «*eine* Herz» hatte Israel nach 1 Chr 12,39 und 2 Chr 30,12 bereits unter David und Hiskia. Verlieh Jahwe Salomo nach 1 Kön 3,9.12; 5,9; 10,24 ein weises und verständiges Herz, so legte er ihm nach 2 Chr 9,23 Weisheit *ins* Herz und schenkte ihm nach 2 Chr 1,11 Weisheit und Einsicht, weil er solches «im Herzen» hatte – «böse» war Salomos Herz also sicher nicht.

85 Vgl. Th. Krüger (1996).

86 Vgl. Forman (1960) 258f.

87 Vgl. auch Qoh 3,18: «Ich sagte mir über die Menschen, daß Gott sie ausgesondert hat (vgl. Gen 1), und daß er gesehen hat, daß sie nur Vieh sind (vgl. Gen 6) ...»

«Kanonformel» von Dtn 4,2 / 13,1 überträgt. Wenn freilich Gott bereits durch sein schöpferisches Wirken «bewirkt hat, daß man sich vor ihm fürchtet» (Qoh 3,14), muß er dem Menschen die Furcht vor ihm nicht eigens ins Herz legen, wie Jer 32,40 meint. Da es für den Menschen nichts anderes von Gott zu erhoffen gibt, als daß dieser ihn «mit der Freude seines Herzens beschäftigen» möge (Qoh 5,19), gilt es, nach Möglichkeit «mit frohem Herzen» zu leben (Qoh 9,7; vgl. 11,9) und sich dabei an seinem «Herzen» und seinen «Augen» zu orientieren (Qoh 11,9; vgl. dagegen Num 15,39) – im Wissen um deren Unvollkommenheit.

3.3. Jesus Sirach

Ein weitaus ungebrocheneres Zutrauen in die Fähigkeiten des menschlichen Herzens zeigt das Sirachbuch. Nach Sir 37,13f ist das Herz der beste Ratgeber des Menschen. Seine ambivalenten Gedanken sind für den Weisen durchaus zu beherrschen:

> Die Wurzel der Gedanken (תחבולות) ist das Herz,
> vier Zweige sprossen (daraus) hervor:
> Gutes und Böses und Leben und Tod;
> aber Herrschaft über sie übt vollständig die Zunge aus. (Sir 37,17f)[88]

Wenn Gott nach Sir 15,14 den Menschen bei seiner Schöpfung «der Gewalt seines יצר unterstellt» hat, meint יצר hier im Kontext den «freien Willen»,[89] der nach Sir 27,6 die Kontrolle über die «Gedanken» des Menschen ausübt:

> Entsprechend der Pflege eines Baumes wird die Frucht geraten,
> so auch der Gedanke (חשבון) entsprechend dem Wollen (יצר) eines Menschen.[90]

Nach Sir 17 hat Gott den Menschen «ein Herz zum Denken gegeben» (V.6) und ihnen «die Furcht vor ihm in ihre Herzen gelegt» (V.8). So ist auch für den Sünder eine «Umkehr» zu Gott jederzeit möglich (V.25f). – Diese «optimistische» Sicht des menschlichen Herzens wurde dann freilich von einem späteren Abschreiber des griechischen Textes durch Einfügung von V.16 im Sinne von Gen 6,5 und 8,21 (und mit Anspielung auf Ez 11,19 und 36,26) kritisch korrigiert:[91]

> Ihre Wege neigen von Jugend an zum Bösen,
> und nicht vermögen sie, ihre Herzen
> aus Stein in Fleisch zu wandeln.[92]

Hier zeigt sich exemplarisch, daß Gen 6,5 und 8,21 einen bleibenden Anstoß zur kritischen Reflexion der Möglichkeiten und Grenzen menschlicher Vernunft darstellen – auch wenn ihre Rezeption als «universal-anthropologische»

---

88 Übersetzung: G. Sauer (JSHRZ III/5, 1981).
89 Vgl. P.W. Skehan / A.A. Di Lella (1987): «free choice».
90 Übersetzung: G. Sauer (JSHRZ III/5, 1981).
91 Vgl. Sauer (JSHRZ III/5, 1981) und Skehan / Di Lella (1987) z.St.
92 Übersetzung: Sauer (JSHRZ III/5, 1981).

Aussagen ihrem hier vermutungsweise rekonstruierten, «(meta-)historisch» begrenzten «ursprünglichen Sinn» nicht entspricht.[93]

---

93 Vgl. zur weiteren Rezeption und Diskussion die Hinweise bei Stolz (THAT I) 867; Otzen (ThWAT III) 839 und Fabry (ThWAT IV) 449ff. Siehe u.a. 4 Esra 3,20ff; 4,4.30; 6,26; 7,48; 9,36; 14,25.34.39f und Röm 1,18ff; 7,18ff, wo Paulus sowohl Gen 6 / 8 (vgl. Röm 1,21.24.28; 2,5; 7,17ff) als auch Jer 31 (vgl. Röm 2,15; 7,21ff) universal-anthropologisch interpretiert (vgl. die Zitate von Qoh 7,20 in Röm 3,10 und von Dtn 29,3 in Röm 11,8) und die «Beschneidung des Herzens» (Dtn 30,6) kritisch gegen die «fleischliche» Beschneidung ausspielt (Röm 2,28f). – Nach Mt 9,20; Mk 6,56; Lk 8,44 (vgl. Mt 23,5) hätte Jesus ein Gewand mit «Quasten» getragen, was aber nicht unbedingt als Zustimmung zu Num 15,38f interpretiert werden muß (vgl. Dtn 22,12).

Literaturverzeichnis

Assmann, J. (1992), Das kulturelle Gedächtnis. Schrift, Erinnerung und politische Identität in frühen Hochkulturen, München.
– (Hg.) (1993), Die Erfindung des inneren Menschen (Studien zum Verstehen fremder Religionen 6), Gütersloh.
Barth, K. (1986), Die kirchliche Dogmatik, Studienausgabe Bd. 1: KD I/1 §§1–7, Zürich.
Blenkinsopp, J. (1992), The Pentateuch. An Introduction to the First Five Books of the Bible (ABRL), New York.
Blum, E. (1990), Studien zur Komposition des Pentateuch (BZAW 189), Berlin/New York.
Böhme, G. (1985), Anthropologie in pragmatischer Hinsicht: Darmstädter Vorlesungen (edition suhrkamp 1301), Frankfurt a.M.
Braulik, G. (1992), Deuteronomium II. 16,18–34,12 (NEB Lfg.28), Würzburg.
– (1995), «Das Buch Deuteronomium», in: Zenger u.a. (1995), S.76–88.
Cholewinski, A. (1976), Heiligkeitsgesetz und Deuteronomium (AnBib 66), Rom.
Crüsemann, F. (1980), «Autonomie und Sünde. Gen 4,7 und die ‹jahwistische› Urgeschichte», in: W. Schottroff und W. Stegemann (Hgg.), Traditionen der Befreiung: Sozialgeschichtliche Bibelauslegungen. Bd. 1: Methodische Zugänge, München/Gelnhausen/Berlin/Stein, S.60–77.
– (1981), «Die Eigenständigkeit der Urgeschichte. Ein Beitrag zur Diskussion um den ‹Jahwisten›», in: J. Jeremias und L. Perlitt (Hgg.), Die Botschaft und die Boten. FS H.W. Wolff, Neukirchen-Vluyn, S.11–29.
Dillmann, A. (1880), Die Bücher Exodus und Leviticus (KEH 12), Leipzig (2. Aufl.).
Elliger, K. (1966), Leviticus (HAT I/4), Tübingen.
Forman, C.C. (1960), «Koheleth's Use of Genesis», JSSt 5, S.256–263.
Fuhs, H.F. (1988), Ezechiel II 25–48 (NEB Lfg.22), Würzburg.
Gerstenberger, E. S. (1993), Das dritte Buch Mose. Leviticus (ATD 6), Göttingen.
Groß, W. (1995), «Neuer Bund oder Erneuerter Bund: Jer 31,31–34 in der jüngsten Diskussion», in: B.J. Hilberath / Dorothea Sattler (Hgg.), Vorgeschmack. FS Th. Schneider, Mainz, S.89–114.
Jenni, E. (1992), Die hebräischen Präpositionen. Bd. 1: Die Präposition Beth, Stuttgart/Berlin/Köln.
Jeremias, J. (1975), Die Reue Gottes: Aspekte alttestamentlicher Gottesvorstellung (BSt 65), Neukirchen-Vluyn.
Kaiser, O. (1992), Grundriß der Einleitung in die kanonischen und deuterokanonischen Schriften des Alten Testaments. Bd. 1: Die erzählenden Werke, Gütersloh.
– (1993), Der Gott des Alten Testaments. Theologie des Alten Testaments. Teil 1: Grundlegung, Göttingen.
Kilian, R. (1963), Literarkritische und formgeschichtliche Untersuchung des Heiligkeitsgesetzes (BBB 19), Bonn.
Krüger, Th. (1996), «Dekonstruktion und Rekonstruktion prophetischer Eschatologie im Qohelet-Buch», in: Anja A. Diesel u.a. (Hgg.), «Jedes Ding hat seine Zeit ...» Studien zur israelitischen und altorientalischen Weisheit. FS D. Michel (BZAW 241), Berlin/New York, S.107–129.
Lang, B. (1984), «George Orwell im gelobten Land. Das Buch Deuteronomium und der Geist kirchlicher Kontrolle», in: E.W. Zeeden / P.Th. Lang, (Hgg.), Kirche und Visitation (Tübinger Beiträge zur Geschichtsforschung 14), Stuttgart, S.21–35.
Levin, Chr. (1993), Der Jahwist (FRLANT 157), Göttingen.

Nielsen, E. (1995), Deuteronomium (HAT I/6), Tübingen.
Noth, M. (1966), Das dritte Buch Mose. Leviticus (ATD 6), Göttingen (2. Aufl.).
– (1982), Das vierte Buch Mose. Numeri (ATD 7), Göttingen (4. Aufl.).
– (1984), Das zweite Buch Mose. Exodus (ATD 5), Göttingen (7. Aufl.).
Otto, E. (1994), Theologische Ethik des Alten Testaments (ThW 3/2), Stuttgart/Berlin/Köln.
– (1995), «Kritik der Pentateuchkomposition», ThR 60, S.163–191.
Preuß, H. D. (1982), Deuteronomium (EdF 164), Darmstadt.
von Rad, G. (1976), Das erste Buch Mose. Genesis (ATD 2–4), Göttingen (10. Aufl.).
Rose, M. (1994), 5.Mose. 2. Teilbd.: 5.Mose 1–11 und 26–36. Rahmenstücke zum Gesetzeskorpus (ZBK.AT 5/2), Zürich.
Ruppert, L. (1992), Genesis. Ein kritischer und theologischer Kommentar. 1. Teilbd.: Gen 1,1–11,26 (FzB 70), Würzburg.
Scharbert, J. (1985), Genesis 1–11 (NEB Lfg.5), Würzburg (2. Aufl.).
Schmid, K. (1996), Buchgestalten des Jeremiabuches. Untersuchungen zur Redaktions- und Rezeptionsgeschichte von Jer 30–33 im Kontext des Buches (WMANT 72), Neukirchen-Vluyn.
Schmidt, W. H. (1990), Alttestamentlicher Glaube in seiner Geschichte, Neukirchen-Vluyn (7. Aufl.).
Seebass, H. (1996), Genesis I. Urgeschichte (1,1–11,26), Neukirchen-Vluyn.
Schmitt, H.-Chr. (1995), «Die Suche nach der Identität des Jahweglaubens im nachexilischen Israel: Bemerkungen zur theologischen Intention der Endredaktion des Pentateuch», in: J. Mehlhausen (Hg.), Pluralismus und Identität (Veröffentlichungen der Wissenschaftlichen Gesellschaft für Theologie 8), Gütersloh, S.259–278.
Seebass, H. (1996), Genesis I. Urgeschichte (1,1–11,26), Neukirchen-Vluyn.
Ska, J. L. (1994), «El relato del diluvio: Un relato sacerdotal y algunos fragmentos redaccionales posteriores», EstB 52, S.37–62.
Skehan, P.W. / Di Lella, A.A. (1987), The Wisdom of Ben Sira (AncB 39), Garden City (New York).
Smend, R. (1989), Die Entstehung des Alten Testaments (ThW 1), Stuttgart/Berlin/Köln (4. Aufl.).
Steck, O.H. (1991), Der Abschluß der Prophetie im Alten Testament: Ein Versuch zur Frage der Vorgeschichte des Kanons (BThSt 17), Neukirchen-Vluyn.
– (1991a), «Aufbauprobleme in der Priesterschrift» in: D. R. Daniels u.a. (Hgg.), Ernten, was man sät. FS K. Koch, Neukirchen-Vluyn, S.287–308.
– (1993), «Prophetische Prophetenauslegung», in: H.F. Geißer u.a. (Hgg.), Wahrheit der Schrift – Wahrheit der Auslegung. Eine Zürcher Vorlesungsreihe zu Gerhard Ebelings 80. Geburtstag am 6. Juli 1992, Zürich, S.198–244.
– (1993a), Arbeitsblätter Altes Testament für Einführungskurse, Zürich (2. Aufl.).
Steuernagel, C. (1923), Das Deuteronomium (HKAT I/3.1), Göttingen (2. Aufl.).
Toeg, A. (1974), «Numeri 15,22–31 – ein Midrasch Halacha» (hebr.), Tarbiz 43, S.1–20.
Utzschneider, H. (1988), Das Heiligtum und das Gesetz: Studien zur Bedeutung der sinaitischen Heiligtumstexte (Ex 25–40; Lev 8–9) (OBO 77), Freiburg (Schweiz)/Göttingen.
Van Seters, J. (1992), Prologue to History: The Jahwist as Historian in Genesis, Zürich.
Wenham, J. (1987), Genesis 1–15 (WBC 1), Waco (Texas).
Wolff, H. W. (1973), Anthropologie des Alten Testaments, München.
Zenger, E. u.a. (1995), Einleitung in das Alte Testament (Kohlhammer Studienbücher Theologie 1/1), Stuttgart/Berlin/Köln.
– (1995), «Die Tora / der Pentateuch als Ganzes» in: Zenger u.a. (1995), S.34–46.
– (1995a), «Die priesterschriftlichen Schichten (‹P›)» in: Zenger u.a. (1995), S.89–108.

Zimmerli, W. (1979), Ezechiel. 2. Teilbd.: Ezechiel 25–48 (BKAT XIII/2), Neukirchen-Vluyn (2. Aufl.).
– (1989), Grundriß der alttestamentlichen Theologie (ThW 3/1), Stuttgart/Berlin/Köln (6. Aufl.).

Spätisraelitisch-jüdische und urchristliche Danielrezeption vor und nach der Zerstörung des zweiten Tempels

Von Klaus Koch

1. Begriff und Beispiel des Danielbuchs

1. Rezeption ist seit einigen Jahrzehnten in Literaturwissenschaft und Exegese zu einem beliebten Schlagwort für die Verarbeitung verschrifteter Texte durch den aufmerksamen Leser geworden.[1] Denn das Lesen literarischer Werke stellt keinen bloß passiven Empfang formulierter Informationen dar, sondern erfordert eine eigene Weise des Verhaltens. Vorausgesetzt ist der Wille, etwas Neues und Unbekanntes zur Kenntnis zu nehmen. Das Ergebnis einer solchen sprachlichen Begegnung, die keinen direkten personalen Austausch impliziert, deckt sich beim lesenden Empfänger kaum je vollständig mit der Intention des sendenden Verfassers, ohne daß auf seiten des Lesers die Abweichung beabsichtigt sein muß. Wer jedoch einen Text aufnimmt, ordnet ihn unwillkürlich seiner Sprachwelt, seinen Erinnerungen, Erwartungen und Wertmaßstäben ein. Dadurch wird vor- oder unterbewußt sortiert, was wichtig oder unwichtig, richtig oder falsch, wo zuzustimmen und wo abzulehnen ist. Soweit bleibt Rezeption ein innerpsychischer Vorgang, der Dritten nicht greifbar wird. Nur in Ausnahmefällen kommt es zu ausdrücklichen Äußerungen, wird also die Reaktion anderen wahrnehmbar, nimmt womöglich schriftliche Form an und erzeugt einen weiteren Text. Solche ausdrückliche, reaktive Rezeption, die über Rezeption an sich hinausführt, geschieht oft mit erheblicher zeitlicher Verzögerung, angestoßen durch Ereignisse, die den Text aktuell erscheinen lassen.

Mit der Bibel ist dem Exegeten ein Dokument vorgegeben, dessen Entstehung lang zurückliegt, so daß ein reflektierter heutiger Gebrauch die Frage nach sachgemäßer Rezeption notwendig hervorruft. Jede Textrezeption ist nicht nur durch Gegenwartskonstellationen bedingt, sondern zugleich das Ergebnis einer überkommenen Sprach- und Auslegungsgeschichte. Deren Kenntnis wird nötig, soll über sachgemäße oder unsachliche, über wahre oder falsche Rezeption geurteilt werden.

Die Rezeption literarischer Werke aus vergangenen Zeiten wird dem Historiker nur zugänglich, wo sie reaktiv geworden ist, also Sekundärdokumente vorliegen. Dazu gehören Auslegungen, aber auch Zitate und Anspielungen in anderen Schriften, vor allem auch Übersetzungen. In all diesen Fällen wird in der Regel der Wortlaut des vorgegebenen Textes der Absicht nach unverän-

---

[1] Den Anfang im deutschsprachigen Raum hat H.R. Jauß (1970) gemacht. Zur Bedeutung für die Bibelwissenschaft s. K. Koch (1991).

dert beibehalten. Dennoch wird der vom Autor gehegte Sinn, abgesehen vielleicht vom Kreis der ins Auge gefaßten Primärleser, die dann keine Reaktion nach außen kundzutun pflegen, unwillkürlich in ein verändertes gedankliches und emotionales Koordinatennetz eingeordnet. Beim historischen Rückblick stellt sich meist heraus, daß Rezeption je nach Epoche und sozialer Schicht sich wandelt, sie also mehr ein gesellschaftliches als ein individuelles Erscheinungsbild zeigt.

Wer überzeugt ist, daß für den Lauf der Geschichte nicht nur äußere Machtverhältnisse oder ökonomische Prozesse ausschlaggebend sind, sondern daß literarische und nicht zuletzt religiöse Texte nicht nur den Geist, sondern auch das Verhalten von Generationen prägen, kann auf rezeptionsgeschichtliche Untersuchungen nicht verzichten. Sie führen insofern über das, was als Auslegungs- oder Wirkungsgeschichte von Texten (oder im englischsprachigen Raum als intertextuality) gefordert wird, hinaus, als hierbei die ständige Vernetzung der sich wandelnden Schriftwerk–Leser–Relation mit der jeweiligen Lebenswelt in Rechnung gestellt und nicht monokausal von einem absoluten Anfang durch einen originalen schriftstellerischen Entwurf ausgegangen wird.

Erst die von der neuzeitlichen Geschichtswissenschaft ausgebildeten Methoden ermöglichen es, Textentstehung und Textrezeption deutlich zu unterscheiden. Zugleich nötigen aber die Prinzipien der Wissenschaft über Kausalität und Wechselwirkung dazu, beide Vorgänge als Elemente eines durchlaufenden Überlieferungsprozesses zu begreifen, der in die Bewegungen der jeweiligen Sprachgeschichte[2] eingebettet ist. Insofern ist historisch-kritische Exegese die Rezeption der Rezeption, wenigstens dann, wenn sie wirklich historisch verfährt und sich nicht (mittels isolierter Literarkritik) auf das Ermitteln des Originalsinnes eines Schriftwerkes erschöpft.

2. Als Beispiel für die Rezeption eines biblischen Buches greife ich das Danielbuch heraus, dessen Legenden als Beispiele für standhaften Glauben in Verfolgungszeiten und dessen Geschichtsverständnis und Eschatologie für die entsprechenden Lehren in Judentum und Christentum von gewaltigem Einfluß gewesen sind.

Wo lassen sich Rezeptionen dieser Schrift in den ersten Jahrhunderten nach ihrer Entstehung nachweisen? Welche Abschnitte und Ideen werden reaktiv rezipiert? Welche Verstehenshorizonte sind als vorgegeben vorauszusetzen?

Um eine solche Untersuchung anzufangen, ist vorgängig zu erklären, welches Danielbuch gemeint sein soll. Uns liegt einerseits die masoretische Version vor, entstanden aus aramäischen und hebräischen Vorlagen und ver-

---

2 Zum notwendig umfassenden Sinn des Begriffs Sprachgeschichte s. Koch (1989) 318–324.

schriftet während der Religionsverfolgung um 165 v. Chr.[3] Andrerseits bieten die alten syrischen und griechischen Handschriften eine ungefähr um die Hälfte längere Schrift, erweitert durch «deuterokanonische» Zusätze in Kap. 3 und die Erzählungen von Susanna, Bel und dem Drachen von Babel, die in der christlichen Kirche bis zur Reformation als kanonisch gleichwertig in Gebrauch waren. Die zweite Gruppe ist in sich insofern nicht völlig einheitlich, als die Septuaginta vor allem in den Kap. 4–6 erheblich von der masoretischen Fassung, aber auch von Pseudotheodotion und Peschitta abweicht. Das hat neuerdings zu der These geführt, daß die Septuaginta dieser Kapitel auf aramäische und hebräische Einzeltexte zurückgeht, die älter waren als die entsprechenden Wiedergaben im aramäisch-masoretischen Text.[4] Die Großkirche hat die Septuaginta aus ihrem Kanon ausgeschlossen, doch das geschah nach der hier zur Verhandlung stehenden Epoche. Insofern bleibt bisweilen unsicher, welche Fassung von Übersetzung der urchristlichen Rezeption zugrunde liegt. Deshalb beschränke ich mich auf Beispiele, in denen es um die Wirkung von Danieltexten geht, die auf einen vermutlich allen Versionen vorliegenden, nahezu gleichlautenden Urtext zurückgehen.

Vorweggreifend sei eine Beobachtung vorangestellt, die sich bei allen in der Folge herangezogenen Stellen bewähren wird und mehr als alles andere beweist, daß Rezeption nicht nur von subjektiven, sondern ebensosehr, wenn nicht noch mehr, von epochalen Vorbedingungen abhängt. Das betrifft eine einschneidende, aber als selbstverständlich vorgenommene *Verschiebung der Zeitebene* bei der Daniellektüre gegenüber dem, was historisch-kritisch als Anliegen des Danielbuchs der Makkabäerzeit sich ergeben hat. Nach einem weitgehenden Forschungskonsens wollen seine Weissagungen, sofern sie auf konkrete politische oder kultische Personen und Verhältnisse anspielen, den Untergang des Religionsfeinds Antiochos IV. Epiphanes und die Wiederherstellung des entweihten Zionskultes als Anfang der Kehre zur eschatologischen Heilszeit voraussagen. Auf diese Vorgänge verweist ursprünglich die Zerschlagung der Riesenstatue irdischer Großreiche (Kap. 2) wie die Verurteilung und Verbrennung des letzten von ihnen als viertes (Un-)Tier (Kap. 7), vor allem auch die Vernichtung des Frevelkönigs als letztes Horn innerhalb von dreieinhalb Zeiten = Jahren (Kap. 7; 8). Mit dem Ende des Jahres 164 war das, was mit konkreten Andeutungen ausgesagt war, im wesentlichen tatsächlich eingetroffen und das mit einer Genauigkeit, wie sie bei keinem älteren Profeten nachzuweisen war. Allerdings war die überirdische Überhöhung der Wende ausgeblieben; kein Menschensohn war auf den Wolken des Himmels erschienen, die Weltreiche waren nicht beseitigt, die Herrschaft

---

3 Zur Entstehung des Buches s. O.H. Steck (1980) 54f (= ders. [1982] 263f). Zur «Aufstockungshypothese» s. Koch u.a. (1980) 61–77.

4 R. Albertz (1988).

Michaels und die Auferstehung der Toten nicht geschehen. Solche Endperspektiven waren jedoch auch bei anderen profetischen Texten offengeblieben, deren partielle Erfüllung sich durch den Untergang Israels und die Rückkehr aus dem Exil ereignet hatte; dennoch konnte es von den Worten solcher «früheren Profeten» heißen, daß sie ihr Ziel erreicht hatten (Sach 1,6). Insofern hätte unsrer Meinung nach das Danielbuch nach 164 primär als Rückblick auf großartig erfüllte Weissagungen und auf die Zuverlässigkeit des israelitischen Gottes begriffen werden können. Das geschieht nicht. Statt dessen werden die oben erwähnten Hauptinhalte des Buchs als offene Ausblicke in eine vorendzeitliche Entwicklung aufgefaßt. Selbst das, was für den makkabäischen Verfasserkreis *vaticinia ex eventu* waren wie das Auftauchen des letzten Horns (7,8), der Regierungsantritt des Verächtlichen (11,21) oder die Aufrichtung eines Greuels der Verwüstung (9,27; 11,31; 12,11) werden fortan erst für die Zukunft befürchtet.[5] Nichtsdestoweniger wird nicht nur für die Erzähltexte, sondern auch für die entsprechenden Visionsabschnitte, welche die weltgeschichtliche Vergangenheit betreffen, diese zeitliche Erstreckung beibehalten. So bleibt für die Danielrezipienten der Inhalt der Eschatologie die Fortsetzung der Weltgeschichte mit andern Mitteln.

Um die Zeitenwende werden sichere oder mutmaßliche Rückgriffe auf Danieltexte so häufig, daß ich nur eine Auswahl berücksichtigen kann. Die nachdanielische Apokalyptik wird durch sie geprägt, insbesondere die Bilderreden des Henoch oder das 4. Esrabuch. Für das Neue Testament ist schon das Zitatenregister bei Nestle-Aland aufschlußreich.[6] «Daniels immenser Einfluß auf die frühjüdische Apokalyptik und das Urchristentum ist schwerlich zu überschätzen.»[7] Die ohne jeden Anspruch auf Vollständigkeit herausgegriffenen Beispiele wollen die verschiedenen Möglichkeiten von Rezeption veranschaulichen.

2. Übersetzungs-Rezeption: Die Septuaginta

Was bei Rezeption eines Textes sich vollzieht, läßt sich besonders deutlich bei dessen Übersetzung in eine andere Sprache greifen. Verglichen mit einem der Sprache des Urtexts kundigen und der Umwelt des Verfassers vertrauten Primärleser, der sozusagen «ohne weiteres» versteht, bedarf der Übersetzer einer zusätzlichen Reflexion, um das, was dasteht, in eine neue Sprache zu kleiden. Denn er wendet sich an ein Leserpublikum, dem meist der ursprüngli-

---

5 Nur die Peschitta und die syrische Auslegung scheren aus dem christlich-jüdischen Konsens aus.

6 Nestle / Aland[27], 796–798.

7 J. Becker (1996) 116 (im Text steht «zu unterschätzen», offensichtlich ein Versehen). Eine umfassende Untersuchung der Danielverwendung hat noch nicht stattgefunden. R. Bodenmann (1986) behandelt «Daniel dans l'Eglise ancienne des trois premiers siècles», nicht aber die spätisraelitisch-urchristliche Zeit. Die Schrift von W. Grimm (1984) bedarf keiner Widerlegung.

che Sitz im Leben der Schrift fremd und der in der Regel inhomogener zusammengesetzt ist als der vom Autor vorgesehene Primärleserkreis. Zudem werden im Altertum Übersetzungen von Leuten durchgeführt, die sich mit der Sache des Textes identifizieren wollen, aber ihrerseits schon dem einstigen Sitz im Leben fern stehen.

Die Septuagintafassung des Danielbuches ist nach einem verbreiteten Konsens noch im 2. Jh. v. Chr. erfolgt, vielleicht 20–30 Jahre nach dem Makkabäeraufstand und also die erste nachweisbare Rezeption.[8]

Um ihre Eigenart zu kennzeichnen, bietet sich der *Gebrauch der Gottesnamen* als Einstieg an. Dabei dominiert der Titel κύριος, meist mit, gelegentlich wie ein Name ohne Artikel (1,2; 9,3f) verwendet. Wie zu erwarten, entspricht dem Nomen als Standardäquivalent אֲדֹנָי, יהוה und מָרֵא im Urtext (1,2; 9,3.7 – 9,4.10.13 – 2,47). Doch κύριος wird auch für absolut stehendes אֱלֹהִים / אֱלָה eingesetzt (1,9.17; 2,23.37 u.ö.). Das für das hebräische und aramäische Gottesappellativ sich anbietende griechische ὁ θεός wird für fremde Gottheiten benutzt (1,2; 3,14.28; 10,8.36–38) oder dort, wo zu jenen Nomen eine Näherbestimmung vorliegt wie «der große Gott» (2,45). Dann kann κύριος erklärend hinzutreten (3,28.29; 10,12).

So waltet sichtlich die Absicht vor, (ὁ) κύριος als die eigentliche Gottesbezeichnung zu benutzen.[9] Das Lexem wird mehrfach verdeutlichend über den Urtext hinaus eingefügt (9,16.23) oder der Wendung «Gott des Schadrach, Meschach und Abed-Nego» vorangestellt (3,28.29). Die letzte Stelle läßt die Konnotation einer eigenen personalen Beziehung zwischen Gott und seinen Verehrern vermuten; das legt ebenso der Ruf «Kyrios meiner Väter» (2,23) nahe und entspricht außerbiblischer Gewohnheit.[10] Das tritt auch zutage, wenn der Übersetzer das Bekenntnis jener drei Männer: «Es gibt (tatsächlich) einen Gott» erweitert: «Unser alleiniger Kyrios» (3,19). Stärker noch wird eine Konnotation politischer Kompetenz betont: «Unser Gott ist der Gott der Götter und der Kyrios der Könige» (2,47), wobei die zweite Hälfte des Satzes einem Pharaonentitel entspricht[11]. Das wird dadurch unterstrichen, daß vom irdischen König als κύριος (1,10) die Rede ist und die Anrede an ihn «O König!» in hellenistisch-ägyptischer Weise[12] durch κύριε ergänzt wird (2,4; 3,9). Gott gegenüber wird ein durch den Urtext gefordertes κύριε durch

---

8 F.F. Bruce (1977) hat allerdings die These aufgestellt, daß die wörtlichere griechische Übersetzung des sog. Theodotion älter als die Septuaginta mit ihrer «targumic-style-paraphrase» sei, doch dafür bisher keine Zustimmung gefunden.

9 Die Einsetzung von κύριος für die alttestamentliche Gottesbezeichnung war schon den frühesten griechischen Übersetzern selbstverständlich; M. Rösel (1991).

10 Das Lexem ist hellenistisch «gebräuchlich als Ausdruck einer persönlichen Beziehung des Menschen zur Gottheit»; W. Foerster (ThWNT III) 1051, 3f.

11 Foerster (ThWNT III) 1045, 12f.

12 Foerster (ThWNT III) 1048, 22–44.

δεσπότα unterstrichen (9,15 vgl.16). Die im Vergleich mit der Vorlage abgewandelten Bedeutungsabschattungen entstammen der ägyptisch-griechischen Umwelt. Sie erleichtern das Begreifen der apokalyptischen Botschaft in einer fremden Welt. Mit der Wendung zu einer politischen Theologie hat der Übersetzer in diesem Fall eine Tendenz unterstrichen, die dem aramäischen Danielkreis nicht fern lag.

Ein anderer, beim griechischen Übersetzer beliebter Gottesname lautet ὕψιστος. Als Standardäquivalent zu עִלָּיָא (3,26.32; 7,25) ergibt er sich zwar von selbst. Anders verhält es sich aber, wenn er zu dem allein zu erwartenden κύριος oder ohne Anhalt am Urtext eingefügt wird (2,18.19; 4,34). Eine über den selbstverständlichen Gebrauch hinausgehende Benutzung des Nomens war durch frühere Septuaginta-Bücher nahegelegt, in denen ὕψιστος nicht nur als Wiedergabe von hebräischem עִלָּיָא, sondern auch für andere Gottesbezeichnungen benutzt worden war; das geschah gewiß deshalb, weil das Lexem (vor allem in der Verbindung Ζεύς ὕψιστος) im Hellenismus den Himmels- oder übermächtigen Hauptgott eines Pantheons bedeutet; seine Aufnahme in die griechische Bibel diente als «Mittel der weltförmigen, apologetischen und propagandistischen Selbstdarstellung des Judentums»[13].

Eine gewaltige, bis heute wirksame Regulation späterer christlicher Rezeption des Danielbuches hat der griechische Erstübersetzer dadurch hervorgerufen, daß er die singularische Gottesbezeichnung ὁ ὕψιστος für einen aramäischen Plural in der Konstruktusverbindung קַדִּישֵׁי עֶלְיוֹנִין einsetzte und statt von den «Heiligen der (= unter den) Höchsten» seinen Lesern «Heilige des Höchsten» vor Augen führte (7,18.22.25). Im Urtext waren, soweit sich das dem aramäischen und mischnahebräischen Sprachgebrauch entnehmen läßt, die zentralen Vertreter der höchsten Engelklasse, also die Erzengel gemeint, die als eine Erstreckung göttlichen Wesens aufgefaßt wurden.[14] In den Ohren der griechischen Diaspora bedeutet ὕψιστος zwar eine von Engeln umgebene (4,21), aber in ihrem Wesen weit über sie erhabene, einzigartige göttliche Größe. Der Übersetzer vermag deshalb den Plural nur analog einem hebräisch (nicht aramäisch) bei Gottesbezeichnung möglichen Majestätsplural zu begreifen. Durch die (wohl unabsichtliche) Umdeutung ändert sich auch das Verständnis der «Heiligen» in Kap. 7. Der aramäische Autor und seine Primärleser verstanden darunter wahrscheinlich durchweg Engelwesen, abgesehen von dem ihnen V.27 possessiv zugeordneten «Volk der Heiligen (der) Höchsten» als Hinweis auf das von Engelmächten eigens geschützte Israel.[15] Im griechischen Text werden in diesem Vers beide Plurale singularisch wie-

---

13 G. Bertram (ThWNT VIII) 617, 11–13 (Zitat 12f) und 613ff überhaupt.

14 Koch (1995) 141–155.

15 Nachweis und Auseinandersetzung mit anderen Deutungen bei J.J. Collins (1993) 313–318.322; Koch (1995) 147–155.

dergegeben und von dem «heiligen Volk des Höchsten» geredet; das deutet vermutlich an, daß die vorher erwähnte Mehrzahl von ἅγιοι sich auf die frommen Glieder des Volkes beziehen soll.

Das aufregendste Beispiel einer Abweichung des Sepuaginta-Inhalts von dem, was wir historisch als Absicht des ursprünglichen Textes feststellen, bietet der berühmte *Menschensohnpassus* 7,13f.[16] Die Differenz hängt vielleicht mit dem konsequent-transzendenten Gottesbild des Übersetzers zusammen. Nach dem Urtext hat Daniel erschaut, daß plötzlich mit den Wolken des Himmels eine Gestalt «wie ein Einzelmensch gekommen war, und bis zu dem Alten der Tage (= Gott selbst) gelangte er».

Ein griechischer Leser erfährt hingegen über eine über den Wolken auftauchende Gestalt das, was in deutscher Übersetzung etwa heißt:

> «wie ein Sohn des Menschen war er gekommen,
> und wie ein Alter von Tagen [indeterminiert] stand er bereit.
> Und die Umstehenden waren ihm präsent / führten ihn heran[17].»

Wer unbefangen den griechischen Text wahrnimmt, wird den in Zukunft erscheinenden Menschensohn als einen schon Hochbetagten verstehen. Da der zweite Ausdruck schon V.9 für eine Gestalt gebraucht worden war, welche die Weltmächte richten wird, bevor jene himmlische Erscheinung Platz greift, werden dem Alten der Tage offensichtlich zwei Tätigkeitsstufen zugedacht; nachdem er weltweiter Richter gewesen sein wird, wird er mit der Regierung eines unvergänglichen Gottesreichs beauftragt. Daß griechische Leser den Text so aufgenommen haben, beweist Apk 1,14, wo Christus in der Vision als Menschensohn und Alter an Tagen erfahren wird. Im Urtext waren hingegen offensichtlich die Titel auf zwei Gestalten gemünzt.

Um dem Ergebnis eines erheblichen Grabens zwischen Urtext und Septuaginta im Blick auf einen für die neutestamentliche Christologie wichtigen Abschnitt zu entrinnen, haben manche Exegeten Operationen vollführt, die sich deutsch kaum anders als Eiertänze qualifizieren lassen. Für Vertreter aus der ersten Hälfte unsres Jahrhunderts ist noch vorauszusetzen, daß sie Übersetzungen als ein mehr oder minder mechanisches und lässig vorgenommenes Verfahren betrachten konnten, so daß der moderne Textkritiker ohne semanti-

---

16 J. Lust (1978); Sharon Pace (1984); Sharon P. Jeansonne (1988); T.J. Meadowcroft (1995) Kap. 7.

17 Das letzte Verb wird unterschiedlich überliefert. Ms 88 und Syh bieten παρῆσαν αὐτῷ, die älteste Handschrift 967 προσήγαγον αὐτῷ. Die zweite Lesart bevorzugt A. Geissen (1968) 39. Dem schließt sich Meadowcroft (1995) an und übersetzt etwas kühn: «they (the bystanders) drew close to him» (S.224). Lust (1978) 64 hingegen hat diese als grammatisch inkorrekt und Angleichungsversuch an Θ abgelehnt. Vielleicht hat der Übersetzer unpunktiertes קרבוהי (ohne ה) als Adjektiv oder Partizip aufgefaßt: «und Dabeistehende (παρεστηκότες) (waren da) vor ihm», was in geläufiges Griechisch geändert wurde. Das Verb wäre dann im Zug der «corrections hébraïsantes du pap. 967» revidiert worden; vgl. O. Munnich (1990) 216.

sche Umschweife bei Problemstellen zur Konjektur schreiten durfte. Deshalb hatte J.A. Montgomery[18] keinerlei Bedenken, zwei einschneidende Veränderungen für die Textüberlieferung zu postulieren. Der Übersetzer habe die aramäische Präposition עַד korrekt ἕως übersetzt und den Sinn des Urtextes bewahrt, was handschriftlich nicht mehr zu belegen ist (es sei denn für Θ). Danach habe versehentlich ein Abschreiber das ε ausgelassen, so daß ungrammatisch ὡς παλαιοῦ («wie eines Alten ... gelangte er») zu lesen war. Ein Dritter habe dann aus dem Genitiv einen Nominativ und so den jetzigen Text hergestellt.

In den letzten Jahrzehnten sind die Exegeten hinsichtlich solcher freihändiger Korrekturen eines an sich begreiflichen Textes im allgemeinen zögerlich geworden. Für den in Frage stehenden Vers gilt das aber nur bedingt. Schwer wiegt, daß J. Ziegler 1954 in der maßgeblichen Göttinger Septuagintaausgabe[19] den von Montgomery gereinigten Text als Normtext zur Stelle bietet und den Wortlaut der Handschriften in den Apparat verbannt.[20] Jeansonne (1988) 96–98 und Pace (1984) 30 schließen sich dem wohl als kanonisch angesehenen Ziegler an (vgl. Collins [1993] 275).

Da jedoch die Septuaginta an dieser Stelle einen einwandfreien Sinn ergibt und die Annahme einer mehrfachen, nicht belegbaren Textänderung problematisch erscheint, behalten eine Reihe von neueren Untersuchungen die von allen Handschriften bezeugte Lesart bei und damit die Gleichsetzung von Menschensohn und Altem der Tage in der Septuaginta[21]. Offen bleibt dabei, ob in der Septuaginta-Vorlage V.13b mit כְּ statt עַד eingeleitet war[22] oder ob

---

18 Montgomery (1964) 304.

19 Septuaginta. Vetus Testamentum Graecum auctoritate Societatis Litterarum Gottingensis editum XVI/2, Göttingen, 1954.

20 Der Apparat führt – um die Problematik zu verschleiern – Lesarten aus Tertullian, Cyprian und Justin für die im Text gebotene Rekonstruktion an, obwohl Ziegler an anderer Stelle weiß, daß diese Kirchenväter bei Danielzitaten sowohl Septuaginta wie «Theodotion»-Lesarten benutzen (S.22–25.170).

21 Z.B. J.E. Goldingay (1989) 145 Anm. 13c. Erwähnt sei, daß ähnlich wie S. Kim (1983) 24–29 auch Meadowcroft (1995) 223f.306 die Übereinstimmung zwischen Übersetzung und Urtext dadurch zu retten suchen, daß sie die in V.13LXX aufeinander folgenden ὡς-Sätze mit zwei inhaltlich verschiedenen Gestalten verbinden. Meadowcroft postuliert für παρῆν den Sinn «was nearby». Das erlaubt, neben dem Menschensohn eine göttliche Gestalt erwähnt zu sehen: «and one like an ancient of days was nearby». Abgesehen davon, daß dann Gott selbst dem Menschensohn beigeordnet würde – das Umgekehrte ist zu erwarten –, unterschiebt er παρεῖναι eine Bedeutung, die aus der Septuaginta nicht zu belegen ist. In dem wohl ebenfalls im 2. Jh. v. Chr. übersetzten Jesajabuch (I.L. Seeligmann [1948]) wird das Verb zweimal für die göttliche Ankündigung הנני eingesetzt, was gewiß heißen soll: «Ich bin da, bin präsent»; an den drei anderen Stellen bedeutet das Verb: «eintreffen, gegenwärtig sein» (8,1; 30,13; 63,4). Demgemäß wird auch Dan 7,13 zu verstehen sein.

22 So L. Dequeker in: J. Coppens / L. Dequeker (1961) 19 Anm. 17; Lust (1978) 66 vermutet eine hebräische Vorlage.

der Übersetzer einen Schreibfehler vorausgesetzt und stillschweigend «verbessert» hatte.

Statt die Stelle als ein isoliertes textkritisches Einzelproblem zu verhandeln, empfiehlt es sich, es zur Gesamtsicht des Übersetzers hinsichtlich des Verhältnisses zwischen Gott und Geschöpf in Beziehung zu setzen. Ihm liegt offensichtlich daran, den Abstand Gottes selbst zu jedem andern, auch himmlischen Wesen, stärker noch herauszustreichen als seine Textvorlage. Das ließ das häufig eingesetzte Kyriosprädikat ebenso vermuten wie die Verneinung der Existenz von mehreren Höchsten neben dem einen Höchsten (7,18ff). Es tritt auch an anderen Stellen hervor. Statt von einem «Sohn Gottes» liest der griechische Leser nur von einem «Engel Gottes» (3,25). Ein Angriff des letzten Frevelkönigs auf den «Fürst des (himmlischen) Heeres» wird zwar 8,11 sinngemäß übertragen, indem dieser als ἀρχιστράτηγος erscheint; aber dessen enge Beziehung zum Zionstempel als «seinem» Heiligtum – so aramäisch – wird getilgt; das Heiligtum ist unmittelbar zu Gott selbst. Zu einem so betont transzendenten Gottesbild dürfte das Bild eines uralten Mannes mit grauem Haar und weißem Gewand, wie es 7,9ff darbietet, wenig passen. Dagegen läßt es sich mit der Schilderung übermenschlicher Qualitäten von Gottesmännern in spätisraelitischen Legenden in Beziehung setzen. Mit ähnlichen Herrlichkeitszügen, wenngleich ohne Feuerthron, dafür mit einem Strahlenkranz umgeben, wird z.B. Noah ausgestattet, «den Kindern der Engel des Himmels gleichend» (1 Hen 106). Den Menschensohn als «uralt» zu erklären, rechtfertigte wahrscheinlich auch die Erinnerung an die «messianische» Weissagung Micha 5,1. Dort war ein künftiger davidischer Heilskönig mit weltweitem Regiment geweissagt worden, dessen Ausgänge «vom Anfang aus den Tagen des Aion» gewesen sein werden (ἀπ᾿ ἀρχῆς ἐξ ἡμερῶν αἰῶνος). Der eschatologische Retter existiert präexistent seit Urzeiten, hat also ein erhebliches Alter.

Indem der Menschensohn mit dem Uralten gleichgesetzt wird, erscheint er nachträglich als derjenige, der nach 7,10f schon das Völkergericht vollzogen hatte. Das ist ein Textverständnis, das in nahezu allen Rezeptionen des Zeitalters, vor allem auch im Neuen Testament, zum Vorschein kommt, auch wenn die Identifikation mit dem «Uralten» nicht vorgenommen wird.

Über die griechische Danielrezeption ließe sich weit mehr sagen. Was ich vorführen konnte, reicht hoffentlich für das Ergebnis aus, daß in ihr keine philologische Korrektheit angestrebt wird, sondern eine echte Übertragung der religiösen Botschaft in eine andersartige Sprach-, Denk- und Lebenswelt. Deshalb werden um eines in sich geschlossenen Gottes- und Heilandsverständnisses willen bestimmte Tendenzen herausgestrichen, die der aramäischen Vorlage (nach unsrer Meinung) nicht zwingend zu entnehmen waren. In einer Hinsicht sind sie für die nachfolgende Danielrezeption im griechischsprachigen Judentum und Christentum regulativ geworden, haben also den Horizont für ein weiteres Verstehen des apokalyptischen Buches vorgegeben: in der neuartigen Wendung von «Heiligen des Höchsten». Indem die jüngere sog. Theodotion-Übersetzung, die in Kap. 7 sichtlich die Septuaginta voraussetzt und nach einem protomasoretischen Text revidiert, deren Textdeutung bei dieser Wendung beibehalten hat, ist sie für Jahrhunderte zur Voraussetzung christlicher Danielrezeption geworden. Die Einstufung des Menschensohns als Weltenrichter hat «Theodotion» nicht gutgeheißen; wenn sie bald bei der Rezeption von Kap. 7 selbstverständlich wird, beruht das wohl nicht primär auf einer griechischen Vorgabe.

3. Pseudodanielisches Schrifttum aus Qumran

Die ersten greifbaren Zeugnisse für Danielrezeption im aramäischen Sprachbereich liefern die Fragmente von drei Handschriften aus herodianischer Zeit, die heute *Pseudo-Daniel* genannt werden (4Q243–245)[23]. In einer Rede vor einem König(?) schildert darin Daniel den Lauf der Welt- und Israelgeschichte ab Noah, mit Hervorhebung von 400 Jahren Ägyptenaufenthalt, Exodus, Jordandurchzug, einer langen Zeit der Verirrung Israels und dessen schließlicher Auslieferung in die Hand des Königs von Babel für 70 Jahre. Der Geschichtsabriß geht in Weissagung über, erwähnt einen König Balakros und zwei Nachfolger (von denen nur die Namensendung -os erhalten ist) und schließt mit einem Auftreten von Heiligen und einem Verschwinden von Frevel.

Während das Danielbuch mit der Exilszeit einsetzt, folgt dieser Daniel den Zeitläuften zurück bis mindestens zur Sintflut. Erst längere Zeit danach tauchen dann Weltreiche auf. Ein isoliert stehendes Fragment mit dem Satz: «Das ist die erste מלכותא» (243 IV 4) wird meist auf Nebukadnezzar bezogen und hinter das Stück über die Einnahme Jerusalems eingeordnet; da jedoch im ersten Zusammenhang von einer Rettung Israels die Rede ist, ordnet Beyer das Fragment so ein, daß Assyrien als erstes Reich dasteht; war Assyrien-Babylonien als eine Großmachtsperiode wie in der Hirtenvision Henochs (89,59–90,25) gemeint? Nicht nur der Beginn der zur Erkenntnis des göttlichen Waltens wichtigen Geschichte, sondern auch ihr Abschluß wird über den Danielrahmen hinaus gedehnt. Die Weltzeit endet nicht mit Antiochos IV., sondern wohl wenige Generationen später mit einem Herrscher, der den makedonischen Namen Balakros[24] trägt und seinen unmittelbaren Nachfolgern. Am Schluß wird zugleich mit der Wiederkehr der Heiligen wohl auf ihre

---

[23] Zuerst bekannt gemacht von J.T. Milik (1956). S. weiter R. Eisenman / M. Wise (1992) 64–68; F. García Martínez (1992) 137-161 («4Q Pseudo-Daniel Aramaic and the Pseudo-Danielic Literature»); ders. (1994) 288f; K. Beyer (1994) 105–107.

[24] Zur unsicheren Gleichsetzung von Balakros und Alexander Balas s. García Martínez (1992) 144f.

Auferstehung verwiesen (קום 245 II 4). Da von einem Buch die Rede ist, bot der Text vermutlich in hellenistischer Zeit «a survey of history written down in an ancient document read by Daniel to the King and his nobles»[25].

Was geschieht in dieser Rezeption? Das Danielbuch wird als maßgebliches Zeugnis für die Hoffnung Israels angesehen. Doch es bedarf der Verknüpfung mit anderen Profetenschriften, welche das Unheilsgefälle der Geschichte aus den Verirrungen Israels erläutert hatten. Außerdem ist die Versicherung angebracht, daß der normale Lauf der Geschichte sich über die Restauration 164 v. Chr. hinaus erstrecken wird. Während Daniel zeitgenössische Könige nur verschlüsselt, ohne Namen, angezeigt hatte, werden jetzt konkrete Namen geboten. Obwohl sie bald durch den Lauf der Dinge überholt worden sind im Blick auf ein Eschaton, wird die Weissagung noch von Abschreibern am Ende des 1. Jh. v. Chr. hochgehalten, die jene Namen vielleicht als Rätselworte empfinden. Um die Danielhoffung für jüngere Generationen aufrechtzuerhalten, wird durch Pseudodaniel das alte Buch unter dem alten Namen fortgeschrieben und durch Anspielungen aus andern autoritativen Schriften ergänzt. Das geschieht jedoch – aus Achtung vor dem Urzeugnis? – nicht durch redaktionelle Umgestaltung, sondern durch ein eigenes Buch.

Die Bibliothek von Qumran enthielt vielleicht noch zwei weitere Schriften dieser Art. Die *Vier-Bäume-Vision* (4Q552f) setzt ebenfalls das Gespräch eines judäischen Sehers mit einem König voraus.[26] Vier Bäume wurden demnach erschaut, von denen der erste mit Babel gleichgesetzt wird. Eine harmonisierende Rezeption überträgt anscheinend das Bild von Dan 4 auf die Geschichtsepochen von Dan 2 und 7. Für das Ende der Zeiten wird auf einen König MḤKRJWS verwiesen; hier wird also die Weltreichsperiode ebenfalls bis zu späteren hellenistischen Herrschern ausgedehnt. Auch das viel diskutierte *Sohn-Gottes-Fragment* (4Q246) gehört wohl in unsren Zusammenhang.[27] Geschildert wird eine chaotische Kriegszeit auf Erden, während der die Könige von Ägypten und Assyrien eine Rolle spielen (vgl. Dan 11). Dann gelangt ein «Großer» zur globalen Herrschaft, der «Sohn Els» und «Sohn des Höchsten» (עליון nicht עליא!) genannt wird. Es kommt zu einer Unheilszeit, in der «sie» (Anhänger oder Gegner des Großen?) die Erde zertrampeln. Schließlich «ersteht» das Volk Els, d.h. es gelangt zur Regierung und verschafft allen Ruhe vor dem Schwert. Sein Reich (des Volkes oder des Elsohnes?) wird ein ewiges Reich; Gott gibt die Völker in seine Hand, so daß seine Herrschaft (שלטן) immer währt. Dieser eschatologische Ausblick lehnt sich sichtlich an Dan 7 an. Unklar – und deshalb gegenwärtig umstritten – bleibt, ob der

---

25 García Martínez (1992) 147.

26 García Martínez (1994) 138f; Beyer (1994) 108f.

27 E. Puech (1992); García Martínez (1992) 162–179 («The eschatological figure of 4Q246»); ders. (1994) 138; Beyer (1994) 109–113; J.A. Fitzmyer (1994).

Große und Elsohn eine Rettergestalt oder ein Frevelkönig ist, der sich die Prädikate aus Hybris zulegt. Handelt es sich um eine bereits historische oder eine endzeitliche Figur? Sollte der Heiland Israels gemeint sein, zeigte sich im Prädikat der Elsohnschaft (aus Ps 2 abgeleitet?) eine steigernde Tendenz, die der oben gemutmaßten Septuagintaabsicht mit der Betonung des Abstandes zwischen Gottheit und Menschheit genau entgegenliefe.

Diese Weise «imitativer» Rezeption, die durch das alte Buch den Anstoß erhält, Name, Sprache und Gattung seines Textes nachzuahmen und dadurch zu ergänzen, behält dessen politische und weltgeschichtliche Akzentuierung bei. Um die eigene Gegenwart trotz drückender Fremdherrschaft als gottdurchwaltet und Zeit kurz vor dem Ende zu verstehen und zu bestehen, werden die Danielmodelle in einen nach vorn und hinten weiterreichenden Horizont eingestellt. Der Anschluß an ältere Profetie und ihren Aufweis der schweren Verfehlungen Israels ermöglicht, in, mit und unter der Geschichte die grundlegende Metahistorie zu erfassen und aus ihr die Hoffnung für die Zukunft zu schöpfen.

4. Die Danieleschatologie als Grundriß der Geschichte innerhalb der zweiten Bilderrede Henochs

Der zweite Teil der Bilderreden 1 Hen 45–57 setzt ein mit der Schauung eines himmlischen Erwählten auf dem Thron der Herrlichkeit, der zum Garanten künftigen Segens für das Festland und für die Erwählten wird (Kap. 45). Das Gesicht wird bald (Kap. 46–51) durch ein großartigeres überboten. Nun taucht das Haupt der Tage auf, mit Haaren weiß wie Wolle, und neben ihm ein Menschensohn, «bei dem die Gerechtigkeit wohnt» und dem alles Verborgene offenbart wird. Er ist es, der als Weltenrichter nach seinem Erscheinen Könige und Mächtige von ihren Thronen und aus ihren Reichen in eine Wohnung der Finsternis verstößt, weil sie nicht anerkennen, «woher sie das Reich erhalten haben». Statt dessen haben sie sich gegen die Sterne des Himmels und den Höchsten aufgelehnt, aber auch das Festland und seine Bewohner niedergetreten sowie die Gläubigen verfolgt. Deren Gebet und Blut steigen zum Himmel und werden von Heiligen dort oben aufgenommen. Das führt dazu, daß das Haupt der Tage sich (erneut? 47,3) auf den Thron seiner Herrlichkeit setzt und nunmehr die Bücher der Lebenden öffnen läßt, umgeben von einem unzähligen Himmelsheer. Die himmlische Quelle der Gerechtigkeit wird plötzlich sichtbar und der Menschensohn vor dem Haupt der Tage «genannt». Diesmal wird er nicht zum Richter eingesetzt, sondern es wird auf sein verborgenes Walten in der bisherigen Geschichte zurückgeblickt. Schon vor der Weltzeit erschaffen, war er (wird er?) den Gerechten zum Stab, damit sie nicht fallen und wird zum Licht der Völker. «Er hat das Los der Gerechten bewahrt» (48,7). Die Könige und Mächte der Erde werden nun, ohne daß dafür eine Handlung des Menschensohns angeführt wird, in die Hand der Erwählten übergeben und dem Feuertod überantwortet. «Die Gerechten siegen im Namen des Herrn der Geister» (50,2). Anschließend geben Erde und Unterwelt die Toten zurück. Der Erwählte (= Menschensohn[28]) wählt von seinem Thron aus die Heiligen und Gerechten unter den Auferweckten aus und läßt sie auf einer sich freuenden Erde wandeln. So weit in Kürze die zweite, ausführlichste Schauung innerhalb der zweiten Bilderrede.

Ein Anschluß an die Teile von Dan 7, die als auf die Zukunft bezogen verstanden werden, liegt auf der Hand. Von dort stammt das Bild vom uralten, schlohweißen, von unzähligen Engeln umgebenen Gott, von den verstoßenen Königen und ihrem Feuertod, den Gerichtsbüchern, dem Menschensohn. Wenn auch diesem ein Thron zukommt, dann aufgrund des rätselhaften Plurals «Throne» in Dan 7,9.[29] Die Charakterisierung der Throne durch «Herrlichkeit» entspricht vermutlich der Gleichsetzung von Feuer und hebräisch כָּבוֹד oder aramäisch יְקָר. Die Motive von Dan 7 werden durch andere Danielreminiszenzen aufgefüllt. Die Hybris der Könige lehnt sich an Dan 8 an, ihre Nichtanerkennung göttlicher Einsetzung an die Danielerzählungen, der Hinweis auf die Auferstehung an Dan 12. Das häufig benutzte Stichwort «Gerechtigkeit» für das ewige Heilsgut wird Dan 9,24 entnommen sein.

Die Abfolge der zweiten Schauung Henochs von einer Thronbesteigung Gottes und des Menschensohns bis zur Auferweckung der Erwählten richtet sich also sichtlich an Dan 7–12 aus.[30] Die Vision von Dan 7 wird jedoch zerdehnt, geradezu verdoppelt. Mit dem Haupt der Tage taucht sogleich ein Menschensohn auf einem Thron auf, der Gerechtigkeit erschließt sowie Könige und Mächtige richtet (Kap. 46). Danach kommt es zu einer Verfolgung der Gerechten. Beide Throngestalten erschaut Henoch Kap. 47 ein zweites Mal. Diesmal wird der Menschensohn als einer, der seit langem verborgen unter der Menschheit tätig war, vorgestellt. Wieder werden Könige und Mächtige niedergeschlagen, diesmal aber in die Hände der Erwählten zum Feuertod übergeben.

---

28 Zitiert wird nach S. Uhlig (JSHRZ V/6, 1984). Die literarkritische Frage, ob eine ältere Schicht der Bilderreden nur den Titel «Erwählten», nicht aber den eines «Menschensohns» kannte, bleibt eher dahingestellt, wo es um die Endkomposition geht.

29 Nach dem Anliegen des Verfasser(kreise)s von Dan 7 sollte der Menschensohn wohl erst nach dem Gericht über die Völker erscheinen. Doch die Mehrzahl der zum Gericht aufgestellten Throne 7,9 ließ in der Nachgeschichte für die späteren Leser den Menschensohn selbstverständlich zum Mitrichter werden. Es ist deshalb wenig wahrscheinlich, daß die Gleichsetzung von Menschensohn und Weltenrichter auf eine von Dan 7 unabhängige Parallelüberlieferung zurückgeht, wie es mit anderen K. Müller (1972) bes. 162–179 will.

30 Dan 7 und die deuterojesajanischen Gottesknechtslieder sind «principal sources» für die Bilderreden nach J.C. VanderKam (1992). Zum Anschluß an und zur Änderung von der Danielgrundlage s. G.W.E. Nickelsburg (1987) 62ff sowie Collins (1992). Vgl. schon J. Theisohn (1975) 29f (in Auseinandersetzung mit M. Noth).

Wie läßt sich solche Ausweitung des Danielaufrisses erklären? Offensichtlich liegt dem Verfasser(kreis) daran, seine eigene Gegenwart als Zeit der Verfolgung zwischen einer bereits erfolgten Vernichtung von Königen und Mächtigen und einem ausstehenden endgültigen Zusammenbruch dieser Machthaber einzuordnen. Anscheinend hat es in der Vergangenheit schon einmal einen allgemeinen politischen Zusammenbruch mit einem Untergang der Könige gegeben. Ihm war aber eine Periode weiterer und stärkerer Unterdrückung der Frommen gefolgt.

Auffallenderweise wird in allen Bilderreden anders als im Danielbuch nicht vom *einem* letzten Reich und *einem* Frevelkönig an dessen Ende gesprochen, sondern stets von Königen und Mächtigen im Plural (vgl. 38,4f; 53,5). Darf man vermuten, daß diese Texte vor dem Aufkommen des römischen Kaisertums entstanden sind, als es im Nahen Osten noch eine Mehrzahl konkurrierender Machthaber gab? Seit Augustus gab es eine entscheidende Königsmacht, welche für die Verfolgung von Gläubigen verantwortlich war; es bestand von da ab kaum mehr ein Grund, das Reich, von dem Daniel in der Einzahl spricht, auf eine Mehrzahl zu deuten.

Neu gegenüber Daniel ist das Interesse an der Befindlichkeit der Gerechten. Deren persönliches Geschick rückt ganz anders in den Vordergrund als das etwa der Heiligen in Dan 7. Ihre zum Himmel steigenden Gebete werden geschildert, die Fürbitte der oberen Heiligen für sie, ebenso ihre andauernd enge Beziehung zum Menschensohn seit Anfang der Welt, erst recht angesichts der Wehen der Endzeit. Ihnen wird ausdrücklich ein aktiver Beitrag zur Aionenwende zugetraut. Sie siegen im Namen des Herrn der Geister über Könige und Mächtige und verbrennen sie (48,8f; 50,2–5). Die Danielvorlage wirkt demgegenüber ausgesprochen quietistisch.[31]

---

31 Innerhalb der zweiten Bilderrede erfolgt nach der zweiten Schauung in Kap. 52–57 eine dritte Vision, die im Westen der Erde stattfindet. Sie stellt sechs Metallberge vor die Augen des Sehers, von denen die ersten vier den Stoffen von Dan 2 entsprechen, zusätzlich werden Berge von Gußmetall(?) und Blei eingeführt. Vor den Augen der Erwählten schmelzen sie für immer dahin. Wahrscheinlich versinnbildlichen sie irdische Reiche, die aber vielleicht nicht in einem Nacheinander wie Dan 2, sondern nebeneinander gedacht sind (vgl. Uhlig [JSHRZ V/6, 1984] LIIa; M. Hengel [1969] 353 Anm. 530a). Dazu paßt, daß nach der Fortsetzung Strafengel Marterwerkzeuge für Könige und Mächtige zubereiten, die samt dem Heer Asasels dann in ein mächtiges Feuertal geworfen werden. Dem folgt eine Sintflut – wozu ist sie noch nötig? –, dann ein Angriff der Parther und Meder (analog Gog und Magog Ez 38f) auf das Land der Erwählten, der vor der «Stadt meiner Gerechten» aber scheitert. Diese Kapitel greifen nur sporadisch auf Daniel zurück. Ebenso eklektisch wirken die Anspielungen auf Danielstellen in der dritten Bilderrede 58–69. Hier ist zunächst wieder vom Erwählten auf dem Thron der Herrlichkeit und seinem Richten die Rede (61,5–8), was alle Könige, Mächtige und Hohe erschreckt wahrnehmen. Der Menschensohn, der vorher nur den Erwählten bekannt war, feiert jetzt öffentlich mit ihnen das endzeitliche Mahl (62,7–14). Schließlich wird vom Gericht des Menschensohns das Verschwinden des Bösen auf Erden erwartet (69,26–29).

Ein Anhang zu den Bilderreden Kap. 70f bringt Daniel noch einmal, doch auf andere Weise ins Spiel. Nun wird Henoch selbst auf Wagen des Geistes zum Himmel erhoben. Dort erschaut er den Altbetagten in einer Umgebung, die nach Dan 7 als Fahrt auf Wolken von unten nach oben ausgemalt wird, und wird von ihm selbst zum Menschensohn eingesetzt. Als «der zur Gerechtigkeit Geborene» wird er zum Heilsträger für die Gerechten in der kommenden Weltzeit.

Zusammenfassung: Den Bilderreden fehlt das politische wie das weltgeschichtliche Interesse der pseudo-danielischen Schriften. Der Blickwinkel richtet sich, so möchte man sagen, einseitig «glaubensgeschichtlich» auf das Durchhaltevermögen der Gerechten und ihr eschatologisches Heil. Zwar werden die irdischen Machtgebilde erwähnt und ihre Herrschaft auf göttlichen Willen zurückgeführt. Doch sie werden nur schemenhaft angedeutet. Das politische Desinteresse erstreckt sich auch auf die gesellschaftlichen Verhältnisse im eigenen Volk. Aus Daniel wird allein wichtig, was von nun an bevorsteht und als endzeitliche Vollendung für die Erwählten und Gerechten zu erhoffen ist. Diese aber wird zu einem apokalyptischen Drama ausgebreitet. Dafür bietet aber die Menschensohngestalt des profetischen Buches einen unverzichtbaren Anhalt.[32]

5. Daniel im Markusevangelium

Nach der Untersuchung spätisraelitischer Bezugnahmen auf Daniel ein Blick auf neutestamentliche Rezeption! Unter Theologen ist die Auffasung verbreitet, die urchristliche Rezeption des Alten Testaments unterscheide sich tiefgreifend und grundsätzlich von der zeitgenössischen jüdischen. Aus dem Glauben an den auferstandenen Christus erwachse ein sehr freier, wenn nicht gewaltsamer Zugriff auf die überkommene Heilige Schrift. Es sei gestattet, die gängige Meinung in Zweifel zu ziehen. Wie sich ergeben wird, liegen zumindest im Fall des Danielbuchs die oben behandelten spätisraelitischen Rezeptionsweisen und die urchristliche nahe beieinander. Gewiß weist der neutestamentliche Gebrauch eine interessante Akzentverschiebung auf, die sich für Kap. 7 teilweise aus der konkreten Identifikation des Menschensohns mit Jesus Christus ergibt. Im übrigen aber wird die Bandbreite vorchristlicher Rezeption kaum überschritten, zumindest nicht im neutestamentlichen Anfangsstadium, obwohl das Danielbuch häufig gelesen und in die eigene Argumentation aufgenommmen wird. Hier wie in andern Fällen erweist sich dem-

32 Der Unterschied der Orientierung in der Danielrezeption der Bilderreden gegenüber derjenigen der Pseudodanielschriften erinnert an den Unterschied, den O.H. Steck vor 15 Jahren zwischen der Konzentration auf die Weltreiche in den älteren aramäischen Danielkapiteln 2–7 und der hebräischen makkabäischen Aufstockung Dan 8–12 mit ihrem Interesse an der Geschichte des Gottesvolkes Israel eindrücklich hervorgehoben hat: «Weltgeschehen und Gottesvolk im Buche Daniel» (s.o. Anm. 3).

nach die Rezeption eines Bibeltextes als ein Vorgang, der weit stärker durch die Vorgaben des Zeitalters, der jeweiligen Sprachgeschichte, der soziologischen Schicht und der entsprechenden religiösen Bildung bedingt ist als durch individuelle Meinung und subjektives Bekenntnis.

Wie nahe der christliche Gebrauch des Buches der systematisierenden und transponierenden Rezeption steht, welche die pseudodanielischen oder die Henochschriften bestimmt hatten, läßt das älteste Evangelium, das des Markus, erkennen. Aufschlußreich ist in ihm besonders die längste und letzte Jesusrede, die von modernen Forschern sogenannte *Synoptische Apokalypse* Mk 13. Nach dem Aufriß des Buches läuft Jesu Verkündigung auf diese zusammenfassende Weissagung in der Art der Testamente von Gottesmännern zu, in der den Jüngern über den bevorstehenden Untergang des Tempels und die endzeitlichen Stadien dieser Welt Aufschluß gegeben wird. In ihr gibt wahrscheinlich der Evangelist zugleich seiner eigenen eschatologischen Naherwartung Ausdruck.

Auf die schier unübersehbare Sekundärliteratur zu diesem Kapitel kann ich nicht umfassend eingehen. Unter den Neutestamentlern besteht weitgehender Konsens, daß Markus an dieser Stelle neben Jesuslogien eine besondere christliche oder gar vorchristliche Vorlage aufgegriffen und bearbeitet hat.[33] Für den beabsichtigten Überblick soll der Blick auf die Endkomposition und ihre Danielbezüge genügen, ohne daß strittige exegetische Einzelprobleme gelöst werden müssen. So mag offen bleiben, wo die Rede für die Primärleser von *vaticinia ex eventu* in ausstehende Weissagung übergeht (V.14? V.23?) und wieweit die Voraussagen auf Tempelzerstörung und -entweihung vor dem Ende des ersten Aufstands gegen Rom 70 n. Chr. oder, wie meist angenommen, kurz danach niedergeschrieben sind.

Von Belang für die Beurteilung der Rolle der Danielanspielungen ist, daß schon der Anfang der Rede V.5f auf eine Zeit nach Passion und Auferstehung Jesu, also gleichsam über das Ende des Evangeliums auf ein nachfolgendes Zeitalter vorausschaut. Das gleich anfangs geweissagte Auftreten von Kündern eines angemaßten «Ich bin es» setzt voraus, daß Jesus nicht mehr auf Erden weilt. Ausgelöst wird der Ausblick auf die Zeit danach ausweislich 13,3f dadurch, daß nach einer kurzen Weissagung Jesu über die bevorstehende vollständige Zerstörung des Tempels vier seiner Jünger nach dem ausschlaggebenden Zeichen fragen, daß alles endgültig vollendet wird (συντελεῖσθαι πάντα). Tempelzerstörung und Weltende hängen demnach eng zusammen. Wie kommt es zu dieser Auffassung? Am einfachsten ist, einen Rückgriff auf die griechischen Übersetzungen von Dan 9,27 vorauszusetzen, wonach die Verwüstung des Tempels bis zur Endvollendung (συντέλεια, anders MT!) währen werde.

---

33 F. Hahn (1975); J. Gnilka (1979); E. Brandenburger (1984); D. Lührmann (1987).

Die Antwort Jesu besteht aus zwei weissagenden Abschnitten und einem ermahnenden Abschluß (V.28–37). Als erstes (V.5–13) sagt Jesus seinen Anhängern Verfolgung und der Menschheit einen Krieg aller gegen alle voraus. Das Muß solcher Geschehnisse wird durch ein δεῖ wie in den griechischen Übersetzungen zu Dan 2,28 (anders MT) unterstrichen. Allerdings stellt diese Epoche nur den «Anfang der Wehen» dar (V.8); währenddessen gilt es, auszuharren bis zum noch bevorstehenden Ende (τέλος V.13, vgl. V.7). Danielreminiszenzen treten in diesem Abschnitt zurück.

Ein zweiter Abschnitt, nun das Endgeschehen selbst betreffend, setzt V.14 ein: «Wenn ihr aber sehen werdet den Greuel der Verwüstung, der steht, wo er nicht stehen muß (δεῖ) ...» Daran schließt sich die Aufforderung zur sofortigen Flucht aus den Ortschaften an: «denn es wird in jenen Tagen eine Bedrängnis (θλῖψις) sein, wie sie nicht gewesen ist seit Anfang der Schöpfung, die Gott geschaffen hat, bis zur Gegenwart» (V.19). Die Begründung stammt aus Dan 12,1 (in griechischer Fassung). Der als entscheidendes Zeichen für den Anbruch der Endgeschehnisse geltende «Greuel der Verwüstung» bezieht sich auf die Dan 9,27; 11,31; 12,11 vorausgesagte entsetzliche Entweihung des Tempels. Sie wird hier als Auftreten einer frevlerischen maskulinen Größe begriffen (ἑστηκότα, vgl. den maskulinen שֹׁמֵם[מְ] Dan 9,27MT); das läßt sich auf einen für die Tempelentweihung verantwortlichen Antichrist (vgl. jedoch den Plural V.22) oder den römischen Feldherrn bzw. sein Heer beziehen[34]. Daniel bestätigt also die Überzeugung der Jünger (V.1–4), daß dem Heiligtum Israels ein unvergleichlicher Rang für den Bestand der Erde zukomme und das Aufhören seiner Funktion den Anfang vom Ende schlechthin bedeute.

Auch die entscheidende Kehre zum endgültigen Heil wird durch ein Danielzitat angezeigt (V.24–27). Nach einer ungeheuren kosmischen Verfinsterung wird sich Dan 7,13f verwirklichen: «Ihr werdet sehen den Menschensohn, kommend in den Wolken mit gewaltiger Macht und Herrlichkeit.»[35] Überraschenderweise heißt es danach nicht wie im Danielbuch, daß dem Menschensohn das ewige Gottesreich und die Verehrung der Völker zugewiesen wird. Vielmehr wird in Anlehnung an Jes 27,13; Sach 2,10 gefolgert, daß er seine Engel aussendet, um die Erwählten aus allen Himmelsrichtungen zu sammeln. Vermutlich werden die Engel mit den Heiligen (der) Höchsten gleichgesetzt, die nach dem aramäischen (nicht dem griechischen) Text von Dan 7,18ff das Reich des Menschensohns repräsentieren. Der Zielort bleibt ungesagt, wie denn überhaupt von Folgeereignissen und vom eigentlichen eschatologischen Heil nichts verlautet, weder von der Gemeinschaft im Gottesreich (Mk 14,25)

---

34 Vgl. Lührmann (1987) 221.

35 Das Zitat lehnt sich diesmal eher an den aramäischen als den griechischen Text an; δύναμις und δόξη fehlen dort Dan 7,13, entsprechen aber aramäischem שָׁלְטָן und יְקָר im MT.

noch von der Auferstehung der Toten (Mk 12,18–27; Dan 12,1–3) noch gar von einem eschatologischen Versöhnungstag und ewiger Gerechtigkeit (Dan 9,24). Offensichtlich setzt der Evangelist voraus, daß die zu erwartende eschatologische Herrlichkeit seiner nachösterlichen Gemeinde aus andern Quellen bekannt ist. Ihm geht es darum, sie für die dunkle Pause zwischen Auferstehung Jesu und Parusie zuzurüsten.

Vor 30 Jahren hat Lars Hartman das Kapitel als einen Danielmidrasch erklärt.[36] Ein solches Urteil geht entschieden zu weit. Kein einziger Danielabschnitt wird fortlaufend, midraschartig vorgeführt, und neben Daniel spielen andere Profetenbücher eine wichtige Rolle. Nichtsdestoweniger ist mit Lührmann festzuhalten, daß für Markus «das Danielbuch zum Deutehorizont für die Geschichte wird», so daß bei der Exegese unsres Kapitels «von dem auffälligen Umgang mit Schlüsseltexten des Danielbuches auszugehen» ist.[37] Indem dessen einzelne Visionen im Sinn einer Rekapitulationstheorie aufgefaßt werden, läßt sich aus ihnen ein zusammenhängender Verlauf der Endgeschehnisse ableiten. Was Dan 9 den Abschluß der Aussage bildet, die Aufstellung eines Greuels an heiliger Stätte, wird in Anlehnung an Dan 11,31 der erdumspannenden Bedrängnis von Dan 12,1 vorgeschaltet. Ihr folgt aber nicht wie im alttestamentlichen Buch unmittelbar die Auferstehung der Toten und das Weltgericht, sondern (zwischenzeitlich) die Parusie des Menschensohns und seiner Engel aus Dan 7. Der Evangelist unternimmt also eine systematisierende Rezeption, die den gelesenen Text neu ordnet, ihn auf wesentliche Aussagen beschränkt und ihn andrerseits mit andern autoritativen Schrifttexten auffüllt. Was er entwirft, soll sich dem von ihm geschilderten Jesusleben anfügen. Die so betonte Epiphanie des Menschensohns meint natürlich die Parusie Jesu. Aber das wird nicht ausdrücklich gesagt. Abgesehen davon, daß Jesus der Sprecher ist, zeigt die Art der Danielaufnahme kaum spezifisch christliche Eigenheiten. Es sei denn, man nimmt den abschließenden Hinweis in V. 30–37 auf die Nichtberechenbarkeit des Endes – allerdings im Rahmen der gegenwärtig lebenden Generation – für eine ausschließlich christliche Idee. Wie in den Henoch-Bilderreden fehlt eine weltgeschichtlich-politische Auswertung der Danieltexte. Über Henoch hinaus wird jedoch dem Tempel in Jerusalem eine positive heilsgeschichtliche Schlüsselstellung zugeschrieben (ähnlich Dan 8 und 11), und dies über die Zeit von Jesu Erdenleben hinaus.

Was bedeutet es, daß Markus diese Rede vor der Passionserzählung eingeordnet hat? Das Markusevangelium wird gern eine Passionsgeschichte mit ausführlicher Einleitung genannt. Doch Mk 13 führt in gewisser Hinsicht über eine solche Inhaltsbestimmunmg hinaus; was hier vorgetragen wird, relativiert das nachfolgende Passionsgeschehen und läßt es als eine, wenngleich bedeut-

---

36 L. Hartman (1966) 172–177.

37 Vgl. Lührmann (1987) 225f.

same, Vorstufe der eigentlichen Endgeschichte erscheinen. Das Alte Testament gibt nicht nur Weissagungen zu erkennen, die sich in Kreuz und Auferstehung Jesu erfüllt haben, es enthält weit mehr. Vor allem das metahistorische Danielraster eröffnet einen Horizont, der auch über jene einschneidenden Ereignisse weit hinausweist. Indem Markus Daniel mit solchen Folgerungen rezipiert, erstellt er ein Geschichtsmodell, das für die folgende christliche Bezugnahme auf Daniel weithin regulativ werden sollte.

Die wichtige Rolle der Danielbezugnahmen in Mk 13 weckt die Frage, ob das Evangelium auch sonst von Gedanken dieser alttestamentlichen Schrift geprägt ist. Zumindest auf zwei Themenkreise will ich hinweisen. Einer davon sind die sonstigen *Menschensohnworte*, jenseits des 13. Kapitels.[38] Üblicherweise werden drei Gruppen solcher Sprüche unterschieden. Die erste davon weissagt einen kommenden (ἐρχόμενος, ἔλθῃ) Weltenrichter unter diesem Titel. Nicht nur das Stichwort vom Kommen, sondern auch dessen Verbindung mit Herrlichkeit, mit heiligen Engeln und einem Thronen zur Rechten Gottes (8,38; 14,62) greifen unverkennbar auf Danielvokabular zurück; insofern besteht Einklang mit Kap. 13.[39] An andern Stellen im Evangelium setzt Jesus sich selbst als den gekommenen (ἦλθεν) Menschensohn voraus. Das geschah nach 10,45 nicht, um sich dienen zu lassen, sondern um selbst bis zur Hingabe des Lebens zu dienen; das klingt wie eine durch das Gottesknechtslied Jes 53 veranlaßte paradoxe Umkehrung des Satzes von Dan 7,14, daß alle Völker dem Menschensohn dienen werden.[40] Ohne das Verb zu verwenden, wird das Gekommensein bei der Zusage an den Gelähmten 2,10 vorausgesetzt, daß der Menschensohn die Vollmacht habe, Sünden zu vergeben; das erinnert an ἐξουσία als Ausstattung des Menschensohns in den griechischen Übersetzungen von Dan 7,13f. Aus dem gleichen Zusammenhang erklärt sich vielleicht auch die Aussage 2,24–28, wonach der Menschensohn als Herr über den Sabbat zu bestimmen vermag, was ἔξεστιν (= das zu jenem Nomen gehörige Verb). Vergleicht man die beiden Gruppen, so setzt Markus eine zweimalige Erscheinung des Menschensohns als Erfüllung von Dan 7 voraus, zuerst eine bereits eingetroffene, aber vorläufige im Erdenleben Jesu, dann eine künftige und endgültige Parusie. Das Stichwort vom «Kommen» bleibt durch den Visionszusammenhang des Danieltextes in seiner Zeitlage unbestimmt, wie schon die griechischen Übersetzungen erkennen lassen; sie geben es einerseits ἤρχετο (Θ), andrerseits ἐρχόμενον (LXX) wieder. Haben christliche Leser daraus auf absichtliche Zweideutigkeit des heiligen Textes geschlossen?

---

38 H.E. Tödt (1959); C. Colpe (ThWNT VIII) 456–460 (Lit.); Nickelsburg (1992) 143f. Zur Bedeutung des Ausdrucks in Dan 7 s. Koch (1995) 157–162.

39 Colpe (ThWNT VIII) 456f.

40 J. Roloff (1973f); B. Janowski (1982) (= ders. [1993]).

Vielleicht hat erst Markus das Menschensohnprädikat in eine dritte Gruppe von Jesusworten eingefügt, nämlich in die Weissagungen seines Leidens, Sterbens und Auferstehens (8,31; 9,12; 10,23; 14,21.41). Den Anstoß dazu gaben wohl deuterojesajanische Lieder vom Gottesknecht (und Henoch-Bilderreden?). Doch den Menschensohn hier als Subjekt einzubringen, erscheint von den beiden erstgenannten Aussagegruppen in gewisser Weise logisch geboten, weil dadurch erst die gedankliche Brücke vom präteritalen zum futurischen Kommen hergestellt und erklärt wird, warum für das Dan 7 angezeigte eschatologische Ziel ein zweimaliges Kommen der Heilandsgestalt, die erstmals in Jesus leibhaft geworden ist, erforderlich erscheint.

Ein möglicher zweiter Themenkreis sei angedeutet. Es handelt sich um das Zeit- und Geschichtsverständnis des Evangeliums. Wieweit haben Danielbezüge auf seinen *Kairos-Gedanken* eingewirkt? Im 13. Kapitel spielt die Zeit des Endes eine entscheidende Rolle (V.33), die auch als τέλος (V.7.13, vgl. 4) angesprochen wird. Das erinnert an den Anfang des Evangeliums, wo die erste Rede Jesu dahin zusammengefaßt wird, daß der Kairos nunmehr erfüllt und das Reich Gottes nahe herbeigekommen sei (1,14). Unter Neutestamentlern ist zwar die Meinung verbreitet, daß bei Markus «nichts sichtbar» wird «von der Vorstellung eines chronologischen Schemas, das von Gott festgesetzt ist», sondern einzig eine souveräne Entscheidung Gottes betont werde.[41] Vielleicht rührt das Urteil aber mehr von einer nach dem ersten Weltkrieg modischen Kairostheologie her als von semantischen Beobachtungen. Ist es für die Markustradition belanglos, daß das Nomen in den griechischen Danielübersetzungen überaus beliebt ist, nicht nur als Standardäquivalent zu קץ (8,17 u.ö.), wofür übrigens mehrfach hervorhebend καιρὸς συντελείας in LXX oder καιρὸς πέρας in Θ stehen (8,19; 11,35 u.ö.)? Die für die Daniel-Weissagungen bedeutsamen 3 1/2 Zeiten, in denen die Heiligen und das Heiligtum dem Frevler ausgeliefert sein werden, erscheinen bei den Griechen trotz unterschiedlicher aramäischer Vorgabe (עדן vs. מועד) einheitlich als (εἰς) καιρὸν καὶ καιροὺς καὶ ἥμισυ καιροῦ (12,7; vgl. 7,25). Demnach wird unter καιρός nicht ein isolierter Zeitpunkt verstanden, sondern eine Zeitspanne, die auf einen deutlichen Abschluß zuläuft (vgl. auch Mk 10,30; 12,2). Hat womöglich der Evangelist oder eine von ihm übernommene Auffassung καιρὸς καὶ καιροί bis zum Auftreten Jesu gerechnet und von da an den «halben Kairos» bis zum Weltende postuliert? War diese Danielfrist gar mit den 70 Jahrsiebenten (= 490 Jahre) von Dan 9,24–27 kombiniert worden, wo nach dem masoretischen Text ein Messias wohl vor Beginn des letzten Jahrsiebent «ausgerottet wird»; während die Septuaginta nicht nur 70, sondern weitere 77+62 Hebdomaden bis zur Vernichtung des Tempels und des Christus an-

41 G. Delling (ThWNT VI) 293, 22f.

kündigt, danach noch zahlreiche Hebdomaden bis zur Endvollendung[42]? Diese Möglichkeiten verdienen eine eingehendere Untersuchung, als ich sie hier vorlegen kann.

Es wäre sicherlich reizvoll, die neutestamentliche Fährte weiter zu verfolgen und zu prüfen, wie die markinischen Gedanken in den andern Evangelien variiert werden. Noch fruchtbarer wäre es, den beiden jüngeren entgegengesetzten Optionen einer zeitgeschichtlich-politischen Danielrezeption, einerseits einer romfeindlichen in der Offenbarung des Johannes[43] und andererseits einer romfreundlichen im Gefolge von 2 Thess 2[44] nachzugehen. Das versage ich mir diesmal. Statt dessen soll noch zur Sprache kommen, was bei dem Geschichtsschreiber Josefus über die Rolle des alttestamentlichen Buches während des Aufstands gegen Rom erkennbar wird.

6. Das Danielbuch und der Aufstand gegen Rom

Was wir über den «Jüdischen Krieg» 66–70 n. Chr. wissen, verdanken wir im wesentlichen dem unter diesem Titel überlieferten Buch des Josefus Flavius. Es läßt vermuten, daß für die Aufständischen wie ihre einheimischen Gegner gewisse Danielweissagungen eine maßgebliche Rolle für ihre Parteinahme gespielt haben.

Wie hoch Josefus selbst Daniel einschätzt, wird schon daraus deutlich, daß er später in seinen Judäischen Altertümern Daniel ausführlicher als jeden andern Profeten beschreibt (Ant X).[45] Die an einem Mischtext der beiden griechischen Übersetzungen ausgerichtete Erzählung, durch haggadische oder pseudodanielische Zusätze erweitert, beschreibt den Lebensweg eines idealen Mannes nach hellenistischen Maßstäben: von königlicher Abkunft und perfekter Erscheinung, die Kardinaltugenden übend und dem Staat gegenüber loyal und einfallsreich.[46] Was Josefus als Biografie rezipierend schildert, soll hier übergangen werden. Dagegen bedürfen jene Abschnitte der Erwähnung, in denen Josefus Danielaussagen mit dem dramatischen Geschehen jener Jahre und seinem eigenen politischen Verhalten verbindet. Sie lassen m.E. eine Art von Rezeption erkennen, die nicht nur Einzeltexte kombinatorisch zusammenordnet, sondern daraus unmittelbare Folgerungen für die politische Praxis ableitet. Das alte, eher quietistisch gestimmte Buch aus der Makkabäerzeit

---

42 Zu LXX s. Bodenmann (1986) 109–121.

43 G.K. Beale (1984).

44 W. Trilling (1980) 94–105.

45 Zitiert werden die Vita und Ant(iquitates) nach der griech.-englischen Ausgabe: Josephus, The Life / Jewish Antiquities, von H.S.J. Thackeray / R. Marcus / A. Wikgren / L.H. Feldman (LCL), Cambridge (Massachusetts), 1926–1965, 186.242.281.326.365. 410.433; Bell(um Iudaicum) nach der griech.-deutschen Ausgabe von O. Michel / O. Bauernfeind (1959–1969).

46 L.H. Feldman (1992).

wird als göttlicher Impuls zur Revolution begriffen – ein Vorgang, der sich in der abendländischen Rezeptionsgeschichte mehrfach wiederholen sollte.[47]

Dem Geschichtsschreiber gilt Daniel als «einer der größten Profeten», erschaute er doch nicht nur zukünftige Ereignisse, sondern «setzte die Zeit (καιρόν) fest, zu der diese eintreten sollten» (Ant X 266f). Das Danielleben wird – unter Übergehung des 7. Kapitels – bis zur Vision nach Dan 8 verfolgt, dieses Gesicht wird im Sinn des Originals auf die Religionswirren unter Antiochos' IV. bezogen. Danach wird mit der Wiedergabe des biblischen Berichts abgebrochen, aber der bedeutungsvolle Satz angefügt: «In gleicher Weise schrieb Daniel auch über das Reich der Römer und darüber, daß Jerusalem von ihnen erobert und der Tempel verwüstet werde.» Denkt Josefus an den Inhalt von Dan 7 und 9–11, die er um seiner römischen Leser willen nicht erörtert? Oder gilt die Antiochos-Epoche als typologische Vorwegnahme dessen, was künftig Rom bevorsteht? Was sich damals erfüllt hat, gilt ihm jedenfalls als schlagender Beweis für das tatsächliche Walten einer göttlichen Vorsehung in der Geschichte gegen epikuräische Bestreitung (Ant X 276f). Aus Daniel übernimmt er das Bild einer Weltära mit vier aufeinanderfolgenden Großreichen. Doch nur die ersten drei identifiziert er ausdrücklich. Das erste hat nicht erst mit Nebukadnezzar begonnen, sondern mit den (assyrisch-)babylonischen Königen lange vor ihm (X 208–210), was der hellenistisch-römischen Version der Vier-Monarchien-Sukzession mit dem Assyrerkönig Ninos als erstem entspricht. Das zweite war das medisch-persische Reich, das dritte das griechisch-makedonische. Hätte er als vierte Macht Rom ausdrücklich in diesem Zusammenhang genannt, wäre von dessen bevorstehendem Untergang zu reden, was Josefus vermeiden will. Ebenso schweigt er von einem künftigen Reich des Menschensohns und der Heiligen wie von andern Themen der Danieleschatologie.

Wer jedoch das alttestamentliche Buch kennt, weiß Bescheid. Josefus läßt in seinen Büchern keinen Zweifel, daß das zeitgenössische Rom die von Gott eingesetzte Weltmacht ist. Während aber die Mehrheit der jüdischen und christlichen Ausleger seines Zeitalters aus den Danielvisionen ableiten, daß das vierte Reich aus Eisen (Dan 2), nach Dan 7 gar ein die Völker zermalmendes Untier, dieses Rom als Höhepunkt menschlicher Hybris veranschaulicht, sieht Josefus das Kaiserreich als Ende einer positiven Entwicklung. Es ist wie keine frühere Macht durch Philanthropie ausgezeichnet (Bell III 333). Während die Assyrer Jerusalem zu Unrecht angegriffen hatten, tun es die Römer in göttlicher Mission als Gerechte (Bell V 407).[48] So hat Josefus keine Skrupel, im römischen Auftrag den Volksgenossen im belagerten Jerusalem zuzurufen, daß die Tyche sich derzeit Rom zugekehrt habe; «Gott, der unter

[47] Bruce (1965); A. Schalit (1975); G. Mayer (1988) (Lit.).
[48] G. Stemberger (1983) 33–37.

den Völkern die Herrschaft vom einen zum andern übergehen lasse [Dan 2,21], stehe jetzt zu Italien»; die Aufständischen sollen wissen, «daß ihr nicht nur gegen die Römer, sondern gegen Gott Krieg führt» (Bell V 367.378). Unter dem Eindruck einer dauerhaften römischen Weltmacht vollzieht sich also unter jüdischen Exegeten die gleiche konträre Stellungnahme zum Staat wie in der urchristlichen Literatur, wo der Rom verurteilenden Apokalypse des Johannes die positive Wertung Roms im Gefolge von 2 Thess 2 schroff gegenübersteht. Da die Bücher des Josefus zu Standardwerken christlicher Bildung in den folgenden Jahrhunderten werden, ja in morgenländischen Kirchen teilweise als kanonisch betrachtet werden, hat vielleicht Josefus mit seiner Danielrezeption für diesen neuralgischen Punkt politischer Theologie stärker noch auf die Folgezeit regulativ gewirkt als die mehrdeutige Rede von der «aufhaltenden Macht» im 2. Thessalonicherbrief.

Josefus war jedoch von der gottgewollten Autorität des römischen Kaisers, die so volltönend in seinen griechischen Schriften gerühmt wird, keineswegs von jeher überzeugt. Da er während des Krieges gegen die Römer zunächst eine Führungsrolle bei den Aufständischen wahrgenommen hatte, muß er deren Ablehnung der römischen Macht geteilt haben, die aller Wahrscheinlichkeit nach ebenfalls durch eine Danielrezeption legitimiert erschien, wenngleich einer völlig anderen als sie Josefus dann als Klient des Kaisers in Rom vertritt.

Nach seiner eigenen Darstellung war für den Ausbruch der Kämpfe im Jahr 66 die Beschlagnahme des Tempelschatzes durch den römischen Statthalter nur der letzte Tropfen, der das Faß zu Überlaufen brachte. Der eigentliche Anstoß zur Erhebung und den vierjährigen erbitterten Auseinandersetzungen war die erwartete Erfüllung einer Äußerung der Heiligen Schrift:

> «Was sie aber am meisten zum Krieg anstachelte, war eine zweideutige Weissagung, die sich ebenfalls in den heiligen Schriften fand, daß in jener Zeit einer aus ihrem Land über die bewohnte Erde herrschen werde.» (Bell VI 312f)[49]

Auch nach Meinung der römischen Geschichtsschreiber Tacitus (Historia 5,13) und Sueton (Vita Vespasiani 4,5)[50] war der Aufstand ausgelöst worden durch «Worte in den alten priesterlichen Schriften», daß «eben zu jener Zeit» (*eo tempore*) der Orient erstarke und Männer, die aus Judäa aufbrechen, sich der Herrschaft bemächtigen werden. Als Quelle einer so weitreichenden Wirkung kommt zunächst Num 24,17f in Betracht; danach wird einst ein Stern aus Jakob aufgehen, Moab schlagen und sich Edom einverleiben, das die jüdische Überlieferung mit Rom gleichsetzt. Doch die Numeristelle gibt keinen Hinweis auf eine nunmehr abgelaufene Zeit (κατὰ τὸν καιρὸν ἐκεῖνον), und genau dies sehen Josefus, Tacitus, Sueton als das entscheidende

---

49 Michel / Bauernfeind (1959–1969; Bd. II/2) 54f.

50 Die Stellen bei E. Schürer (1907 = 1964) 604 Anm. 27.

Moment an. Aus dem uns bekannten Alten Testament kommt dafür nur die 490-Jahre-Frist von Dan 9,24–27 in Frage. Vermutlich war sie längst in eschatologischen Florilegien mit Num 24,17f verknüpft und dieses mit Dan 7,13f. Der aufgehende Stern der Bileamweissagung läßt sich leicht einem am Himmel erscheinenden Menschensohn, dem künftig die Völker dienen, gleichstellen.[51]

Zu dem schwierigen Text, der schon den alten Übersetzern Mühe bereitet hat, einige Bemerkungen. Welche Zeitspanne mit den 70 Siebenten von Jahren ursprünglich gemeint war, ist seit alters umstritten.[52] Nach 9,25 zählen sie ab dem «Ausgang eines Wortes, Jerusalem wiederum(?) aufzubauen». Die moderne Forschung bezieht die Wendung auf den Ausgang einer göttlichen Verheißung, in diesem Fall die des Jeremia (nach 9,2) vor Beginn der Exilszeit. Die jüdische und christliche Tradition hat dagegen an den Ausgang eines menschlichen Wortes (zur Erfüllung des göttlichen) gedacht, d.h. an einen königlichen Befehl. In Frage kamen dafür insbesondere der Artaxerxes-Erlaß an Esra (Esra 7) im Jahre 458 oder die Entsendung Nehemias durch denselben König 445 v. Chr. nach unsrer Zeitrechnung. Welches der beiden Daten und welche Jahreszählung der Königsregierungen auch in Anschlag gebracht wurden, nach der Mitte des 1. Jh. n. Chr. schien jedenfalls die Frist abgelaufen und das Weltende nahe herbeigekommen, wenn wir die Orientierung an einem vergangenen Königsbefehl schon für die Josefus-Zeit voraussetzen dürfen.

Demnach war, sobald man sich an Dan 7 als Parallelweissagung erinnerte, die Zeit gekommen, für die den Heiligen – als Rest Israels verstanden – Gericht und Herrschaft überantwortet worden war! Im Fortgang des Kriegs erfüllte sich offenbar 9,25–27 Zug um Zug. Zuerst wurde der gesalbte Hohenpriester getötet (9,26b; Bell IV 5,2[53]), dann die Stadt verheert, der Tempel angegriffen und die Einstellung des täglichen Opfers erzwungen (9,27b; Bell VI 94)[54]. Insofern konnte man bis zur letzten Stunde hoffen, daß nach einem halben Siebent (9,27b) sich auch der Abschluß der Weissagung erfüllen werde, die plötzliche Wende zum eschatologischen Heil, so daß durch göttliches Eingreifen der jähe Untergang für den «Verwüster» kommen werde. (Die Rabbinen haben später fast durchweg den 9. Ab 70 als das Ende der von Daniel vorausgesagten Epoche aufgefaßt[55], sie werden damit Anschauungen aufgenommen haben, die aus jener Kriegszeit stammten.)

Doch die Hoffnung hatte getrogen. Der Aufstand hatte weder zur Befreiung Israels noch zur Weltherrschaft des Orients geführt. Hatte das Vertrauen auf

---

[51] Vgl. LXX zu Num 24,17f, wo der Stern mit einem aus Israel erstehenden ἄνθρωπος identifiziert wird.

[52] Koch u.a. (1980) 149–157.

[53] Michel / Bauernfeind (1959–1969; Bd.II/1) 218 Anm. 74.

[54] Vgl. Bruce (1965) 153–157.

[55] Bill IV, 1003.

alttestamentliche Verheißungen getrogen, war Daniel widerlegt? Für den Josefus der späteren Jahre keineswegs. Während des Kriegs hatte sich der priesterliche Partisanenführer nicht nur von den Mitaufständischen getrennt und war zum Feind übergelaufen, sondern anscheinend auch von ihrer Danielrezeption. Das oben wiedergegebene Zitat über die Rolle einer zweideutigen Weissagung für die Ideologie der Kriegspartei wird von Josefus im Rückblick zurechtgerückt, indem er es fortsetzt: «Der Gottesspruch zeigte vielmehr die Herrscherwürde des Vespasian an, der in Judäa zum Kaiser ausgerufen wurde.» Diese Meinung hatte er schon vor Kriegsende vertreten. Als Gefangener persönlich Vespasian vorgeführt, hatte er dem verblüfften römischen General als eine «Gottessache» kundgetan (Bell III 351–354.401f, vgl. VI 311f):

> «Du, Vespasian, wirst Kaiser und Alleinherrscher ...
> Du, Cäsar, wirst nicht nur mein Herr sein, sondern der über Erde und Meer und das ganze Menschengeschlecht.»

Kurze Zeit danach hatten die Truppen tatsächlich Vespasian zum Kaiser ausgerufen. Er lohnt Josefus seine Voraussage und verschafft ihm lebenslang eine Pfründe in Rom.

Seinen befremdlichen Stellungswechsel führt der Geschichtsschreiber auf einen nächtlichen Traum zurück, der ihm nach zahlreichen verlorenen Gefechten widerfahren war, durch den «ihm Gott die über die Juden hereinbrechenden Schicksalsschläge und das künftige Geschick des römischen Kaisers gezeigt hatte» (Vita 208ff). Als einer, der sich auf Traumauslegung verstand und dem die Weissagungen der heiligen Schriften vertraut waren, vermochte er «Gottessprüche, die zweideutig geblieben waren», zu entschlüsseln und «sich in die Geheimnisse Gottes zu versenken» (Bell III 351.353).

Moderne Historiker können dem Priester den Verrat an der Sache seines Volkes nicht verzeihen und sparen nicht mit vernichtenden Urteilen. So liest man bei E. Schürer[56]: «Er selbst entblödet sich freilich nicht, die messianischen Weissagungen auf Vespasian zu deuten ...»[57] Und A. Schalit[58] spricht von einer Profezeiung, «deren Beweggründe Feigheit und ein völliges Abgehen jeglichen Gemeinschaftssinnes waren». Dem Deutungserlebnis des Priesters wird die Echtheit und dem Geschichtsschreiber die subjektive Ehrlichkeit abgesprochen. Das entspricht einem neuzeitlichen Vorurteil, das jeder Zukunftsprofezeiung egoistische Gewinnabsichten unterstellt. Mit einer historischen Aufarbeitung der damaligen dramatischen Geschehnisse hat es wohl nichts zu tun. Aus gleichen Motiven heraus könnte man Jeremia unterstellen, er habe nur deshalb die Universalherrschaft Nebukadnezzars als eines Knech-

---

[56] Schürer (1907 = 1964) 604.

[57] Die moderne englische Übersetzung und Bearbeitung des Schürer (1979 = 1986) 510 mildert das Urteil ab: «He himself was not ashamed to apply messianic prophecies to Vespasian ...»

[58] Schalit (1975) 320.

tes Jahwäs vorausgesagt (Jer 27,2–8), weil er von den Babyloniern bestochen worden war.

In jedem Fall stellt sich die Frage, an welche Schriftstelle(n) Josefus in diesem Zusammenhang gedacht haben könnte. Gibt es eine andere Möglichkeit als Dan 9? In dessen vieldeutigem Schlußabschnitt wird der Untergang von Stadt und Heiligtum geweissagt in Verbindung mit einem «Erhöhten, der da kommt» (נָגִיד הַבָּא)[59]. Die Gestalt wird seit 2000 Jahren gegensätzlich gedeutet. Nach dem Alten Testament ist Nagid ein von Gott erwählter und erhöhter politischer Führer. Auffälligerweise wird das Nomen indeterminiert verwendet, das appositionelle Partizip dagegen mit einem Artikel versehen[60]. Das hebt die zweite Vokabel hervor und erinnert an den messianischen Titel «Der da kommt» (Ps 118,25f und Mt 21,9par.; Mt 11,3par.)[61]. Auf die gleiche Fährte führt die Beobachtung, daß im vorhergehenden V.25 von «einem Gesalbten, einem Nagid» für das 7. Siebent nach «Ausgang des Wortes» die Rede und damit wohl auf einen berühmten Repräsentanten Israels in der Vergangenheit verwiesen war (vgl. 11,22); demnach wäre der kommende Nagid eine Retterfigur. Allerdings sind in V.26b Punktation und Syntax so zweifelhaft, daß seine Funktion und sein Geschick undurchsichtig erscheinen.[62] Leichter läßt sich aus der Fortsetzung V.27 auf eine positive Aufgabe schließen, wenn man den Nagid als Subjekt voraussetzt: «Er macht stark den Bund für die vielen.»[63] Wer unter den modernen Exegeten[64] diese Auslegung wählt, bezieht die Weissagung auf einen während der Religionswirren auftauchenden Nachfolger des ermordeten Onias III. Im ersten nachchristlichen Jahrhundert hat man dagegen die Stelle von einer weiter ausgreifenden eschatologischen Perspektive her begriffen. Nach Hieronymos haben die Juden seiner Zeit an den Messias gedacht, und die Kirchenväter haben sie auf den kommenden Christus bezogen.[65] So werden die Aufständischen der sechziger Jahre des 1. Jahrhunderts wie auch Josefus zu Beginn des Krieges auf-

---

59 G. Hasel (ThWAT V) 218.

60 J.E. Goldingay (1989) 230 Anm. 26d verweist auf GK[26/27], §126w, was wenig erklärt.

61 J. Schneider (ThWNT II) 666f.

62 Die masoretische Punktation denkt an ein Volk (עַם) des Nagid, das Stadt und Heiligtum zerstört, während 1 Ms Vrs statt dessen die Präposition עִם und יִשָּׁחֵית als Passiv (ni.) gelesen haben und also den Nagid zusammen mit Stadt und Heiligtum untergehen lassen. Der Konsonantentext erlaubt aber auch, den Versanfang zum vorangehenden, unvollständig wirkenden Satz in V.25 zu ziehen und dann zu übersetzen: «A leader to come will devastate a people»; Goldingay (1989) 226.230.

63 Die Fortsetzung in V.27 ließe sich wiedergeben: «Ein (Jahr-)Siebent und die Mitte (= Hälfte) eines Siebent läßt er ruhen Schlacht- und Speisopfer. Und über den Flügel der Idole (kommt er) verwüstend und bis zum Garaus. Und Beschlossenes wird sich ergießen über den Wüstling (שֹׁמֵם mit anderem Bezug als das voranstehende מְשֹׁמֵם).» Vgl. zu «Theodotion» Bodenmann (1986) 395 Anm. 25.

64 So Goldingay (1989) 262.

65 F. Fraidl (1883).

grund ihrer Daniellektüre eine plötzlich erscheinende Rettergestalt erwartet haben.

Doch das Verhältnis des Nagid von Dan 9 zum Gottesvolk läßt sich genau gegenteilig deuten. Der masoretische Text läßt sich übersetzen – und so geschieht das gegenwärtig zumeist –: «Das Volk eines Fürsten, der da kommt, bringt Verderben über Stadt und Heiligtum.»[66] Wo die Makkabäerthese vorausgesetzt wird, daß nämlich die Danielweissagungen einer unmittelbaren Naherwartung Ausdruck geben, wird der Satz auf Antiochos IV. bezogen.[67] Wo hingegen das Ende der 490-Jahre-Frist im ersten nachchristlichen Jahrhundert oder kurz danach erwartet wurde, ergab sich eine Gleichsetzung mit Vespasian / Titus (bzw. mit Hadrian) wie von selbst.[68]

Erklärt sich nicht der Parteiwechsel des Josefus wie die vorangegangene Neuorientierung hinsichtlich einer dann als zweideutig empfundenen alttestamentlichen Weissagung aus der bis heute strittigen alternativen Deutung der Nagidgestalt in Dan 9? Nachdem während des Kriegs ein messianischer Retter nicht aufgetaucht war, wird in dem von den Römern nahezu völlig eroberten Galiläa dem Priester plötzlich klar, daß deren Feldherr der «Erhabene» sein werde, der Stadt und Tempel überfluten wird und dem kraft seiner Zugehörigkeit zum vierten Weltreich nach Dan 2 und 7 die universale Herrschaft übertragen werden wird. Das schließt keineswegs ein, wie oft unterstellt wird, daß Josefus in dem künftigen Kaiser den endzeitlichen Heiland gesehen hat. Ein ewiges Reich wird ihm nicht zugesprochen. Und seine Regierung bedeutet sicherlich nicht für seinen Klienten das (noch ausstehende) Reich der Heiligen gemäß Dan 7,18ff. Bei dem Geschichtsschreiber ist nicht nur interessant, was er sagt, sondern auch, was er nicht sagt.[69]

Schlußerwägungen

Die Danielrezeption um die Zeitenwende bietet auf den ersten Blick ein buntscheckiges, verwirrendes Bild. Trotz des ehrlichen Willens, das Buch als Kundgabe göttlichen Willens aufzunehmen, kann es zu genau gegensätzlichen Folgerungen nicht nur für die religiöse Überzeugung, sondern auch für die politische Praxis kommen, wie das Beispiel des Josefus einerseits zu Beginn, andrerseits zu Ende des Aufstands gegen Rom beweist. Dennoch ergibt sich bei näherem Hinsehen, daß der Inhalt des alttestamentlichen Buches nicht beliebig gewendet oder gar manipuliert werden kann. Grundsätzliche Einsich-

---

66 Vgl. Einheitsübersetzung, ähnlich Luther (rev.); Collins (1993) und viele andere.

67 So wieder Collins (1993) 357 Anm. 97.

68 Bodenmann (1986) 290–294.

69 U. Fischer (1978) 158–167 lehnt die oben gegebene Erklärung des Josefustraumes ab, weil weder Dan 9 eine universale Herrschaft ins Auge fasse noch Vespasian, wie Dan 7 voraussetze, mit den Wolken gekommen sei. M.E. resultiert eine solche Argumentation aus einer völligen Nichtbeachtung von Rezeptionsgeschichte.

ten halten sich durch, und das bei jüdischen wie christlichen Lesern. Dazu gehört eine eigentümliche politische Theologie, nach der der biblische Gott seine Macht und Herrlichkeit auch in den heidnischen Weltreichen zum Ausdruck bringt. Gleichzeitig aber wird deutlich, daß die Gemeinde als Gottesvolk ihre besondere Existenz und Organisation in dieser Weltzeit durch Geduld zu behaupten hat. Vor allem aber vermittelt das Buch die Überzeugung, daß sowohl die irdischen Herrschaftssysteme wie die ihres Gottes bewußte Bundesgemeinde dereinst durch ein unerwartet hereinbrechendes ewiges Gottesreich beseitigt bzw. abgelöst werden.

Die verschiedenen Arten der Danielrezeption erscheinen beispielhaft für die vielschichtigen Vernetzungen, die durch den Lauf der Geschichte notwendig ins Spiel kommen, wenn ernsthafte Leser die Botschaft der Schrift vernehmen wollen. Die Wahrheit der Schrift liegt nicht in dem Anliegen ihrer ursprünglichen Erstschriftsteller begraben, sondern wächst mit und durch die sie rezipierende Gemeinde. Das schließt nicht aus, daß es zu schrecklichen Verirrungen kommen kann. Nicht jede Form von Rezeption ist berechtigt oder gar wegweisend. Vielleicht ist auch das Erstzeugnis des Autors höher zu achten als alle Überlieferungsstufen vor und nach ihm. Doch was Rezeptionsgeschichte für eine Biblische Theologie oder eine systematische Pneumatologie bedeutet, wissen wir noch nicht. Dafür die Kriterien auszubilden, steht uns als exegetische Aufgabe noch bevor.

Literaturverzeichnis

Albertz, R. (1988), Der Gott des Daniel. Untersuchungen zu Daniel 4-6 in der Septuagintafassung sowie zu Komposition und Theologie des aramäischen Danielbuches (SBS 131), Stuttgart.

Beale, G.K. (1984), The Use of Daniel in Jewish Apocalyptic Literature and in the Revelation of St. John, Lanham/New York/London.

Becker, J. (1996), Jesus von Nazaret, Berlin/New York.

Beyer, K. (1994), Die aramäischen Texte vom Toten Meer. Ergänzungsband, Göttingen.

Bodenmann, R. (1986), Naissance d'une Exégèse. Daniel dans l'Eglise ancienne des trois premiers siècles (BGBE 28), Tübingen.

Brandenburger, E. (1984), Markus 13 und die Apokalyptik (FRLANT 134), Göttingen.

Bruce, F.F. (1965), «Josephus and Daniel», ASTI 4, S.148–162.

– (1977), «The Oldest Greek Version of Daniel», in: Instruction and Interpretation. Studies in Hebrew Language, Palestinian Archaeology and Biblical Exegesis (OTS 20), S.22–40.

Collins, J.J. (1992), «The Son of Man in First-Century Judaism», NTS 38, S.448–466.

– (1993), Daniel (Hermeneia), Minneapolis.

Coppens, J. / Dequeker, L. (1961), Le Fils de l'homme et les Saints du Très-Haut en Daniel, VII, dans les Apocryphes et dans le Nouveau Testament (ALBO III/23), Louvain/Bruges/Paris (2.Aufl.).

Eisenman, R. / Wise, M. (1992), The Dead Sea Scrolls Uncovered, Shaftesbury (Dorset)/Rockport (Massachusetts)/Brisbane (Queensland).

Feldman, L.H. (1992), «Josephus' Potrait of Daniel», Henoch 14, S.37–96.

Fischer, U. (1978), Eschatologie und Jenseitserwartung im hellenistischen Diasporajudentum (BZNW 44), Berlin/New York.

Fitzmyer, J.A. (1994), «The Aramaic ‹Son of God› Text from Qumran Cave 4», in: M.O. Wise u.a. (Hgg.), Methods of Investigation of the Dead Sea Scrolls and the Khirbet Qumran Site. Present Reality and Future Prospects (Annals of the New York Academy of Sciences 722), New York, S.163–178.

Fraidl, F. (1883), Die Exegese der siebzig Wochen Daniels in der alten und mittleren Zeit. FS der K.K. Universität Graz aus Anlass der Jahresfeier am XV. November MDCCCLXXXIII, Graz.

García Martínez, F. (1992), Qumran & Apocalyptic. Studies on the Aramaic Texts from Qumran, StTDJ IX, Leiden/New York/Köln.

– (1994), The Dead Sea Scrolls Translated. The Qumran Texts in English, Leiden/New York/Köln.

Geissen, A. (1968), Der Septuaginta-Text des Buches Daniel Kap. 5–12, zusammen mit Susanna, Bel et Draco sowie Esther Kap. 1,1a–2,15 nach dem Kölner Teil des Papyrus 967 (PTA 5), Bonn.

Gnilka, J. (1979), Das Evangelium nach Markus. 2. Teilbd.: Mk 8,27-16,20 (EKK II/2), Zürich u.a./Neukirchen-Vluyn.

Goldingay, J.E. (1989), Daniel (WBC 30), Dallas (Texas).

Grimm, W. (1984), Jesus und das Danielbuch. Bd. I: Jesu Einspruch gegen das Offenbarungssystem Daniels (MT 11,25-27; Lk 17,20-21) (ANTJ 6/I), Frankfurt a.M./Bern/New York/Nancy.

Hahn, F. (1975), «Die Rede von der Parusie des Menschensohns Markus 13», in: R. Pesch / R. Schnackenburg (Hgg.), Jesus und der Menschensohn. FS A. Vögtle, Freiburg/Basel/Wien, S.240–266.

Hartman, L. (1966), Prophecy interpreted. The formation of some Jewish apocalyptic texts and the eschatological discourse Mk 13 Par. (CB.NTS 1), Lund.

Hengel, M. (1969), Judentum und Hellenismus (WUNT 10), Tübingen.

Janowski, B. (1982), «‹Auslösung des verwirkten Lebens. Zur Geschichte und Struktur der biblischen Lösegeldvorstellung», ZThK 79 (1982) S.25–59 (wiederveröffentlicht in: ders. [1993], Gottes Gegenwart in Israel. Beiträge zur Theologie des Alten Testaments, Neukirchen-Vluyn, S.5–39).

Jauß, H.R. (1970), Literaturgeschichte als Provokation (edition suhrkamp 418), Frankfurt a.M. (2.Aufl.).

Jeansonne, Sharon P. (1988), The Old Greek Translation of Daniel 7–12 (CBQ.MS 19), Washington D.C.

Kim, S. (1983), «The ‹Son of Man›» as the Son of God (WUNT 30), Tübingen.

Koch, K. (1989), Was ist Formgeschichte? Methoden der Bibelexegese, Neukirchen-Vluyn (5.Aufl.).

– (1991), «Rezeptionsgeschichte als notwendige Voraussetzung einer biblischen Theologie – oder: Protestantische Verlegenheit angesichts der Geschichtlichkeit des Kanons», in: H.H. Schmid / J. Mehlhausen, Sola Scriptura (Veröffentlichungen der Wissenschaftlichen Gesellschaft für Theologie [6]), Gütersloh, S.143–155.

– (1995), Die Reiche der Welt und der kommende Menschensohn. Studien zum Danielbuch. Gesammelte Aufsätze 2, hg. v. M. Rösel, Neukirchen-Vluyn.

– u.a. (1980), Das Buch Daniel (EdF 144), Darmstadt.

Lührmann, D. (1987), Das Markusevangelium (HNT 3), Tübingen.

Lust, J. (1978), «Daniel 7,13 and the Septuagint», EThL 54, S.62–69.

Mayer, G. (1988), Art. «Josephus Flavius», TRE 17, Berlin/New York, S.258–264.

Meadowcroft, T.J. (1995), Aramaic Daniel and Greek Daniel. A Literary Comparison (JSOT.S 198), Sheffield.

Michel, O. / Bauernfeind, O. (Hgg.) (1959-1969), Flavius Josephus, De Bello Judaico. Der jüdische Krieg. 3 Bde., Darmstadt.

Milik, J.T. (1956), «‹Prière de Nabonide› et autres écrits d'un cycle de Daniel. Fragments araméens de Qumrân 4», RB 63, S.407–415.

Montgomery, J.A. (1964), A Critical and Exegetical Commentary on the Book of Daniel (ICC), Edinburgh (1927 = 1964).

Munnich, O. (1990), «Origène, éditeur de la *Septante* de *Daniel*», in: D. Fraenkel u.a. (Hgg.), Studien zur Septuaginta. FS R. Hanhart (AAWG 3), Göttingen, S.187-218.

Müller, K. (1972), «Menschensohn und Messias. Religionsgeschichtliche Vorüberlegungen zum Menschensohnproblem in den synoptischen Evangelien», BZ 16, S.161-187.

Nickelsburg, G.W.E (1987), «Salvation without and with a Messiah: Developing Beliefs in Writings Ascribed to Enoch», in: J. Neusner / W.S. Green / E.S. Frerichs (Hgg.), Judaisms and Their Messiahs at the Turn of the Christian Era, Cambridge u.a., S.49-68.

– (1992), Art. «Son of Man», AncBDictionary 6, New York u.a., S.137-150.

Pace, Sharon (1984), «The Stratigraphy of the Text of Daniel and the Question of Theological *Tendenz* in the Old Greek», BIOSCS 17, S.15–35.

Puech, E. (1992), «Fragment d'une apocalypse en araméen (4Q246 = pseudo-Dan[d]) et le ‹Royaume de Dieu›», RB 99, S.98–131.

Rösel, M. (1991), «Die Übersetzung der Gottesnamen, in der Genesis-Septuaginta», in: D.R. Daniels u.a. (Hgg.), Ernten, was man sät. FS K. Koch, Neukirchen-Vluyn, S.357–377.

Roloff, J. (1973f), «Anfänge der soteriologischen Deutung des Todes Jesu», NTS 19, S.38–64.

Schalit, A. (1975), «Die Erhebung Vespasians nach Flavius Josephus, Talmud und Midrasch. Zur Geschichte einer messianischen Idee», in: Principat (ANRW II/2), hg. v. Hildegard Temporini, Berlin/New York, S.208–327.

Schürer, E. (1907 = 1964), Geschichte des jüdischen Volkes im Zeitalter Jesu Christi. 2. Bd.: Die inneren Zustände, Leipzig (4.Aufl.).

– (1979 = 1986), The History of the Jewish People in the Age of Jesus Christ (175 B.C.-A.D. 135). A New English Version rev. and ed. by G.Vermes, F.Millar and M.Black, Bd. II, Edinburgh.

Seeligmann, I.L. (1948), The Septuagint Version of Isaiah. A Discussion of its Problems (MEOL 9), Leiden.

Steck, O.H. (1980), «Weltgeschehen und Gottesvolk im Buche Daniel», in: D Lührmann / G. Strecker (Hgg.), Kirche. FS G. Bornkamm, Tübingen, 1980, S.53–78 (wiederveröffentlicht in: O.H. Steck [1982], Wahrnehmungen Gottes im Alten Testament. Gesammelte Studien [ThB 70], München, S.262–290).

Stemberger, G. (1983), Die römische Herrschaft im Urteil der Juden (EdF 195), Darmstadt

Tödt, H.E. (1959), Der Menschensohn in der synoptischen Überlieferung, Gütersloh

Theisohn, J. (1975), Der auserwählte Richter. Untersuchungen zum traditionsgeschichtlichen Ort der Menschensohngestalt der Bilderreden des Äthiopischen Henoch (StUNT 12), Göttingen.

Trilling, W. (1980), Der zweite Brief an die Thessalonicher (EKK XIV), Zürich u.a./Neukirchen-Vluyn.

VanderKam, J.C. (1992), «Righteous One, Messiah, Chosen One, and Son of Man in 1 Enoch 37–71», in: J.H. Charlesworth (Hg.), The Messiah. Developments in Earliest Judaism and Christianity, Minneapolis, S.169–191.

Nachtrag:

Zu Dan 7,13 siehe jetzt L.T. Stuckenbrock, «‹One like a Son of Man as the Ancient of Days›, in the Old Greek Recension of Daniel 7,13: Scribal Error or Theological Translation?», ZNW 86 (1995) S.268–276.

Rezeption und Auslegung in Ägypten

Das «Denkmal memphitischer Theologie» als Auslegung der heliopolitanischen Kosmogonie

Von Jan Assmann

1. Text und Kommentar

Rezeption ist Auslegung. Dieser Satz gilt vielleicht nicht immer und überall, aber er gilt in jedem Falle dort, wo wir es mit der Rezeption normativer Texte zu tun haben. Anders als durch Auslegung läßt sich die Normativität eines Textes nicht durch die Zeit hindurch retten. Allein schon der Sprachwandel, vom allgemeinen Weltwandel ganz zu schweigen, bewirkt, daß ein Text ohne entsprechende Anpassungen schon im Laufe weniger Jahrhunderte nicht mehr verständlich ist und zu einer liturgischen Formel, einem Abrakadabra verkommt. Wenn das verhindert werden soll, muß der Text den veränderten sprachlichen und semantischen Verhältnissen angepaßt werden. Die Maßnahmen solcher Anpassung – Umschreiben, Fortschreiben, Übersetzen, Glossieren, Kommentieren – fasse ich hier unter dem Begriff der Auslegung zusammen. Auslegung kompensiert die Distanz, in die ein normativer Text im Laufe der Zeit zu der sich wandelnden Wirklichkeit gerät. Auslegung findet nicht statt, wenn ein Text ohne Rücksicht auf seine Verständlichkeit wortlautgetreu überliefert oder wenn er aus dem Traditionsstrom ausrangiert, durch andere Texte ersetzt und als solcher vergessen wird.

Soweit die Theorie.[1] Sie findet in allen bedeutenden Schriftkulturen reiche Bestätigung; Babylonien, Indien, China, Israel, Griechenland, Rom, Judentum, Christentum, Islam konfrontieren uns mit einer Fülle verschiedenartigster Ausprägungen von Auslegungskultur.[2] Überall, wo sich der schriftkulturelle Traditionsstrom zu normativen Texten verfestigt, bildet die Entstehung von Kommentaren (im weitesten Sinne) eine notwendige Begleiterscheinung. Normative Rezeption – d.h. Kanonisierung – und Kommentierung gehören offenbar zusammen. Um so mehr muß es auffallen, daß Ägypten hier eine Ausnahme zu bilden scheint. In Ägypten haben wir es zwar vollkommen eindeutig mit der wortlautgetreuen Überlieferung offenbar hochgradig normativer Texte über einen Zeitraum von mehr als zweitausend Jahren zu tun; wir suchen aber vergeblich nach Formen einer auch nur ansatzweisen Kommentierung dieser Texte.[3]

---

1 Zu den theoretischen Grundlagen vgl. meine Einführung «Text und Kommentar. Einführung» in: J. Assmann / B. Gladigow (1995) 9–34.

2 Vgl. den Band «Text und Kommentar» (Assmann / Gladigow [1995]) und die Beiträge zu den genannten Kommentartraditionen.

3 Eine Ausnahme bilden nur das 17. Kapitel des TB (CT Spruch 335) und einige medizinische Texte. Bei den medizinischen Texten könnte der Kommentar zum ursprünglichen

Wenn wir nach Ansätzen von Kanonisierung in der altägyptischen Schriftkultur fragen, werden wir auf drei Komplexe verwiesen:

1. die Festlegung des Totenbuchs nach Umfang und Spruchfolge;
2. die extensive Verwendung von Pyramidentexten in Gräbern und Papyri der Spätzeit;
3. die Pflege des Mittelägyptischen – eines über 1500 Jahre alten Sprachstadiums – im Kult.

Alle drei Phänomene verweisen uns nachdrücklich auf eine bestimmte Epoche der ägyptischen Geschichte: das 7. Jh. v. Chr., die Äthiopen- und Saitenzeit bzw. 25. und 26. Dynastie, die den Charakter einer durchgreifenden kulturellen Restauration oder geradezu Renaissance hatte.[4] In dieser Zeit gewinnt das Totenbuch seine von da an verbindliche Gestalt. Vorher wurde jeder Totenbuchpapyrus individuell aus einem Vorrat von Sprüchen zusammengestellt. In dieser Zeit tauchen im Dekorationsprogramm monumentaler Grabanlagen Sammlungen von Pyramidentexten auf in einer textgeschichtlich hervorragenden Form. In dieser Zeit schließlich legen die offiziellen Inschriften einen sprachlichen Klassizismus an den Tag, der an die besten Traditionen der mittelägyptischen Literatur anknüpft.[5] Das 7. Jahrhundert bedeutet für Ägypten eine tiefgreifende Reorganisation des kulturellen Gedächtnisses. Jetzt kristallisiert sich innerhalb der Schriftkultur ein Kernbereich normativer Texte heraus, die in ihrer Redaktion festgestellt werden und eine kanonische Verbindlichkeit gewinnen.

Aus der gleichen Zeit stammt ein Papyrus mit Ritualtexten in mittelägyptischer Sprache und neuägyptischer Interlinearübersetzung.[6] Das zeigt, daß sich auch in Ägypten gleichzeitig mit der kanonisierenden Fixierung der Tradition wenigstens ansatzweise Formen von Auslegungskultur ausbilden. Aus der gleichen Zeit stammt aber auch ein Text, den ich als das vielleicht eindrucksvollste Beispiel ägyptischer Auslegungskultur vorstellen möchte. Es handelt sich um das in alttestamentlichen Kreisen ja bestens bekannte[7] *Denkmal memphitischer Theologie*. Bisher hat man immer angenommen, daß es sich bei diesem Text um eine polemische Überbietung der heliopolitanischen Weltentstehungslehre handelt. Ich möchte dagegen zeigen, daß dieser Text vielmehr eine Auslegung der heliopolitanischen Kosmogonie darstellt.[8]

Text gehören, also kein rezeptionsgeschichtliches Faktum darstellen. S. hierzu die Beiträge von U. Rößler-Köhler und von mir («Altägyptische Kultkommentare») in: Assmann / Gladigow (1995). Das 17. Kapitel des TB wäre u.U. und trotz den von U. Rößler-Köhler vorgebrachten Argumenten als eine Art Initiationsverhör zu erklären.

4 Vgl. P. Der Manuelian (1994).

5 Vgl. hierzu N.-Chr. Grimal (1980).

6 Papyrus BM 10252; vgl. S. Schott (1954).

7 Z.B. K. Koch (1988).

8 Der Text ist erstmals im Jahre 1901 von J.H. Breasted als «Philosophy of a Memphite Priest» bekannt gemacht worden. A. Erman hat ihm 1909 unter dem Titel «Ein Denkmal

2. Die heliopolitanische Kosmogonie als normativer «Tiefentext»

Die heliopolitanische Weltentstehungslehre ist kein Text, sondern ein semantischer Komplex, eine Art «Tiefentext», der vielen «Oberflächen-Texten» zugrunde liegt, kurz, ein Mythos.[9] Mythen haben ihren eigentlichen Ort in der mündlichen Überlieferung oder vielmehr im kollektiven Gedächtnis. Dort leben sie als semantische Komplexe, die fallweise in eine konkrete Gestalt überführt werden. Das muß nicht immer ein Text sein; auch Bilder realisieren mythische Tiefentexte. Man kann aber solche Realisierung nicht Auslegung nennen. Um einen Mythos auszulegen, muß man ihn zuvor ausformulieren. Plutarch hat das in seinem Traktat über Isis und Osiris eindrucksvoll gezeigt. Bevor er seine Interpretation vorführt, erzählt er die Geschichte, und seine Erzählung ist die einzige zusammenhängende Realisierung, die dem Osiris-Mythos überhaupt jemals zuteil wurde. Erst wenn Mythen eine Textgestalt gewonnen haben, die ihrerseits normativ und verbindlich geworden ist, wie etwa der biblische Schöpfungsmythos in Gestalt von Genesis 1, kann daran Auslegung ansetzen.

Für die heliopolitanische Kosmogonie ist das nicht der Fall. Daher wäre das Denkmal memphitischer Theologie als eine Realisierung, aber nicht als eine Auslegung oder gar Kommentierung des Tiefentexts (Mythos) zu betrachten. Trotzdem ergibt sich bei näherer Betrachtung, daß hier in eindeutigen Formen von Auslegung auf den Mythos Bezug genommen wird, der zu diesem Zweck zumindest andeutungsweise wie bei Plutarch ausformuliert wird. Bisher hat man diese Bezugnahmen, wie eingangs erwähnt, nicht im Sinne des Kommentierens, sondern der Polemik verstanden, als Ausdruck eines Rangstreits zwischen Memphis und Heliopolis, und hat daher die Entstehungszeit des Denkmals memphitischer Theologie immer in einer Phase der ägyptischen Geschichte gesucht, in der ein solcher Rangstreit zwischen Heliopolis und Memphis um den Ursitz von Schöpfung und Herrschaft sinnvoll vorgestellt werden könnte. Daher rekonstruierte Sethe ein vorgeschichtliches «Reich von Heliopolis», das von dem frühgeschichtlichen «Reich von Memphis» abgelöst worden wäre, und Junker (und andere) setzten den Text in die 5.–6. Dynastie, die erste Blütezeit des heliopolitanischen Sonnenkults. Die Spätzeit scheidet für eine solche historische Verortung natürlich vollkommen aus; hier erwartet man eine Konkurrenz zwischen Tanis, Theben, allenfalls Bubastis und Memphis. Heliopolis spielt hier überhaupt keine politische Rol-

---

memphitischer Theologie» eine kommentierte Übersetzung gewidmet (Erman [1911]), die dem Text bis heute seinen Namen gegeben hat. Die maßgeblichen Editionen stammen von K. Sethe (1928) und H. Junker (1940); ders. (1941). Wichtige neuere Behandlung bei J.P. Allen (1988) 42–47. Ich zitiere das «Denkmal memphitischer Theologie» im folgenden nach Junker.

9 Vgl. hierzu insbesondere Susanne Bickel (1994).

le. Aber diese Argumentation verkennt, daß die Lehre von Heliopolis vollkommen unabhängig von der Frage eines historisch-politischen Bezugs in Ägypten immer die Rolle einer «Großen Tradition» gespielt hat, d.h. einer interregional, gesamtägyptisch maßgeblichen Kosmogonie, vom Alten Reich bis zu den theologischen Systemen der griechisch-römischen Tempel. Hier haben wir es mit einem Mythos zu tun, der bereits in seiner Form als Tiefentext normativ war und nicht erst als konkret ausformulierter und kanonisierter Oberflächentext. Jede lokale Kosmogonie mußte sich an diese klassische und allgemein gültige Lehre anschließen. Die Spannung zwischen der «großen» Tradition von Heliopolis, die längst allgemein-ägyptisch war, und den verschiedenen «kleinen» Traditionen der einzelnen religiösen Zentren wie Theben, Memphis, Hermupolis, Elephantine, Esna, Edfu, Sais usw. bestimmte die gesamte ägyptische Religionsgeschichte. Jedes religiöse Zentrum mußte sich dadurch zu definieren und zu legitimieren versuchen, daß es den Tiefentext der heliopolitanischen Lehre auf sich hin auslegte. Dieser Bezug ist daher nicht polemisch, sondern interpretativ zu verstehen. Alle regionalen Kosmogonien lassen sich als Interpretationen eines zugrundeliegenden Tiefentextes verstehen.

Wir müssen nun unsererseits, um diese interpretativen Bezugnahmen deutlich machen zu können, eine Realisierung des Tiefentextes an den Anfang stellen. Die Kosmogonie von Heliopolis stellt die Stadien der Weltentstehung als einen Stammbaum mit vier Generationen dar:

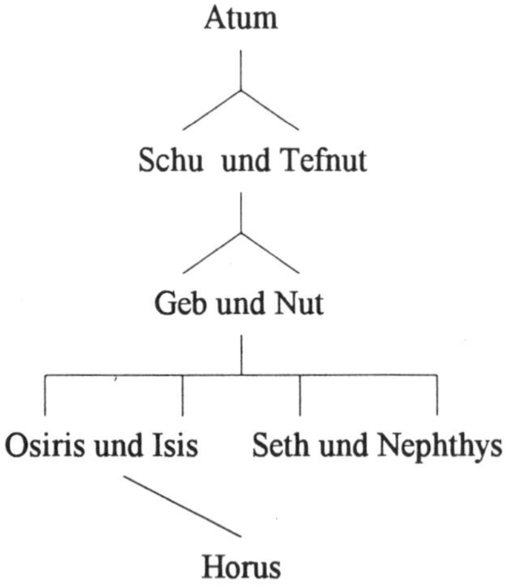

Zwei Punkte sind für diese Weltentstehungslehre kennzeichnend: erstens die enge Verbindung von Schöpfung und Herrschaft, und zweitens die komplementäre Verschränkung von Kosmogonie und Kosmopoiie. Die Lehre von Heliopolis läßt den Schöpfergott Atum («das All») sich zugleich (a) in die Welt entfalten und (b) die Welt erschaffen, und sie läßt parallel zu diesem komplementär gedachten, zugleich transitiven und intransitiven Prozeß der *Welt*-Entstehung die *Herrschaft* entstehen und von einer Götter-Generation auf die andere übergehen, bis schließlich in der fünften Generation Horus die Herrschaft erbt, der sich als Gott des geschichtlichen Königtums in jedem regierenden Pharao verkörpert. Ägyptische *Kosmo*gonien sind zugleich immer «*Krato*gonien»; sie verbinden die Entstehung der Welt mit einem Bericht über die Entstehung der Herrschaft (d.h. des Staates).

Jeder Übergang von einer Generation zur anderen entspricht einem kosmokratogonischen Akt und bildet einen semantischen Knoten in dem «Tiefentext», der zum Ausgangspunkt interpretierender Ausformulierungen wird:

1. Die Präexistenz

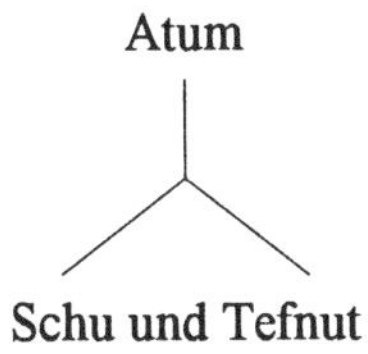

Nach ägyptischer Vorstellung ist die Welt nicht aus dem Nichts, sondern aus der Eins entstanden. Diese Ur-Eins heißt Atum. Atum ist die Verkörperung der Präexistenz. Der Name bedeutet zugleich «das All» und «das Nicht» im Sinne von «noch nicht» oder «nicht mehr».[10] Das Mysterium der Präexistenz ist ein Punkt, der die spätere Kommentierung des Tiefentexts ganz besonders beschäftigen wird. Bei Atum bleibt es nicht. Diesem Gott, der sich ja im Zustand des Nochnichtseins befindet, wird ein vorweltliches Ambiente beigegeben, ein Ur-Chaos, das man sich lichtlos, endlos, formlos vorstellt.[11]

2. Der kosmogonische Augenblick: die Entstehung des Lichts

Der Übergang von der Präexistenz in die Existenz wird als Selbstentstehung des Urgottes gedeutet. Der Gott der präexistenten Einheit, Atum, verfestigt sich zu der Gestalt des Sonnengottes und taucht zum ersten Mal über dem Urwasser auf. Dieser erste Sonnenaufgang wird als ein Akt primordialer Selbstentstehung und zugleich als erste Schöpfungstat verstanden: als Erschaffung des Lichts. Indem der Gott entsteht (intransitive Kosmogonie), wird er zugleich auch schon nach außen tätig (transitive Kosmopoiie) und setzt zwei neue Wesen, Schu und Tefnut, aus sich heraus. Der Mythos greift hierfür zu den kruden Bildern körperlicher Ausscheidung: als Masturbation, Aushusten, Ausspucken.[12] Das ist ein weiterer Punkt, an dem die Interpretation ansetzen wird. Mit der Selbstentstehung des Urgottes ereignet sich der Um-

10 Bickel (1994) 33–34.
11 Bickel (1994) 23–31.
12 Bickel (1994) 72–86.

schlag von Präexistenz in Existenz. Wie in der Bibel wird dieser Umschlag als die Entstehung des Lichts gedeutet. Schu ist der Gott der Luft. Tefnut wurde bisher immer als «Feuchte» interpretiert.[13] Dafür gibt es überhaupt keinen Anhaltspunkt.[14] Ganz im Gegenteil: alles, was wir von Tefnut aus den Texten erfahren, weist auf eine Göttin des Feuers hin. Luft und Feuer – d.h. die Entstehung lichterfüllter Ausdehnung – bilden das erste kosmogonische Stadium. Atum selbst verwandelt sich bei seinem Übergang von der Präexistenz in die Existenz in die Sonne, deren Strahlung der Mythos als Gluthauch aus Feuer und Luft interpretiert. Der kosmogonische Augenblick ist nichts anderes als der erste Sonnenaufgang. Schu und Tefnut symbolisieren zugleich den kratogonischen Aspekt dieses ersten kosmogonischen Ereignisses. Tefnut, die löwengestaltige Göttin des Feuers, ist zugleich das Symbol der Königsherrschaft, das sich der Schöpfer als Schlangendiadem an die Stirn setzt. Schu wird als Sohn und Erbe des Schöpfergottes zum Archetyp des Königs in seiner Rolle als Luft und Leben spendender Erhalter. Man sieht, welche Möglichkeiten der Interpretation und Elaboration der «Tiefentext» der heliopolitanischen Kosmogonie in sich schließt.

3. Die Entstehung des Raumes[15]

Schu und Tefnut

Geb und Nut
(Erde und Himmel)

Die Kinder von Schu und Tefnut oder Luft und Feuer sind Geb und Nut, die Götter von Erde und Himmel. Auf die Entstehung des Lichts in der Form des

---

13 S. hierzu W. Barta (1973) 89–94, der in 89 Anm. 9 die ältere Literatur zu diesem Punkt aufführt. Vgl. ders. (1973) 91: «Tefnut würde damit ‹das Ausgespieene› bzw. ‹die Feuchtigkeit› personifizieren können, die dann antagonistisch neben Schu, der Trockenheit, stünde. Für diese Deutung spräche auch die allgemeine Erwägung, daß dem kosmischen System der Neunheit, wenn ihm die als Tefnut Gestalt gewordene Feuchte nicht angehörte, das Urelement des Wassers fehlen würde, das der Ägypter im Nil, im Regen, im Tau usw. verwirklicht sah; denn Nun gehört nicht zur Neunheit, sondern bildet in Heliopolis lediglich den unpersönlichen Urstoff, der sowohl das Chaos wie die geordnete Welt umfaßt.» Bartas «allgemeine Erwägung» spricht nicht für, sondern gegen die Gleichsetzung von Tefnut und Feuchte. Denn das Urelement des Wassers wird niemals mit Tefnut in Verbindung gebracht, sondern immer mit Nun. Es fehlt in der Neunheit, weil es ein Urelement ist. Es gehört zu den Besonderheiten des ägyptischen Weltbildes, daß die Fülle der Wirklichkeit nicht in der geordneten Welt aufgeht. Ursula Verhoeven (1986) meldet zurecht vorsichtige Zweifel an der konventionellen Deutung der Tefnut als Göttin der Feuchtigkeit an, ohne allerdings eine alternative Deutung vorzutragen.

14 Vgl. Bickel (1994) 169.

15 Bickel (1994) 176–198.

ersten Sonnenaufgangs folgt die Entstehung des kosmischen Raumes, der im Licht sichtbar wird.

4. Die Entstehung der kulturellen Institutionen

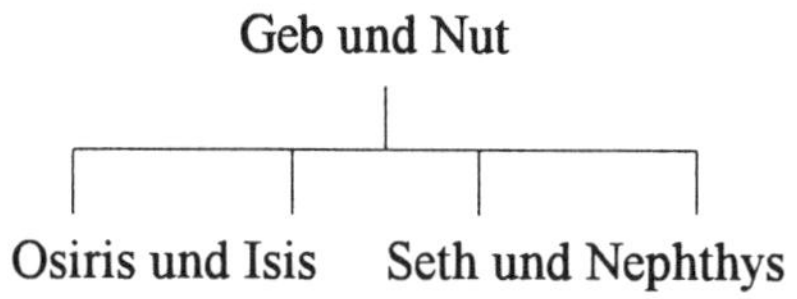

Die vierte Generation wird durch die Kinder der Nut gebildet: Osiris, Isis, Seth, Nephthys. Dieses Stadium verbindet sich mit der Vorstellung einer Gründung der kulturellen Institutionen. Jetzt entstehen Zeit und Geschichte. Daher gehört zu dieser Generation auch Horus hinzu, der als Sohn von Isis und Osiris eigentlich die fünfte Generation bildet. Der Mythos spricht aber von fünf Kindern der Nut und erzählt, daß Isis und Osiris sich schon im Mutterleib begattet hätten, so daß Nut auch deren Kind Horus zur Welt brachte. Der Sinn dieser Überlieferung ist natürlich, daß in dieser Fünfheit eine zeitliche Dynamik angelegt ist, die sich in der endlosen Kette der Horusverkörperungen in Gestalt der Könige als Geschichte entfaltet.

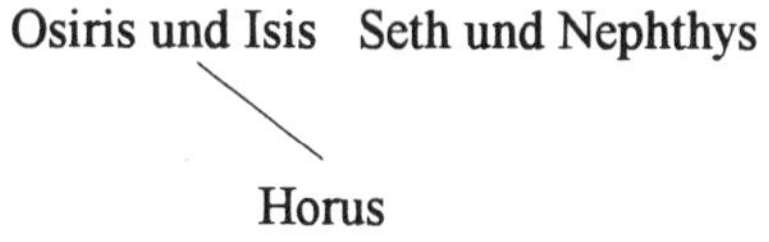

Es verwundert nicht, daß diese Phase des kosmogonischen Prozesses zu ganz besonders vielen interpretierenden Ausgestaltungen Anlaß gegeben hat. Auch das Denkmal memphitischer Theologie legt auf dieses Stadium einen besonderen Schwerpunkt, weil es hier auf Memphis ankommt und Memphis unter den Gründungen den ersten Rang einnimmt.

3. Kommentar und Allegorie in den Sargtexten

Bevor ich zum Denkmal memphitischer Theologie komme, möchte ich wenigstens einen kurzen Blick auf einen Text aus dem Mittleren Reich werfen, der ebenfalls einen Kommentar der heliopolitanischen Weltentstehungslehre darstellt. Hier wird die Präexistenz ausgedeutet als das bewußtlose Dahintreiben des Urgottes Atum in der Urflut, dem Nun, dem als weitere Aspekte des Urchaos noch die Finsternis (Kuk), die Endlosigkeit (Huh) und die Weglosigkeit (Tenemu) zugesellt werden. Der kosmogonische Augenblick wird als der Moment dargestellt, in dem Atum zu Bewußtsein kommt und aus handlungsunfähiger Mattigkeit in Bewußtsein, Wille und Handlung eintritt. Dieser Moment der Selbstentstehung wird als «Selbstverdreifachung» gekennzeichnet:

«Als er Einer war und zu Dreien wurde».[16] Der Kommentar macht klar, daß man sich diesen Vorgang auf keinen Fall in der Form von Zeugung und Geburt vorstellen darf, indem er den Luftgott Schu sagen läßt: «Nicht hat er mich geboren mit seiner Faust, nicht hat er mich in Schwangerschaft getragen mit seiner Faust».[17] Man hat immer angenommen, diese Aussage würde sich gegen das krude Bild der Masturbation wenden[18]; aber daran hat der Ägypter keinen Anstoß genommen. Was hier zurückgewiesen wird, ist vielmehr die Vorstellung, Atum habe Schu und Tefnut geschaffen. Der kosmogonische Augenblick soll nicht als Schöpfung, sondern als Selbstentfaltung gedacht werden. Schu und Tefnut waren bei Atum vor aller Welt und bildeten mit ihm zusammen die Ureinheit, die zu Dreien wurde.

In diesem Text aus dem frühen 2. Jahrtausend wird der Tiefentext in einer Weise ausgedeutet, die bereits an die allegorisierende Mytheninterpretation eines Plutarch erinnert. Schu – die Luft – wird als «Leben» und Tefnut – das Feuer oder Licht – als «Wahrheit» erklärt.

‹Ich bin am Schwimmen und sehr ermattet,
meine Glieder(?) sind träge.
Mein Sohn «Leben» ist es, der mein Herz erhebt.[19]
Er wird meinen Geist beleben, nachdem er diese
meine Glieder zusammengerafft hat, die sehr müde sind.›
Da sprach Nun (das Urwasser) zu Atum:
‹Küsse deine Tochter Ma'at, gib sie an deine Nase!
Dein Herz lebt, wenn sie sich nicht von dir entfernen.
Ma'at ist deine Tochter,
zusammen mit deinem Sohn Schu,
dessen Name «Leben» ist.
Du wirst essen von deiner Tochter Ma'at;
dein Sohn Schu, er wird dich erheben.[20]

Da sagte Atum: ‹Tefnut ist meine lebendige Tochter,
sie ist zusammen mit ihrem Bruder Schu.
«Leben» ist sein Name,
«Ma'at» ist ihr Name.
Ich lebe zusammen mit meinem Kinderpaar,
zusammen mit meinem Zwillingspaar,
indem ich mitten unter ihnen bin,
der eine an meinem Rücken, die andere an meinem Bauch.
«Leben» schläft mit meiner Tochter «Ma'at»,
eines in mir, eines um mich herum,
ich habe mich aufgerichtet zwischen ihnen, indem ihre Arme um mich waren.›[21]

---

16 CT [80] II, 39e. Bickel (1994) 37.
17 CT I, 354c; Bickel (1994) 79.
18 Z.B. R.O. Faulkner (1964) 266.
19 D.h. «mein Bewußtsein erweckt».
20 CT II, 34g–35h [80]; Bickel (1994) 48f.
21 CT II, 32b–33a [80]; Bickel (1994) 49–51.

Auf einer weiteren Stufe der Ausdeutung werden im selben Text Schu-Leben und Tefnut-Ma'at dann auch als «Neheh-Ewigkeit» und «Djet-Ewigkeit» bezeichnet: «Denn Schu ist Neheh, Tefnut ist Djet»[22]; «Ich bin Neheh, der Vater der Heh-Götter, meine Schwester Tefnut ist Djet»[23]. Neheh und Djet sind Begriffe für die Fülle und Unabsehbarkeit der Zeit. Dabei bezeichnet Neheh die unaufhörliche Bewegung der in sich kreisenden Zeit, Djet die unendliche und unwandelbare Dauer dessen, was sich in der Zeit ereignet und vollendet hat. Mit dem Licht ensteht also in dieser Ausdeutung zugleich auch die Zeit in ihren beiden Aspekten der zyklischen Wiederholung und der bleibenden Dauer.

4. Das Denkmal memphitischer Theologie

Ein Sprung über mindestens 1000 Jahre bringt uns zum Denkmal memphitischer Theologie. Dabei handelt es sich um einen Basaltblock, dessen Inschrift sich als Wiedergabe einer alten Papyrushandschrift ausgibt. In der Überschrift erklärt Schabaka die Umstände der Redaktion:

> «Seine Majestät ließ dieses Buch von neuem schreiben im Hause seines Vaters Ptah. Seine Majestät hatte es nämlich gefunden als Werk der Vorfahren, von Würmern zerfressen, und man kannte es nicht vom Anfang bis zum Ende. Da ließ es S.M. von neuem schreiben, so daß es schöner ist als es vordem war.»

Früher stritt man darum, ob der Text eher in die 1.–2. oder in die 5.–6. Dynastie gehört.[24] Inzwischen sind viele gute Gründe dafür beigebracht worden, daß er zumindest in Teilen, wenn nicht überhaupt als Ganzes, ein Werk der 25. Dynastie darstellt.[25] Seine Datierung schwankt also um fast 2500 Jahre! Wie immer man aber den Anteil der 25. Dynastie an der Abfassung des Textes bestimmen will, kein Zweifel kann an ihrer produktiven Rezeption dieses Textes bestehen.

In diesem Text erfährt das Motiv der Präexistenz eine Ausdeutung, nach der die Aspekte des Chaos ihrerseits aus dem Gott Ptah hervorgegangen sind, wobei die ägyptische Wendung *ḫpr m* sowohl «entstehen aus» als auch «werden zu» bedeutet.

> Die Götter, die aus Ptah entstanden/zu Ptah geworden sind:[26]
> Ptah auf dem Großen Thron [...]

---

22 CT II, 28d [80]; Bickel (1994) 134.

23 CT II, 22a; 23a,c [78]; Bickel (1994) 134f.

24 Für die Frühzeit pädierte insbesondere Sethe, für das hohe Alte Reich Junker.

25 F. Junge (1973); H.A. Schlögl (1980).

26 Mit dieser Übersetzung gehe ich auf Gardiner und Erman zurück, die am Anfang dieses Jahrhunderts den Sinn der Wendung m.E. völlig richtig erfaßt haben. Sethe verwies dann auf die in den «Verwandlungssprüchen» der Sargtexte und des Totenbuchs übliche Bedeutung von *ḫpr m* als «werden zu» und drehte die Richtung um: «die Götter, die zu Ptah geworden sind» oder «in Ptah Gestalt gewonnen haben». Grammatisch ist diese Übersetzung ebensogut möglich wie «werden aus». Die Frage ist nur semantisch zu entscheiden.

Ptah Nun	Der Vater, der Atum [zeugte]
Ptah Naunet	Die Mutter, die Atum gebar
Ptah-Wer	Das sind Herz und Zunge der Neunheit
[...]	[...] alles ... der die Götter gebar
[...]	[...] .... der die Götter gebar
[...]	[...]
[...]	[... Nefer]tem an der Nase des Re, Tag für Tag,

entstanden durch das Herz als Sinnbild des Atum,
entstanden durch die Zunge als Sinnbild des Atum,
indem es groß und gewaltig war.[27]

Wie immer man diesen sehr zerstörten Textabschnitt ergänzen will – eines ist klar: auch der präexistente Urzustand wird noch einmal transzendiert auf einen Gott hin, der damit als die schlechthin transzendente, auch der Präexistenz noch voraus- und zugrundeliegende Einheit dargestellt wird.

Dann heißt es von Ptah weiter:

Ptah überwies [Leben allen Göttern] und ihren Ka's
durch dieses Herz, aus dem Horus,
und durch diese Zunge, aus der Thot entstand aus Ptah.
So geschah es, daß das Herz und die Zunge Verfügungsgewalt erhielten über alle anderen Glieder
aufgrund der Lehre, daß es (das Herz) jedem Leib und sie (die Zunge) jedem Mund vorsteht
von allen Göttern, allen Menschen,
allen Tieren und allem Gewürm, das da lebt
indem (das Herz) alles denkt und (die Zunge) alles befiehlt, was sie wollen.
Seine Neunheit war vor ihm
als Zähne, d.i. der Same des Atum
und als Lippen, d.i. die Hände des Atum.
Es war ja die Neunheit des Atum entstanden
durch seinen Samen und durch seine Finger.
Die Neunheit aber ist in Wahrheit Zähne und Lippen
in diesem Munde dessen, der die Namen aller Dinge erdacht hat,
aus dem Schu und Tefnut hervorgegangen sind, der die Neunheit geschaffen hat.
Daß die Augen sehen, die Ohren hören
und die Nase Luft atmet, ist, um dem Herzen Meldung zu erstatten.
Dieses ist es, das alle Erkenntnis entstehen läßt.
Die Zunge ist es, die wiederholt, was vom Herzen gedacht wird.[28]

«Phallus» und «Hand», die überlieferten Körpersymbole der Kreativität, werden als «Zähne und Lippen» gedeutet. Die eigentlich kreativen Organe sind Herz und Zunge. Da der Ägypter keine scharfe Grenze zwischen «Körper»

Da scheint mir im Kontext einer Kosmo-Theogonie die Rede vom Entstehen der Götter aus Ptah wesentlich näherzuliegen als ihr Werden zu Ptah. Junker wollte der Wendung *ḫpr m* überhaupt jeden Zeitbezug absprechen und schlug die Übersetzung «in etwas Gestalt haben» vor.

27 Zeilen 48–53; s. Junker (1940) 16f.39. Der erste Akt der Schöpfung, auf den hier resümierend zurückgeblickt wird, ist die Entstehung der Götterwelt. Die herkömmliche Übersetzung «groß und gewaltig ist Ptah» ist ungrammatisch und semantisch nichtssagend.

28 Zeilen 53–55; s. Junker (1940) 39.48.55.58.

und «Geist» zieht, werden auch Erkenntnis und Sprache als körperliche Phänomene verstanden. Die Erkenntnis entsteht im Herzen aufgrund der ihm gemeldeten Sinnesdaten. Die im Herzen geformte Erkenntnis wird von der Zunge artikuliert. Es springt in die Augen, daß die Lehre von Memphis die Lehre von Heliopolis zugrunde legt und überbieten will. Die Frage ist, ob wir diese Überbietung im Sinne polemischer Abgrenzung oder im Sinne kommentierender Auslegung zu verstehen haben.

5. Kommentar als Überbietung
Die Schöpfung durch das Wort und die Welt als Text

Die memphitische Interpretation setzt am Mysterium des kosmogonischen Augenblicks an. «Same» und «Hände» werden als «Zähne» und «Lippen» interpretiert, und damit wird das Bild der Masturbation ersetzt durch den Akt des Sprechens. Das Denkmal memphitischer Theologie ist die elaborierteste ägyptische Darstellung einer Schöpfung durch das Wort. Sie unterscheidet sich von der biblischen in zwei Punkten. Der eine ist die Rolle des Herzens, d.h. der planenden Konzeption der Schöpfung; davon ist in der Bibel nicht die Rede. Der andere ist die Rolle der Schrift, der Hieroglyphen, die zweimal erwähnt wird.[29] Diese beiden Punkte hängen eng miteinander zusammen. Denn was das Herz ersinnt, ist nicht die Lautgestalt der Dinge, sondern ihr «Begriff» und ihre «Form». Die Hieroglyphenschrift gibt diese Form wieder und bezieht sich auf dem Weg über die Form auf den Begriff. Die Zunge vokalisiert die Begriffe, die vom Herzen erdacht und von der Hieroglyphenschrift in sichtbare Form gebracht werden:

> Und so wurden alle Götter geboren,
> das ist Atum und seine Neunheit.
> *Es entstanden aber alle Hieroglyphen*
> *durch das, was vom Herzen erdacht und von der Zunge befohlen wurde.*
> ...
> Und so wurden alle Handwerke geschaffen und alle Künste,
> das Handeln der Arme und das Gehen der Beine,
> die Bewegung aller Glieder gemäß seiner Anweisung
> dieser Worte, die vom Herzen erdacht und von der Zunge geäußert wurden und die die Versorgung von allem schaffen.
> ...
> So wurde gefunden und erkannt,
> daß seine Kraft größer ist als die aller anderen Götter.
>
> Und so war Ptah zufrieden, *nachdem er alle Dinge erschaffen hatte*[30]
> *und alle Hieroglyphen,*

---

29 *mdw nṯr*, wörtlich «Gottesworte», ist die ägyptische Bezeichnung der Hieroglyphenschrift.

30 Man könnte auch *ḥtp* geradezu übersetzen «und so ruhte ...», in Entsprechung zum biblischen Schöpfungsbericht. Aber der Begriff der Arbeitsruhe (Pause) wird im Ägyptischen anders ausgedrückt.

nachdem er die Götter gebildet hatte,
nachdem er ihre Städte geschaffen
und ihre Gaue gegründet hatte,
nachdem er ihre Opferkuchen festgesetzt
und ihre Kapellen gegründet hatte,
nachdem er ihre Leiber ihnen gleich gebildet hatte, so daß sie zufrieden waren.
Und so traten die Götter ein in ihren Leib
aus jeglicher Art Holz und Mineral,
jeglichem Ton und allen anderen Dingen, die auf ihm wachsen,
aus dem sie entstanden sind.
Und so versammelten sich um ihn alle Götter und ihre Ka's
zufrieden und verbunden im Herrn der beiden Länder.[31]

Ptah ist der Gott der Künstler und Handwerker; ihm verdanken die Dinge ihr «design», ihre unveränderliche, im Werden und Vergehen der Dinge und Lebewesen ewig reproduzierte und im Schriftzeichen abgebildete Gestalt. Thot, der Gott der «Zunge», ist daher auch der Gott der Hieroglyphenschrift. Er vermag die Gedanken des Herzens in gesprochene und geschriebene Sprache umzusetzen. Die Schöpfung ist ein Akt der Artikulation: gedanklich, ikonisch und phonetisch. Mit den Dingen und ihren Namen entstehen zugleich auch ihre Schriftzeichen:

Und so war Ptah zufrieden, nachdem er alle Dinge erschaffen hatte
und alle Hieroglyphen.

Die Gesamtheit der Schöpfung wird zusammengefaßt in der Wendung «alle Dinge und alle Hieroglyphen».

Die Geschichte dieses Gedankens einer Schöpfung durch das Wort läßt sich in Ägypten gut verfolgen. Vor dem Neuen Reich entsteht, was aus Worten hervorgeht, über Wortspiele und ohne weitere Absicht. Sprache erscheint hier als eine neben anderen «Ausscheidungen» des Schöpfers.[32] Erst mit der 18. Dynastie kommt der Gedanke der absichtsvollen sprachlichen Schöpfung auf. Er beschränkt sich aber hier auf die Götter. Die Götter entstehen aus dem Munde, d.h. den Worten des Schöpfers. Erst in der 19. Dynastie läßt sich die Vorstellung greifen, daß die gesamte Welt auf göttlichen Ausspruch zurückgeht. In memphitischen Texten spielt dabei das Herz des Schöpfers die Hauptrolle, d.h. das Organ der geistigen Konzeption.[33] Von der Hieroglyphenschrift ist jedoch in diesen Texten kaum jemals die Rede. Hier handelt es sich um ein Spezifikum unseres Textes. Es ist zugleich sein «modernster» Zug. Denn

---

31 Zeilen 56–61; s. Junker (1940) 59.62.63.65.66.

32 Bickel hat auf S.100–111 ihres grundlegenden Buches (1994) die einschlägigen Stellen aus den Sargtexten für die ältere Konzeption einer Schöpfung durch das Wort vor dem Neuen Reich zusammengestellt. Ihr entgehen aber die wichtigen Unterschiede. Diese Stellen belegen nur, daß Götterwort die Kraft hat, Wirklichkeit hervorzubringen, aber nicht, daß die gesamte Wirklichkeit die sprachliche Hervorbringung eines Gottes ist.

33 Vgl. Assmann (1983) 220–221.230.238–241; engl. Ausgabe: ders. (1995) 156–158. 166–174.

diese Einschätzung der Hieroglyphenschrift kann erst zu einem Zeitpunkt aufgekommen sein, als sie sich zu einem rein sakralen Medium entwickelt hat: in der Spätzeit. Die Einschätzung der Hieroglyphenschrift als einer heiligen, priesterlichen Schrift, in der nur sakrale Texte geschrieben werden und in die nur Priester eingeweiht sind, begegnet uns erst bei griechischen Autoren. Sie wird meist als ein Mißverständnis abgetan, aber sie reflektiert auf eine sehr getreue Weise das Bild, das die ägyptischen Priester selbst sich von ihren Schriftsystemen machten und das sie den Griechen vermitteln wollten.[34] In der Tat entwickelt sich erst in der Spätzeit die Hieroglyphenschrift zu einer Art Dingschrift, deren Zeichenrepertoire dem Gesamtbestand der Dinge koextensiv ist. Wo der Schabaka-Text auf diese Theologie Bezug nimmt, kann er nicht älter sein als die Ramessidenzeit. Es handelt sich dabei um dieselben Textteile, in denen von Ptah-Tatenen die Rede ist.

Wenn man die Unterscheidung zwischen einer Sphäre der Urbilder (Ideen) und einer Welt unendlich reproduzierter Abbilder als ein Prinzip der platonischen Philosophie identifizieren darf, dann kommt bereits in dieser Zweiteilung der Schöpfung ein ursprünglicher und untheoretischer Platonismus zum Ausdruck. Die Hieroglyphen sind die Urbilder der Dinge, die die Gesamtheit der Wirklichkeit ausmachen. Zwischen Ding und Schriftzeichen besteht im ägyptischen «hieroglyphischen» Denken eine ähnliche Relation wie zwischen Ding und Begriff im griechischen. Indem Ptah die Urbilder der Dinge konzipierte, erfand er zugleich mit ihnen auch die Schrift, die Thot nur aufzuzeichnen braucht, so wie er als Zunge die Gedanken des Herzens nur aussprechen muß. Ein Onomastikon ist daher überschrieben als Auflistung «aller Dinge, die Ptah geschaffen und Thoth niedergeschrieben hat»[35]. Thot, der Gott der Schrift, mußte sie nur finden, nicht erfinden. Sie war schon in der Struktur der Wirklichkeit angelegt. Der Neoplatoniker Jamblich hat den latenten Platonismus des hieroglyphischen Denkens sehr scharfsinnig erkannt, wenn er in seinem *Brief des Abammon* das symbolische Schriftprinzip der Ägypter als eine Nachahmung der göttlichen «Demiurgie» deutet: «Die Ägypter ahmen die Natur des Universums und die Demiurgie der Götter nach, indem sie mit Hilfe von Symbolen Bilder der mystischen, unsichtbaren und geheimen Begriffe erzeugen, in derselben Weise wie die Natur auf symbolische Weise die unsichtbaren Logoi in sichtbaren Formen ausdrückt und die göttliche Demiurgie die Wahrheit der Ideen in sichtbaren Bildern niederschreibt.»[36]

Das Zusammenspiel von Ptah, der die Dinge «erschafft» und Thot, der sie «niederschreibt», erinnert an das Zusammenspiel von Gott und Adam im Pa-

---

34 Zur Gräko-ägyptischen Kultur der hellenistischen und römischen Zeit s. G. Fowden (1986).

35 A.H. Gardiner (1947) 1*.

36 Iamblichus, De Mysteriis, VII.1.

radies. Gott erschafft die Lebewesen «und führt sie Adam zu, um zu sehen, wie der sie nennen würde: und wie immer er sie benannte, das war ihr Name» (Gen 2,20). Adams Akt der Benennung und Thots Akt der Zuschreibung erfüllen beide dieselbe Funktion der Verknüpfung von Dingen und Worten, und da es sich um eine Schöpfung durch das Wort handelt, «lesen» Adam und Thot den Dingen ab, was sie aussprechen bzw. niederschreiben.

Die Schöpfungslehre von Memphis betont die Schriftförmigkeit der Welt. Sie deutet die Welt als einen Text, den Ptah im Herzen erdacht und vermittelst der Zunge ausgesprochen hat, woraufhin er sich in der sichtbaren Wirklichkeit in Gestalt der Dinge realisiert hat, die den Hieroglyphen entsprechen. Dieser kühne Entwurf wird in ständiger Bezugnahme auf die heliopolitanische Lehre entfaltet. Daher kann man ihn einen Kommentar, einen Akt interpretierender Rezeption nennen.

Literaturverzeichnis

Allen, J.P. (1988), Genesis in Egypt. The Philosophy of Ancient Egyptian Creation Accounts (Yale Egyptological Studies 2), New Haven (Connecticut).

Assmann, J. (1983), Re und Amun. Die Krise des polytheistischen Weltbilds im Ägypten der 18.–20. Dynastie (OBO 51), Freiburg (Schweiz)/Göttingen.
(engl. Ausgabe: – [1995], Egyptian Solar Religion in the New Kingdom. Re, Amun and the Crisis of Polytheism, London.)

– / Gladigow, B. (Hgg.) (1995), Text und Kommentar (Archäologie der literarischen Kommunikation 4), München.

Barta, W. (1973), Untersuchungen zum Götterkreis der Neunheit (MÄSt 28), München/Berlin.

Bickel, Susanne (1994), La cosmogonie égyptienne avant le Nouvel Empire (OBO 134), Freiburg (Schweiz)/Göttingen.

Breasted, J.H. (1901), «The Philosophy of a Memphite Priest», ZÄS 39, S.39–54.

Der Manuelian, P. (1994), Living in the Past. Studies in Archaism of the Egyptian Twenty-sixth Dynasty (Studies in Egyptology), London.

Erman, A. (1911), «Ein Denkmal memphitischer Theologie», SPAW.PH 43, S.916–950.

Faulkner, R.O. (1964), «Some notes on the God Shu», JEOL VI/18, S.266–270.

Fowden, G. (1986), The Egyptian Hermes. A historical approach to the late pagan mind, Cambridge.

Gardiner, A.H. (1947), Ancient Egyptian Onomastica. Text. Vol. I, Oxford.

Grimal, N.-Chr. (1980), «Bibliothèques et propagande royale à l'époque éthiopienne», in: Institut Français d'Archéologie orientale du Caire. Livre du centenaire 1880–1980 (MIFAO 104), Kairo, S.37–48.

Junge, F. (1973), «Zur Fehldatierung des sog. Denkmals memphitischer Theologie oder Der Beitrag der ägyptischen Theologie zur Geistesgeschichte der Spätzeit», MDAI.K 29, S.195–204.

Junker, H. (1940), Die Götterlehre von Memphis (Schabaka-Inschrift) (APAW.PH 23, Jg.1939), Berlin.

– (1941), Die politische Lehre von Memphis (APAW.PH 6, Jg.1941), Berlin.

Koch, K. (1988), «Wort und Einheit des Schöpfergottes in Memphis und Jerusalem. Zur Einzigartigkeit Israels», in: ders., Studien zur alttestamentlichen und altorientalischen Religionsgeschichte, hg. v. E. Otto, Göttingen, S.61–105.

Schott, S. (1954), Die Deutung der Geheimnisse des Rituals für die Abwehr des Bösen. Eine altägyptische Übersetzung (AAWLM.G 5), Mainz/Wiesbaden.

Schlögl, H.A. (1980), Der Gott Tatenen. Nach Texten und Bildern des Neuen Reiches (OBO 29), Freiburg (Schweiz)/Göttingen.

Sethe, K. (1928), Dramatische Texte zu altägyptischen Mysterienspielen (UGAÄ 10), Leipzig.

Verhoeven, Ursula (1986), Art. «Tefnut», LÄ VI, Wiesbaden, S.296–304.

ORBIS BIBLICUS ET ORIENTALIS – Lieferbare Titel

Bd. 25/1a MICHAEL LATTKE: *Die Oden Salomos in ihrer Bedeutung für Neues Testament und Gnosis.* Band Ia. Der syrische Text der Edition in Estrangela Faksimile des griechischen Papyrus Bodmer XI. 68 Seiten. 1980.

Bd. 25/2 MICHAEL LATTKE: *Die Oden Salomos in ihrer Bedeutung für Neues Testament und Gnosis.* Band II. Vollständige Wortkonkordanz zur handschriftlichen, griechischen, koptischen, lateinischen und syrischen Überlieferung der Oden Salomos. Mit einem Faksimile des Kodex N. XVI–201 Seiten. 1979.

Bd. 25/3 MICHAEL LATTKE: *Die Oden Salomos in ihrer Bedeutung für Neues Testament und Gnosis.* Band III. XXXIV–478 Seiten. 1986.

Bd. 46 ERIK HORNUNG: *Der ägyptische Mythos von der Himmelskuh.* Eine Ätiologie des Unvollkommenen. Unter Mitarbeit von Andreas Brodbeck, Hermann Schlögl und Elisabeth Staehelin und mit einem Beitrag von Gerhard Fecht. XII–129 Seiten, 10 Abbildungen. 1991. Zweite ergänzte Auflage.

Bd. 50/1 DOMINIQUE BARTHÉLEMY: *Critique textuelle de l'Ancien Testament.* 1. Josué, Juges, Ruth, Samuel, Rois, Chroniques, Esdras, Néhémie, Esther. Rapport final du Comité pour l'analyse textuelle de l'Ancien Testament hébreu institué par l'Alliance Biblique Universelle, établi en coopération avec Alexander R. Hulst †, Norbert Lohfink, William D. McHardy, H. Peter Rüger, coéditeur, James A. Sanders, coéditeur. 812 pages. 1982.

Bd. 50/2 DOMINIQUE BARTHÉLEMY: *Critique textuelle de l'Ancien Testament.* 2. Isaïe, Jérémie, Lamentations. Rapport final du Comité pour l'analyse textuelle de l'Ancien Testament hébreu institué par l'Alliance Biblique Universelle, établi en coopération avec Alexander R. Hulst †, Norbert Lohfink, William D. McHardy, H. Peter Rüger, coéditeur, James A. Sanders, coéditeur. 1112 pages. 1986.

Bd. 50/3 DOMINIQUE BARTHÉLEMY: *Critique textuelle de l'Ancien Testament.* Tome 3. Ezéchiel, Daniel et les 12 Prophètes. Rapport final du Comité pour l'analyse textuelle de l'Ancien Testament hébreu institué par l'Alliance Biblique Universelle, établi en coopération avec Alexander R. Hulst †, Norbert Lohfink, William D. McHardy, H. Peter Rügert †, coéditeur, James A. Sanders, coéditeur. 1424 pages. 1992.

Bd. 52 MIRIAM LICHTHEIM: *Late Egyptian Wisdom Literature in the International Context.* A Study of Demotic Instructions. X–240 pages. 1983.

Bd. 53 URS WINTER: *Frau und Göttin.* Exegetische und ikonographische Studien zum weiblichen Gottesbild im Alten Israel und in dessen Umwelt. XVIII–928 Seiten, 520 Abbildungen.1987. 2. Auflage. Mit einem Nachwort zur 2. Auflage.

Bd. 54 PAUL MAIBERGER: *Topographische und historische Untersuchungen zum Sinaiproblem.* Worauf beruht die Identifizierung des Ǧabal Mūsā mit dem Sinai? 189 Seiten, 13 Tafeln. 1984.

Bd. 55 PETER FREI / KLAUS KOCH: *Reichsidee und Reichsorganisation im Perserreich.* 352 Seiten, 17 Abbildungen. 1996. Zweite, bearbeitete und erweiterte Auflage.

Bd. 56 HANS-PETER MÜLLER: *Vergleich und Metapher im Hohenlied.* 59 Seiten. 1984.

Bd. 57 STEPHEN PISANO: *Additions or Omissions in the Books of Samuel.* The Significant Pluses and Minuses in the Massoretic, LXX and Qumran Texts. XIV–295 pages. 1984.

Bd. 58 ODO CAMPONOVO: *Königtum, Königsherrschaft und Reich Gottes in den Frühjüdischen* Schriften. XVI–492 Seiten. 1984.

Bd. 59 JAMES KARL HOFFMEIER: *Sacred in the Vocabulary of Ancient Egypt.* The Term ḎSR, with Special Reference to Dynasties I–XX. XXIV–281 pages, 24 figures. 1985.

Bd. 60 CHRISTIAN HERRMANN: *Formen für ägyptische Fayencen.* Katalog der Sammlung des Biblischen Instituts der Universität Freiburg Schweiz und einer Privatsammlung. XXVIII–199 Seiten. Mit zahlreichen Abbildungen im Text und 30 Tafeln. 1985.

Bd. 61 HELMUT ENGEL: *Die Susanna-Erzählung.* Einleitung, Übersetzung und Kommentar zum Septuaginta-Text und zur Theodition-Bearbeitung. 205 Seiten + Anhang 11 Seiten. 1985.

Bd. 62 ERNST KUTSCH: *Die chronologischen Daten des Ezechielbuches.* 82 Seiten. 1985.

Bd. 63 MANFRED HUTTER: *Altorientalische Vorstellungen von der Unterwelt.* Literar- und religions geschichtliche Überlegungen zu «Nergal und Ereškigal». VIII–187 Seiten. 1985.

Bd. 64 HELGA WEIPPERT / KLAUS SEYBOLD / MANFRED WEIPPERT: *Beiträge zur prophetischen Bildsprache in Israel und Assyrien.* IX–93 Seiten. 1985.

Bd. 65 ABDEL-AZIZ FAHMY SADEK: *Contribution à l'étude de l'Amdouat.* Les variantes tardives du Livre de l'Amdouat dans les papyrus du Musée du Caire. XVI–400 pages, 175 illustrations. 1985.

Bd. 66 HANS-PETER STÄHLI: *Solare Elemente im Jahweglauben des Alten Testamentes.* X–60 Seiten. 1985.

Bd. 67 OTHMAR KEEL / SILVIA SCHROER: *Studien zu den Stempelsiegeln aus Palästina/Israel.* Band I. 115 Seiten, 103 Abbildungen. 1985.

Bd. 68 WALTER BEYERLIN: *Weisheitliche Vergewisserung mit Bezug auf den Zionskult.* Studien zum 125. Psalm. 96 Seiten. 1985.

Bd. 69 RAPHAEL VENTURA: *Living in a City of the Dead.* A Selection of Topographical and Administrative Terms in the Documents of the Theban Necropolis. XII–232 pages.1986.

Bd. 70 CLEMENS LOCHER: *Die Ehre einer Frau in Israel.* Exegetische und rechtsvergleichende Studien zu Dtn 22, 13-21. XVIII–464 Seiten. 1986.

Bd. 71 HANS-PETER MATHYS: *Liebe deinen Nächsten wie dich selbst.* Untersuchungen zum alttestamentlichen Gebot der Nächstenliebe (Lev 19,18). XII–204 Seiten. 1990. 2. verbesserte Auflage.

Bd. 72 FRIEDRICH ABITZ: *Ramses III. in den Gräbern seiner Söhne.* 156 Seiten, 31 Abbildungen. 1986

Bd. 73 DOMINIQUE BARTHÉLEMY / DAVID W. GOODING/JOHAN LUST/EMANUEL TOV: *The Story of David and Goliath.* 160 pages. 1986.

Bd. 74 SILVIA SCHROER: *In Israel gab es Bilder.* Nachrichten von darstellender Kunst im Alten Testament. XVI–553 Seiten, 146 Abbildungen. 1987.

Bd. 75 ALAN R. SCHULMAN: *Ceremonial Execution and Public Rewards.* Some Historical Scenes on New Kingdom Private Stelae. 296 pages, 41 figures. 1987.

Bd. 76 JOŽE KRAŠOVEC: *La justice (Ṣdq) de Dieu dans la Bible hébraïque et l'interprétation juive et chrétienne.* 456 pages. 1988.

Bd. 77 HELMUT UTZSCHNEIDER: *Das Heiligtum und das Gesetz.* Studien zur Bedeutung der sinaitischen Heiligtumstexte (Ez 25-40; Lev 8-9). XIV–326 Seiten. 1988.

Bd. 78 BERNARD GOSSE: *Isaie 13,1-14,23.* Dans la tradition littéraire du livre d'Isaïe et dans la tradition des oracles contre les nations. 308 pages. 1988.

Bd. 79 INKE W. SCHUMACHER: *Der Cott Sopdu – Der Herr der Fremdländer.* XV1–364 Seiten, 6 Abbildungen. 1988.

Bd. 80 HELLMUT BRUNNER: *Das hörende Herz.* Kleine Schriften zur Religions- und Geistes geschichte Ägyptens. Herausgegeben von Wolfgang Röllig. 449 Seiten, 55 Abbildungen. 1988.

Bd. 81 WALTER BEYERLIN: *Bleilot, Brecheisen oder was sonst?* Revision einer Amos-Vision. 68 Seiten. 1988.

Bd. 82 MANFRED HUTTER: *Behexung, Entsühnung und Heilung.* Das Ritual der Tuunawiya für ein Königspaar aus mittelhethitischer Zeit (KBo XXI 1 – KUB IX 34 – KBo XXI 6). 186 Seiten. 1988.

Bd. 83 RAPHAEL GIVEON: *Scarabs from Recent Excavations in Israel.* 114 pages with numerous illustrations and 9 plates. 1988.

Bd. 84 MIRIAM LICHTHEIM: *Ancient Egyptian Autobiographies chiefly of the Middle Kingdom.* A Study and an Anthology. 200 pages, 10 pages with illustrations. 1988.

Bd. 85 ECKART OTTO: *Rechtsgeschichte der Redaktionen im Kodex Ešnunna und im «Bundesbuch».* Eine redaktionsgeschichtliche und rechtsvergleichende Studie zu altbabylonischen und altisraelitischen Rechtsüberlieferungen. 220 Seiten. 1989.

Bd. 86 ANDRZEJ NIWINSKI: *Studies on the Illustrated Theban Funerary Papyri of the 11th and 10th Centuries B.C.* 488 pages, 80 plates. 1989.

Bd. 87 URSULA SEIDL: *Die babylonischen Kudurru-Reliefs.* Symbole mesopotamischer Gottheiten. 236 Seiten, 33 Tafeln und 2 Tabellen. 1989.

Bd. 88 OTHMAR KEEL / HILDI KEEL-LEU / SILVIA SCHROER: *Studien zu den Stempelsiegeln aus Palästina/Israel.* Band II. 364 Seiten, 652 Abbildungen. 1989.

Bd. 89 FRIEDRICH ABITZ: *Baugeschichte und Dekoration des Grabes Ramses' VI.* 202 Seiten, 39 Abbildungen. 1989.

Bd. 90 JOSEPH HENNINGER SVD: *Arabica varia.* Aufsätze zur Kulturgeschichte Arabiens und seiner Randgebiete. Contributions à l'histoire culturelle de l'Arabie et de ses régions limitrophes. 504 pages. 1989.

Bd. 91 GEORG FISCHER: *Jahwe unser Gott.* Sprache, Aufbau und Erzähltechnik in der Berufung des Mose (Ex. 3-4). 276 Seiten. 1989.

Bd. 92 MARK A. O'BRIEN: *The Deuteronomistic History Hypothesis:* A Reassessment. 340 pages. 1989.

Bd. 93 WALTER BEYERLIN: *Reflexe der Amosvisionen im Jeremiabuch.* 120 Seiten. 1989.

Bd. 94 ENZO CORTESE: *Josua 13–21.* Ein priesterschriftlicher Abschnitt im deuteronomistischen Geschichtswerk. 136 Seiten. 1990.

Bd. 96 ANDRÉ WIESE: *Zum Bild des Königs auf ägyptischen Siegelamuletten.* 264 Seiten. Mit zahlreichen Abbildungen im Text und 32 Tafeln. 1990.

Bd.97 WOLFGANG ZWICKEL: *Räucherkult und Räuchergeräte.* Exegetische und archäologische Studien zum Räucheropfer im Alten Testament. 372 Seiten. Mit zahlreichen Abbildungen im Text. 1990

Bd. 98 AARON SCHART: *Mose und Israel im Konflikt.* Eine redaktionsgeschichtliche Studie zu den Wüstenerzählungen. 296 Seiten. 1990.

Bd. 99 THOMAS RÖMER: *Israels Väter.* Untersuchungen zur Väterthematik im Deuteronomium und in der deuteronomistischen Tradition. 664 Seiten. 1990.

Bd. 100 OTHMAR KEEL / MENAKHEM SHUVAL / CHRISTOPH UEHLINGER: *Studien zu den Stempelsiegeln aus Palästina / Israel* Band III. Die Frühe Eisenzeit. Ein Workshop. XIV–456 Seiten. Mit zahlreichen Abbildungen im Text und 22 Tafeln. 1990.

Bd. 101 CHRISTOPH UEHLINGER: *Weltreich und «eine Rede».* Eine neue Deutung der sogenannten Turmbauerzählung (Gen 11,1–9). XVI–654 Seiten.1990.

Bd. 102 BENJAMIN SASS: *Studia Alphabetica.* On the Origin and Early History of the Northwest Semitic, South Semitic and Greek Alphabets. X–120 pages. 16 pages with illustrations. 2 tables. 1991.

Bd. 103 ADRIAN SCHENKER: *Text und Sinn im Alten Testament.* Textgeschichtliche und bibeltheologische Studien. VIII–312 pages. 1991.

Bd. 104 DANIEL BODI: *The Book of Ezekiel and the Poem of Erra.* IV–332 pages. 1991.

Bd. 105 YUICHI OSUMI: *Die Kompositionsgeschichte des Bundesbuches Exodus 20,22b–23,33.* XII–284 Seiten. 1991.

Bd. 106 RUDOLF WERNER: *Kleine Einführung ins Hieroglyphen-Luwische.* XII–112 Seiten. 1991.

Bd. 107 THOMAS STAUBLI: *Das Image der Nomaden im Alten Israel und in der Ikonographie seiner sesshaften Nachbarn.* XII–408 Seiten. 145 Abb. und 3 Falttafeln. 1991.

Bd. 108 MOSHÉ ANBAR: *Les tribus amurrites de Mari.* VIII–256 pages. 1991.

Bd. 109 GÉRARD J. NORTON / STEPHEN PISANO (eds.): *Tradition of the Text.* Studies offered to Dominique Barthélemy in Celebration of his 70th Birthday. 336 pages. 1991.

Bd. 110 HILDI KEEL-LEU: *Vorderasiatische Stempelsiegel.* Die Sammlung des Biblischen Instituts der Universität Freiburg Schweiz. 180 Seiten. 24 Tafeln. 1991.

Bd. 111 NORBERT LOHFINK: *Die Väter Israels im Deuteronomium.* Mit einer Stellungnahme von Thomas Römer. 152 Seiten. 1991.

Bd. 113 CHARLES MAYSTRE: *Les grands prêtres de Ptah de Memphis.* XIV–474 pages, 2 planches. 1992.

Bd. 114 THOMAS SCHNEIDER: *Asiatische Personennamen in ägyptischen Quellen des Neuen Reiches.* 480 Seiten. 1992.

Bd. 115 ECKHARD VON NORDHEIM: *Die Selbstbehauptung Israels in der Welt des Alten Orients.* Religionsgeschichtlicher Vergleich anhand von Gen 15/22/28, dem Aufenthalt Israels in Ägypten, 2 Sam 7, 1 Kön 19 und Psalm 104. 240 Seiten. 1992.

Bd. 116 DONALD M. MATTHEWS: *The Kassite Glyptic of Nippur.* 208 pages. 210 figures. 1992.

Bd. 117 FIONA V. RICHARDS: *Scarab Seals from a Middle to Late Bronze Age Tomb at Pella in Jordan.* XII–152 pages, 16 plates. 1992.

Bd. 118 YOHANAN GOLDMAN: *Prophétie et royauté au retour de l'exil.* Les origines littéraires de la forme massorétique du livre de Jérémie. XIV–270 pages. 1992.

Bd. 119 THOMAS M. KRAPF: *Die Priesterschrift und die vorexilische Zeit.* Yehezkel Kaufmanns vernachlässigter Beitrag zur Geschichte der biblischen Religion. XX–364 Seiten. 1992.

Bd. 120 MIRIAM LICHTHEIM: *Maat in Egyptian Autobiographies and Related Studies.* 236 pages, 8 plates. 1992.

Bd. 121 ULRICH HÜBNER: *Spiele und Spielzeug im antiken Palästina.* 256 Seiten. 58 Abbildungen. 1992.

Bd. 122 OTHMAR KEEL: *Das Recht der Bilder, gesehen zu werden.* Drei Fallstudien zur Methode der Interpretation altorientalischer Bilder. 332 Seiten, 286 Abbildungen. 1992.

Bd. 123 WOLFGANG ZWICKEL (Hrsg.): *Biblische Welten.* Festschrift für Martin Metzger zu seinem 65. Geburtstag. 268 Seiten, 19 Abbildungen. 1993.

Bd. 125 BENJAMIN SASS / CHRISTOPH UEHLINGER (eds.): *Studies in the Iconography of Northwest Semitic Inscribed Seals.* Proceedings of a symposium held in Fribourg on April 17–20, 1991. 368 pages, 532 illustrations. 1993.

Bd. 126 RÜDIGER BARTELMUS / THOMAS KRÜGER / HELMUT UTZSCHNEIDER (Hrsg.): *Konsequente Traditionsgeschichte.* Festschrift für Klaus Baltzer zum 65. Geburtstag. 418 Seiten. 1993.

Bd. 127 ASKOLD I. IVANTCHIK: *Les Cimmériens au Proche-Orient.* 336 pages. 1993.

Bd. 128 JENS VOSS: *Die Menora.* Gestalt und Funktion des Leuchters im Tempel zu Jerusalem. 124 Seiten. 1993.

Bd. 129 BERND JANOWSKI / KLAUS KOCH / GERNOT WILHELM (Hrsg.): *Religionsgeschichtliche Beziehungen zwischen Kleinasien, Nordsyrien und dem Alten Testament.* Internationales Symposion Hamburg 17.–21. März 1990. 572 Seiten. 1993.

Bd. 130 NILI SHUPAK: *Where can Wisdom be found?* The Sage's Language in the Bible and in Ancient Egyptian Literature. XXXII–516 pages. 1993.

Bd. 131 WALTER BURKERT / FRITZ STOLZ (Hrsg.): *Hymnen der Alten Welt im Kulturvergleich.* 134 Seiten. 1994.

Bd. 132 HANS-PETER MATHYS: *Dichter und Beter.* Theologen aus spätalttestamentlicher Zeit. 392 Seiten. 1994.

Bd. 133 REINHARD G. LEHMANN: *Friedrich Delitzsch und der Babel-Bibel-Streit.* 472 Seiten, 13 Tafeln. 1994.

Bd. 134 SUSANNE BICKEL: *La cosmogonie égyptienne avant le Nouvel Empire.* 360 pages. 1994.

Bd. 135 OTHMAR KEEL: *Studien zu den Stempelsiegeln aus Palästina/Israel.* Band IV. Mit Registern zu den Bänden I–IV. XII–340 Seiten mit Abbildungen, 24 Seiten Tafeln. 1994.

Bd. 136 HERMANN-JOSEF STIPP: *Das masoretische und alexandrinische Sondergut des Jeremiabuches.* Textgeschichtlicher Rang, Eigenarten, Triebkräfte. VII–196 Seiten. 1994.

Bd. 137 PETER ESCHWEILER: *Bildzauber im alten Ägypten.* Die Verwendung von Bildern und Gegenständen in magischen Handlungen nach den Texten des Mittleren und Neuen Reiches. X–380 Seiten, 28 Seiten Tafeln. 1994.

Bd. 138 CHRISTIAN HERRMANN: *Ägyptische Amulette aus Palästina/Israel.* Mit einem Ausblick auf ihre Rezeption durch das Alte Testament. XXIV–1000 Seiten, 70 Seiten Bildtafeln. 1994.

Bd. 139 WALTER DIETRICH / MARTIN A. KLOPFENSTEIN (Hrsg.): *Ein Gott allein?* JHWH-Verehrung und biblischer Monotheismus im Kontext der israelitischen und altorientalischen Religionsgeschichte. 616 Seiten. 1994.

Bd. 140 IZAK CORNELIUS: *The Iconography of the Canaanite Gods Reshef and Ba'al.* Late Bronze and Iron Age I Periods (c 1500 – 1000 BCE). XII–326 pages with illustrations, 56 plates. 1994.

Bd. 141 JOACHIM FRIEDRICH QUACK: *Die Lehren des Ani.* Ein neuägyptischer Weisheitstext in seinem kulturellen Umfeld. X–344 Seiten, 2 Bildtafeln. 1994.

Bd. 142 ORLY GOLDWASSER: *From Icon to Metaphor.* Studies in the Semiotics of the Hieroglyphs. X–194 pages. 1995.

Bd. 143 KLAUS BIEBERSTEIN: *Josua-Jordan-Jericho.* Archäologie, Geschichte und Theologie der Landnahmeerzählungen Josua 1-6. XII–494 Seiten. 1995.

Bd. 144 CHRISTL MAIER: *Die «fremde Frau» in Proverbien 1-9.* Eine exegetische und sozialgeschichtliche Studie. XII–304 Seiten. 1995.

Bd. 145 HANS ULRICH STEYMANS: *Deuteronium 28 und die* adê *zur Thronfolgeregelung Asarhaddons.* Segen und Fluch im Alten Orient und in Israel. XII–436 Seiten. 1995.

Bd. 146 FRIEDRICH ABITZ: *Pharao als Gott in den Unterweltsbüchern des Neuen Reiches.* VIII–228 Seiten. 1995.

Bd. 147 GILLES ROULIN: *Le Livre de la Nuit. Une composition égyptienne de l'au-delà.* Ire partie: traduction et commentaire. XX–420 pages. IIe partie: copie synoptique. X–169 pages, 21 cartes. 1996.

Bd. 148 MANUEL BACHMANN: *Die strukturalistische Artefakt- und Kunstanalyse.* Exposition der Grundlagen anhand der vorderorientalischen, ägyptischen und griechischen Kunst. 88 Seiten mit 40 Abbildungen. 1996.

Bd. 149 ERICH BOSSHARD-NEPUSTIL: *Rezeptionen von Jesaja 1–39 im Zwölfprophetenbuch.* Untersuchungen zur literarischen Verbindung von Prophetenbüchern in babylonischer und persischer Zeit. Ca. XIV–534 Seiten. 1997.

Bd. 150 ELISABETH STAEHELIN / BERTRAND JAEGER (Hrsg.) *Ägypten-Bilder.* Akten des «Symposiums zur Ägypten-Rezeption», Augst bei Basel, vom 9.–11. September 1993. 384 Seiten Text, 108 Seiten mit Abbildungen. 1997.

Bd. 151 DAVID A.WARBURTON: *State and Economy in Ancient Egypt.* Fiscal Vocabulary of the New Kingdom. 392 pages. 1996.

Bd. 152 FRANÇOIS ROSSIER SM: *L'intercession entre les hommes dans la Bible hébraïque.* L'intercession entre les hommes aux origines de l'intercession auprès de Dieu. 408 pages. 1996.

Bd. 153 REINHARD GREGOR KRATZ / THOMAS KRÜGER (Hrsg.).: *Rezeption und Auslegung im Alten Testament und in seinem Umfeld.* Ein Symposion aus Anlass des 60. Geburtstags von Odil Hannes Steck. 148 Seiten. 1997.

UNIVERSITÄTSVERLAG FREIBURG SCHWEIZ

ORBIS BIBLICUS ET ORIENTALIS, SERIES ARCHAEOLOGICA

Bd. 1 JACQUES BRIEND / JEAN-BAPTISTE HUMBERT (Ed.), Tell Keisan (1971–1976), une cité phénicienne en Galilée. 392 pages, 142 planches. 1980.

Bd. 2 BERTRAND JAEGER, Essai de classification et datation des scarabées Menkhéperré. 455 pages avec 1007 illustrations, 26 planches avec 443 figures. 1982.

Bd. 3 RAPHAEL GIVEON, Egyptian Scarabs from Western Asia from the Collections of the British Museum. 202 pages, 457 figures. 1985.

Bd. 4 SEYYARE EICHLER / MARKUS WÄFLER, Tall al-Ḥamidiya 1, Vorbericht 1984. 360 Seiten, 104 Tafeln, 4 Seiten Illustrationen, 4 Faltpläne, 1 vierfarbige Tafel. 1985.

Bd. 5 CLAUDIA MÜLLER-WINKLER, Die ägyptischen Objekt-Amulette. Mit Publikation der Sammlung des Biblischen Instituts der Universität Freiburg Schweiz, ehemals Sammlung Fouad S. Matouk. 590 Seiten, 40 Tafeln. 1987.

Bd. 6 SEYYARE EICHLER / MARKUS WÄFLER / DAVID WARBURTON, Tall al-Ḥamidiya Ḥamidiya 2, Symposium Recent Excavations in the Upper Khabur Region, 492 Seiten, 20 Seiten Illustrationen, 2 Falttafeln, 1 vierfarbige Tafel. 1990.

Bd. 7 HERMANN A. SCHLÖGL / ANDREAS BRODBECK, Ägyptische Totenfiguren aus öffentlichen und privaten Sammlungen der Schweiz, 356 Seiten mit 1041 Photos. 1990.

Bd. 8 DONALD M. MATTHEWS, Principles of composition in Near Eastern glyptic of the later second millennium B.C., 176 pages, 39 pages with drawings, 14 plates. 1990.

Bd. 9 CLAUDE DOUMET, Sceaux et cylindres orientaux: la collection Chiha. Préface de Pierre Amiet. 220 pages, 24 pages d'illustrations. 1992.

Bd. 10 OTHMAR KEEL, Corpus der Stempelsiegel-Amulette aus Palästina/Israel. Von den Anfängen bis zur Perserzeit. Einleitung. 376 Seiten mit 603 Abbildungen im Text. 1995.

Bd. 11 BEATRICE TEISSIER, Egyptian Iconography on Syro-Palestinian Cylinder Seals of the Middle Bronze Age. XII–224 pages with numerous illustrations, 5 plates. 1996.

Bd. 12 ANDRÉ B. WIESE, Die Anfänge der ägyptischen Stempelsiegel-Amulette. Eine typologische und religionsgeschichtliche Untersuchung zu den «Knopfsiegeln» und verwandten Objekten der 6. bis frühen 12. Dynastie. XXII–366 Seiten mit 1426 Abbildungen. 1996.

Vol. 13 OTHMAR KEEL, Corpus der Stempelsiegel-Amulette aus Palästina/Israel, Band I. Von den Anfängen bis zur Perserzeit. Katalog Band I. Von Tell Abu Farağ bis 'Atlit. Ca. 816 Seiten mit 375 Phototafeln. 1997.

Vol. 14 PIERRE AMIET, JACQUES BRIEND, LILIANE COURTOIS, JEAN-BERNARD DUMORTIER, Tell el Far'ah. Histoire, glyptique et céramologie. 100 pages. 1996.

Vol. 15 DONALD M. MATTHEWS, The Earl Glyptic of Tell Brak. Cylinder Seals of Third Millennium Syria. 368 pages, 18 plates, 1997.

UNIVERSITÄTSVERLAG FREIBURG SCHWEIZ

Zum vorliegenden Band

In der neueren Forschung findet die Frage nach Rezeption und Auslegung alttestamentlicher Texte zunehmendes Interesse. Vor allem in den Prophetenschriften, aber auch in den anderen Literaturbereichen des Alten Testaments spielen Prozesse der Rezeption und Auslegung bereits bei der Entstehung und Entwicklung der Texte eine wichtige Rolle. Die Beiträge dieses Bandes beleuchten exemplarische Vorgänge der Rezeption und Auslegung innerhalb des Alten Testaments (Prophetenbücher, Pentateuch, «Schriften»), in seinem kulturellen Umfeld (Ägypten) und in seiner frühen Wirkungsgeschichte (Judentum und Christentum).